HEINZ PRÜLLER

GRAND PRIX STORY 79

Franzosen — Araber — Ferrari

VERLAG ORAC WIEN
MOTORBUCH VERLAG STUTTGART

Bildquellennachweis: Jeff Hutchinson, Chessnaz (29); Thomas Streimelweger, Wien (14); A. H. Rottensteiner, Wien (20); Jutta Fausel, Köngen (3); D.P.P.I., Levallois (2); Pressefoto Lackinger, Melk (2); H. Wolfgang Drehsen, Rommerskirchen (1); Alan S. Morton, London (1); Franz Hausner, Wien (1); Archiv (5).

Schutzumschlag, Vorderseite: Thomas Streimelweger

Schutzumschlag, Rückseite: A. H. Rottensteiner

ISBN 385-368-853-5

1. Auflage 1979

Satz: F. Brandstetter, Wien
Gesamtherstellung: Wiener Verlag

Inhaltsverzeichnis

DAS FRÜHSTÜCK VON MONTREAL

Freitag, 28. September: Der Tag, ab dem Niki Lauda kein Rennfahrer mehr ist.

Wir sitzen im „Regence Hyatt“, dem Wolkenkratzerhotel von Montreal, Hauptquartier des Grand-Prix-Zirkus, im „Coffee shop“ beim Frühstück, sozusagen Aug in Aug mit Gilles Villeneuve. Auf jeder Papierserviette, auf jedem Set: das Foto des kanadischen Rennfahrerlieblings, Lauda-Nachfolgers bei Ferrari, angehenden Superstars, Prototyps der neuen, oft halsbrecherisch fahrenden Formel-1-Generation. Schon 28, immer noch ein Kindergesicht, aber oft traurige Augen. „Der vernünftige Irrsinn“, nennen die Kanadier ihren Villeneuve, so wie Enzo Ferrari seine Memoiren übertitelt hat: „Meine schrecklichen Freuden.“ Auf den Sets: eine Streckenskizze des 4,5-km-Kurses von Montreal, in den Villeneuve alle Schalt- und Bremspunkte eingezeichnet hat. Und ich merke: Die meisten Formel-1-Piloten fahren sich, während sie Toasts beschmieren oder im Kaffee umrühren, gedanklich schon in die Strecke ein.

Niki Lauda nicht.

Die Tage vorher war er noch voll aktiv. Mit seinem Betreuer, dem Super-Fitmacher Willi Dungl, hat er noch vor dem Abflug nach Kanada ein Super-Fitneßtrainingsprogramm für den ganzen Winter zusammengestellt. Mit Mario Andretti, Jody Scheckter, dem alten und dem neuen Weltmeister, und mit den andern Mitgliedern des „Sicherheitskomitees“ noch Donnerstag alle Rennstrecken-Sicherheitsfragen für 1980 abgeklärt. Und mit seinem Sekretär und Butler, dem krausköpfigen Sante Ghedini, in dessen Hotelzimmer zwei Stunden lang alle Werbefeldzüge des italienischen Sponsors „Parmalat“ für 1980 abgesteckt. „Da war“, wie Mario Andretti sagte, „nicht der leiseste Fingerzeig für den späteren Rücktritt.“

Dafür: die prickelnde Sensation eines neuen Rennautos, des Brabham-Ford BT49, von Konstrukteur Gordon Murray in nur sechs Wochen hingezaubert. Mit dem 8-Zylinder-Ford-Motor, weil das Team an den vielen Alfa-Motorschäden verzweifelt war, 15 kg leichter als der alte BT48, vollgetankt (wegen des geringeren Treibstoffverbrauchs) gar 50 kg leichter. Bislang hatte nur Laudas junger Stallgefährte Nelson Piquet die neue „Wunderwaffe" getestet — Lauda aber noch nicht. „Ich bin unheimlich gespannt drauf; echt neugierig, mich kribbelt's schon, in dieses Auto zu steigen", hatte mir Niki die Tage vorher gesagt. Da war echte Vorfreude, endlich wieder mit gleichen Waffen gegen Scheckter, Villeneuve & Co. anzutreten. Und mit Waffen, die durchhalten.

Freitag früh — und das Kampffieber scheint erloschen. Niki wirkt indifferent, etwas teilnahmslos. Irgendwas liegt in der Luft. Das wittert auch Carlos Reutemann, der „Indianer", der beschließt: „Ab jetzt laß ich Niki den ganzen Tag nicht aus den Augen, registrier jeden Atemzug, jede Bewegung von ihm."

Leise Anzeichen gewisser Lauda-Rennmüdigkeit hatte ich schon ab Sommer gespürt. Lauda sagt: „Ich hab seit Monaten gespürt, daß der Tag kommt, bald einmal." Lassen wir alte Tonbänder abrollen. So sagte mir Niki Ende Juli auf dem Hockenheimring in einem Fernsehinterview: „Das wichtigste bei unserem Sport ist, daß man mit Herz und Kopf dabei ist. Das heißt, ich muß dabei Freude haben, solche Autos schnell fahren zu können. Das Geldverdienen ist etwas, das dann automatisch dazukommt, denn im Grand-Prix-Sport kann man viel Geld verdienen. Das heißt also: Wenn ich das Herz und den Kopf nicht mehr dazu hab, werde ich nie Geld verdienen, brauch ich gar nicht ans Geldverdienen zu denken. Wenn ich mich so stimulier, daß ich optimal und gut fahre, kommt das Geld automatisch dazu. Aber das wichtigste ist — hier (der Kopf) und hier (das Herz)."

Ich fragte ihn damals, auf dem Höhepunkt des Transferrummels: Brauchst du genauso ein Team, das Herz und Hirn hat?

Lauda: „Nein. Ich brauch nur das Team, das mir die Motivation, die ich in den Rennsport steck, voll und ganz zurückgibt. Wenn ich mich wo wohlfühle und sicher aufgehoben, so daß ich die volle Unterstützung des Teams krieg, dann werde ich sicher froh und glücklich meine Leistung bringen."

Es ging um Marlboro-McLaren oder Parmalat-Brabham. Das McLaren-Projekt wurde ursprünglich — angesichts des Tempos, das die „Staatsraketen" von Renault vorlegten — auf einen Turbo-Motor von BMW aufgebaut. Aber als ein BMW-Vorstandsbeschluß kam: „Keine Beteiligung an der Formel 1!" schlug das Pendel etwas zugunsten von

Brabham zurück. „Finanziell ist beides das gleiche." Lauda ging es, wie er sagte, „ums technische Vertrauen." Er pokerte hoch und forderte zwei Millionen Dollar, auch nach schlechtem Dollarkurs noch 26 Millionen Schilling.

Der Verdacht einiger englischer Insider, Lauda habe sich sowohl Brabham als auch McLaren fix verpflichtet und aus Paragraphendschungel und Vertragswirren nur eine Fluchtmöglichkeit (das Aufhören) gesehen, kann nicht stimmen. Auch wenn nicht nur Ecclestone, sondern auch Teddy Mayer (McLaren) heute schwört: „Niki wäre 1980 bei mir gefahren!" Er hat an zwei Tischen gepokert, aber an einem (McLaren) gepaßt, weil seine Forderung, den früheren March-, Hesketh- und Wolf-Designer Harvey Postlethwaite zu holen, unerfüllt blieb. Aber bei Brabham gewann Lauda seinen wochenlangen Kampf; Ecclestone akzeptierte, Lauda zwei Millionen Dollar zu zahlen. „Die Unterschrift war nur noch eine Formsache, zwischen uns war alles fix und fertig abgeklärt", gibt Lauda zu Protokoll.

Zwei Millionen Dollar: Ich erinnere mich an Zeiten, da Niki und seine Freundin überlegen mußten, ob sie mit dem Geld in ihrer Tasche Kinokarten oder lieber ein Abendessen kaufen sollten. Da Lauda, der aufgehende Rennfahrerstern, nur zwei fixe Monatsgehälter hatte: 5000 S für Werbetätigkeit von einer Salzburger Disco („Half moon"), 1000 S als Kolumnist der AUTOREVUE. Und da sich Niki über jeden Tourenwagensieg 1973 freute, „weil die Siegesprämie immer gerade rechtzeitig kommt, damit ich eine Rate meines 2,5-Millionen-Kredits wegzahlen kann."

Am 2. Februar 1979, als wir beim „Fiddler" (im südafrikanischen Stammbeisel des Formel-1-Zirkus) seinen 30. Geburtstag feierten, da hatte Niki nur zwei Wünsche: „Gesund bleiben und ein gesundes Kind — denn mit allem anderen, das ich selber beeinflussen kann, komm ich schon zurecht. Die Weltmeisterschaft, die kann ich mir schon erarbeiten." Zwar sagte er: „Glaub mir, der WM-Titel ist nichts, soviel wert wie die Semmel da am Tisch — nur eine Anzahl von Rennen. Aber Rennen, die ich gewinnen will." Doch was sich häuften, waren die Ausfälle: „Elfmal in 13 Rennen, das ist nicht mehr lustig, das wird wirklich fad." Seine Titelchancen kommentierte er mit Galgenhumor: „Der Dreikampf Scheckter-Villeneuve-Laffite ist heuer so

spannend, daß ich mit meinem einen WM-Punkt da gar nicht stören will ...“ Ken Tyrrell war aufgefallen, „daß Niki am Rennfahren das ganze Jahr nimmer so viel Freude hatte wie früher“. Oft genug stieg er aus dem Auto — und redete über seine Flieger.
Hie und da, ab Sommer, hatte Lauda Sätze hingeworfen wie „Wart's nur ab, vielleicht bleib ich weder bei Brabham noch geh ich zu McLaren, dann schaut's alle, wenn ich aufhör.“ Und ihm war immer klar: „Das wichtigste beim Rennfahren ist nicht das Geld, sondern das Herz. Wenn's dich in der Früh vorm Training nimmer erregt, daß du gleich ins Rennauto steigst, wenn du dich nicht mehr echt aufs Rennfahren freust, wenn du nur drinnensitzt, Gas gibst und an was anderes denkst, wenn du auf einmal deine Flugzeuge lieber hast als deine Rennautos — dann ist der Moment gekommen, wo du zurücktreten mußt. Von einem Tag zum andern, über Nacht.“
Das passiert am 28. September. Ein junger Schweizer Reporter tritt zu uns an den Tisch. „Niki“, sagt er, „ich brauch irgendeine Sensation.“ Lauda grinst: „Schreib, der Lauda tritt heute zurück.“ Der Schweizer lächelt, hüstelt, geht weiter: „Wenn du nichts Besseres für mich weißt ...“ Zum Fittipaldi-Manager Domingos sagt Niki: „Wenn ich heute um 18 Uhr (Mitternacht MEZ) noch in Kanada bin, fahr ich auch 1980 für Brabham. Sonst nicht.“
Später, draußen auf der Strecke, ein seltsames Bild: Der Brabham-Ford vor der Box, Lauda hinter der Box, im Gespräch mit Wolfgang Rausch, dem PR-Agenten der „Ersten“, die Lauda pro Jahr 2 Millionen Schilling zahlt. „Ein schönes Auto“, versuch ich Niki auszuhorchen. Achselzucken. Für Lauda, der früher den Ferrari am liebsten ins Bett mitgenommen hätte, der seit Jahren seine Privatautos selber wäscht, den jeder Kratzer todunglücklich macht, hat der BT49 nichts Faszinierendes mehr: Kunststoffkarosserie, vier Räder dran, ein Motor. Nelson Piquet kommt hinter die Box und fragt artig: „Niki, borgst du mir bitte deinen Spray zum Visierputzen?“ Lauda nickt, lächelt fast onkelhaft, etwas seltsam.
Das Training beginnt um 15.15 Uhr MEZ. Anfangs spuckt der Motor. Benzinpumpenreparatur. Dann bricht der Tourenzähler — ein neuer wird eingebaut. Mehrere Boxenstops. Bremsen justieren, Heckflügel einstellen, alles normal für ein neues Auto.

Lauda schildert mir später genau, was sich in seinem Inneren abspielt — er kehrt sein Seelenleben nach außen:
„Ich bin eingestiegen, normal weggefahren, und plötzlich denk ich mir: Was machst du eigentlich da? Wieso fährst du hier eigentlich im Kreis mit diesen ganzen anderen Menschen um dich herum, den anderen Rennfahrern — das ist doch eigentlich blöd. Ich hab plötzlich die Sinnlosigkeit des Im-Kreis-Fahrens erkannt, sinnlos für mich rein persönlich, nicht für die anderen. Aber mir hat's plötzlich gereicht.“
Oder, noch deutlicher: „Ein neues Auto, das gut geht, ein neuer Motor, gute Zukunftsaussichten und ein Zwei-Millionen-Vertrag für 1980 — also, wenn mich das alles zusammen nicht mehr überzeugen, nicht mehr motivieren kann, fest Gas zu geben, dann gibt's nur noch eins: aufhören! Wenn man keine Freude mehr daran hat, keinen Spaß mehr, wenn man das Rennfahren nur noch als Arbeit empfindet, dann, glaub ich, ist der Moment gekommen, daß man sagt: Jetzt ist's genug.“
Lauda fährt insgesamt 17 Runden. Laut Brabham-Boxenzeitnahme die 12. Zeit (Piquet ist Dritter), tatsächlich die 18. Zeit. Seine schnellste Runde: 1:36,63 — das letzte Boxensignal der Lauda-Karriere. Zehn Minuten vor Trainingsende steigt Lauda aus: „Kupplung und Bremsen entlüften“ — und später sagt er: „Obwohl mir's eigentlich ganz wurscht war, ob in der Kupplung noch Luft drinbleibt oder nicht.“
Boxennachbar Reutemann: „Als ich Niki aus dem Rennauto steigen sah, so ganz anders als sonst, direkt weich, da war mir klar: Der setzt sich nie wieder in einen Rennwagen.“
Auffallend: Lauda redet mit dem Bank-Werbemann mehr als mit dem Brabham-Konstrukteur. Die „Erste“ hat den Ankauf des ersten Flugzeugs der „Lauda-Air“, einer Fokker F 27, finanziert, und Rausch sagt mir, befragt: „Ist für eure weitere Zusammenarbeit erforderlich, daß Lauda auch 1980 noch Rennen fährt, oder nicht?“ ehrlich: „Das ist egal.“ Das heißt: gemeinsame große Zukunftspläne.
Trotzdem die Frage: Hast du schon irgendwelche Empfindungen fürs neue Auto? Der junge Lauda der March-Lernzeit (1972) hätte tausend technische Erklärungen abgegeben (die damals, weil er erfolglos war und weil sie kaum jemand begriff, ohnehin fast jeder für Ausflüchte

gehalten hatte). Der Lauda zu Beginn seiner Ferrari-Zeit hätte ein leidenschaftliches technisches Feuerwerk abgeschossen. Der Lauda am Ende seiner Ferrari-Zeit wenigstens gestritten. Der Lauda von 1979 hat keine Empfindungen mehr fürs Rennauto: Sein Herz ist leer für die Rennerei.

Zwei Minuten nach Trainingsende tritt Lauda auf seinen Chef zu. „Bernie, hast ein paar Minuten Zeit? Ich muß mit dir reden." Sie reden im Wohnmobil hinter der Box. Niki sagt: „Ich mag nimmer ... was sollen wir jetzt tun?" Ecclestone macht große Augen, kapiert aber sofort, macht auch keinerlei Versuch, Lauda umzustimmen. „Denn nur die Außenstehenden wundern sich, wie jemand quasi zwei Millionen Dollar wegschmeißen kann, die halten mich ja für vertrottelt. Aber die Leute, die mitten in der Rennerei stecken, die wissen: Es gibt kein Argument mehr, wenn Freude und Spaß verlorengegangen sind — das kann man nicht erzwingen." Und der Vertragsbruch, zwei Rennen vor Saisonschluß aufzuhören? „Einen Maler kannst du auch nicht zwingen, noch ein, zwei Bilder zu malen. Vor den Konsequenzen hab ich keine Angst, die trag ich schon."

Bernie ist nicht nur ein gescheiter Mann, der sofort begreift — er weiß auch immer, wenn er den Riesenwirbel inszenieren, wenn er davon ablenken muß. Und für Niki ist das wichtigste, daß er jetzt einmal Ruhe hat. Die zwei beratschlagen, dann sagt Ecclestone: „Paß auf, du hast einfach eine Magenverstimmung, fahr ins Hotel, pack deine Sachen und flieg wohin du willst."

Noch aus dem Büro des Rennleiters telefoniert Niki nach Hause, nach Hof in Salzburg: „Marlene, ich hab aufgehört." Marlene fragt: „Machst du einen Witz?" Nein, Marlene, erwidert Niki, ich mein's ernst, ich fahr nimmer." Worauf Marlene zu Hause eine Flasche Champagner öffnet. Als nächster verständigt wird Parmalat-Chef Tanzi. „Sante, ruf Tanzi an, ich hör nämlich auf", sagt Niki zu Ghedini — „und der gute Sante ist fürchterlich erschrocken, weil er zuerst glaubt, ich will nur ein Mineralwasser." Auch Tanzi begreift genau wie Ecclestone. Ghedini chauffiert, tränenüberströmt, Lauda mit dem gemieteten Cadillac des Teams ins Hotel zurück, ehe er umdreht und wieder auf die Rennstrecke kommt: „Mir ist das Herz gebrochen ... jetzt hör auch ich mit der Rennfahrerei auf."

Was folgt, ist eine „opera comica". Der dreifache Exweltmeister Jackie Stewart, der 1973 seinen eigenen Rücktritt — unvorstellbar für Lauda — neun Monate lang vorausgeplant hatte, ehe er nicht nach seinem 100. Grand Prix, sondern wegen des Todessturzes seines Tyrrell-Stallkollegen Francois Cevert schon nach seinem 99. Grand Prix aufhörte, hüpft völlig aufgeregt herum: „Sante, was immer jetzt geschieht, muß mit äußerster Delikatesse, mit größter Sorgfalt getan werden." Ahnungslosen Reportern flattern im Pressebüro vervielfältigte Mitteilungen des Rennleiters entgegen, ein paar Worte, hingekritzelt: „Startnummer 5, Brabham-Ford, wird jetzt nicht mehr von Niki Lauda gefahren, sondern von Ricardo Zunino." Der 30jährige, rothaarige argentinische Millionärssohn war aber gerade im Hotel, ein paar Telefonanrufe erledigen, als er Lauda durch die Glastür hereinkommen sah ... kein Wunder, wenn der Lautsprecher an der Rennstrecke über eine Stunde lang vergeblich nach ihm plärrt.

So lange steht Laudas Auto, leer und verlassen, in der Box — und noch länger lügt Ecclestone seine frommen Notlügen von „Magenverstimmung" und „hoffentlich fürs Samstagtraining wieder fit" (sogar noch nächsten Tag im BBC-Interview). Stewart redet auf den schluchzenden Ghedini ein wie auf jemanden, dessen ganze Familie im Sterben liegt. Dann stecken Ecclestone und Ghedini, mitten im höllischen Lärm des begonnenen Trainings, die Köpfe zusammen und flüstern — hie und da reißt Bernie seinen Kopf hoch und brüllt so laut, daß es alle im weiten Umkreis hören müssen: „Aha, der Doktor sagt also: Morgen wieder fit."

Dann wird weiter gewispert — umlagert von Riesentrauben von Reportern. Höchste Zeit für mich, zu Lauda ins Hotel zu fahren.

Wir sitzen den halben Nachmittag im „Coffee shop" des Hotels zusammen, bis er nach Los Angeles fliegt, um für Frau Polsterer Flugzeuge einzukaufen. Um 18 Uhr, weil die erste Maschine vollgebucht ist. Niki Lauda, der Ex-Rennfahrer: grauer Pullover, das unvermeidliche blaue Kappl, locker, gelöst, glücklich, vollkommen entspannt — er sieht sogar jünger aus. „Ich hab jetzt andere Interessen im Leben, ich seh meine Berufung nicht mehr im Rennauto. Es gibt wichtigere Dinge im Leben, als im Kreis zu fahren, andere Dimensionen, die Fliegerei vor allem."

Die Entscheidung, wann man aufhören soll, ist für Autorennfahrer — jahrelanger Grand-Prix-Blutzoll: zwei Tote pro Jahr — schwieriger zu treffen als für alle anderen Sportler. Jimmy Clark wollte immer mit 32 aufhören: Er starb mit 32. Jochen Rindt wollte mit 30 „ganz was anderes anfangen und nicht ewig weiterfahren müssen, wie alle anderen, die entweder ausgebrannt sind oder nichts gelernt haben". Jochen war 28, als er verunglückte. Ich kenne die Weinkrämpfe und Nervenzusammenbrüche, die Jackie Stewart 1970 erlitt: „Ich hab Angst ... aber ich kann noch nicht stoppen." Mario Andretti sagt: „Jackie hat zu früh aufgehört, Graham Hill zu spät." Mario selber ist durch die heurige Desaster-Saison etwas rennmüde geworden, sagt mir aber ehrlich: „Ich bin nicht so clever wie Niki, um aufzuhören, ich hab nichts gelernt außer Rennen zu fahren — was sonst soll ich tun?"

Und das ist, vor allem, das Problem des letzten Rennens. Einem gefeierten, gealterten Fußballer wird bei dessen Abschiedsspiel keiner wehtun. Bei Eislaufpreisrichtern wirkt die Ankündigung: „Mein letzter Start, danach tret ich ab", zumeist positiv. Aber schon Skichampions haben's schwierig. Bernhard Russi: „Ich wollte nie oben am Start stehen und zu mir sagen müssen: Das ist dein letztes Rennen."

Dazu Lauda: „Das Blödeste wäre wirklich, zu sagen: Ich fahr noch bis Ende des Jahres oder noch ein Jahr, wenn man nicht mehr mag — darum hab ich James Hunt so gut begriffen, daß er mitten in der Saison aufgehört hat. Wir kennen Gefahr und Risiko, aber mit der Freude am Fahren überwinden wir das Risiko. Nur wenn diese Freude nimmer da ist — wozu dann? Rein theoretisch: Wenn ich in Montreal im Grand Prix geführt hätte, und plötzlich schießt's mir in den Kopf: Wozu machst du das alles?, dann hätte ich sofort aufgehört! Das heißt: So eine Entscheidung ist eigentlich weit größer, als daß man sie überhaupt mit Rennen-gewinnen, Rennen-nicht-gewinnen, vorn wegfahren, hinten nachfahren, Auto gut oder Auto schlecht justieren kann. Das hat damit überhaupt nichts zu tun. Die Entscheidung kommt, wenn man sie treffen will — egal, ob mit Erfolg, ohne Erfolg."

Niki, du bist 12 Jahre Rennen gefahren, seit dem Mühllacken-Bergrennen 1968, davon acht Jahre in der Formel 1: Was hat dir die ganze Rennerei gegeben?

„Sehr viel, weil ich sie eben machen wollte. Damit war sie ein Teil meines Lebens, der mir sehr viel Freude gegeben hat. Ich glaub auch, daß ich dabei sehr viel gelernt hab. Weniger, was die reine Rennerei angeht, sondern den Umgang mit Menschen, Entscheidungen zu treffen usw. Ich glaub schon, daß ich durch die Rennfahrerei im Kopf etwas älter geworden bin als ich körperlich bin. Jede Formel-1-Saison hat mich 10 Jahre gekostet, ich bin im Rennsport 80 Jahre alt geworden — nur kann man jetzt fragen: 80 und so weise oder 80 und so blöd und verkalkt . . . Aber der Rennsport war drei Viertel meines Lebens, und der ist jetzt plötzlich weg.“

Niki Lauda, der Mann mit der schillerndsten Rennfahrerkarriere der Welt, ist am Ende des Regenbogens angekommen.

Die stille Sensation seines Rücktritts, in einem Bild: Lauda hat seine Renntasche mit allen Klamotten (Sturzhelm, Overall, Feuerschutz, Rennschuhe) ins hinterste Winkel der Box gestellt, alles zurückgelassen, als er aus dem Rennsport gegangen ist — ohne Bedauern — direkt und total, mitleid- und reuelos, unsentimental. „Phantastisch“, sagt mir Reutemann mit funkelnden Augen, „wahrscheinlich hat Niki nicht einmal mehr gesagt: Ciao, Bernie.“ Doch, Carlos, es gehört sich schon, daß man grüßt. „Nicht in der Formel 1“, protestiert Reutemann.

Niki ist, über einen Zwei-Millionen-Dollar-Scheck drübersteigend, gegangen, wie er schon immer von wo weggegangen ist: Aus dem Schutz der Familie in den unsicheren Rennsport, den Millionenkredit — aus dem BRM-Vertrag zu Ferrari — aus dem Ludwigshafener Spital, nach der Nürburgring-Feuerhölle, gegen die Weisung der Ärzte — aus dem historischen WM-Finale von Fuji, in dem er nur die Hand nach dem Titel ausstrecken mußte, im Regen aber den Mut zur Feigheit hatte — und, wieder als Weltmeister, weg von Ferrari, weil er „eine neue Challenge brauchte“ und beweisen wollte, daß er zweimal Weltmeister geworden war, nicht das Auto.

Lauda ohne Ferrari hat danach zwei Große Preise gewonnen, Ferrari ohne Lauda aber elf. Zwei Jahre nach Niki wurde 1979 mit Jody Scheckter wieder ein Ferrari-Pilot Weltmeister; in einer Saison, von der viele behaupten: Die Autos waren wichtiger als die Fahrer.

Möglich daher, daß 1979 gar nicht als Scheckter-Jahr in die Renngeschichte eingeht, sondern als das „Jahr der Flügelautos"; Fortsetzung und Abschluß der Revolution, die Colin Chapman angezettelt hat (und die prompt ihre Lotus-Kinder frißt), technisch betrachtet die radikalste Änderung, seit die CSI 1969 (mitten im Monte-Carlo-Training) die damals so zerbrechlichen, galgenhohen Heckflügel verboten hat.

„Wäre ich Chapman", sagt heute Arrows-Designer Tony Southgate, „ich hätte das Flügelauto patentieren lassen. Damit würde ich jedes Rennen gewinnen — und jeden Prozeß. Aber Patente sind bei uns nicht üblich; nur BRM hat's früher getan." Gordon Murray von Brabham: „Technische Patente anzumelden, dauert vier Monate. Da wären sie schon wieder überholt."

So strampelt sich jeder durch seine Probleme mit den „Skirts", den Schürzen aus Plastik oder Keramik, die den Wagenkörper nach unten abdichten, das erstrebte Vakuum erzeugen — und Chapman bastelt sogar fünf Schürzen-Systeme fürs gleiche Auto: zwei an der Seite, drei rund um die Schnauze: Diese „Wing Cars" rollen wie angeschraubt, auf Schienen — die Zeit der atemberaubenden Kurvendrifts ist vorbei.

Die Flügelwagen . . . als Niki Lauda erstmals in den BT48 steigt (Sitzposition um 15 cm vorgerückt, ein enges, schmales Cockpit), ist seine erste Reaktion: „Unseren Staubsauger hat man verboten. Aber die jetzigen Flügelautos sind ja zehnmal gefährlicher! Weil bei seitlichen Karambolagen nichts zum Schutz da ist, nur die Rümpfe."

Und trotzdem, gottlob: 1979 wird endlich wieder eine Saison ohne Formel-1-Tote. Über die Gefahr im schnellsten Sportgeschäft der Welt sagt Ex-Grand-Prix-Pilot Dr. Helmut Marko: „Früher glaubte ich, es sei Pech, wenn einer stirbt. Heute weiß ich: Es ist Glück, wenn man überlebt."

Wie groß der Druck auf diese Seitenrümpfe ist, hat Fittipaldi-Teammanager Peter Mackintosh — ein früherer RAF-Kriegspilot — ausgerechnet: 1800 Pfund = 900 Kilo bei Topspeed. „Kapierst du jetzt, warum soviele das Problem haben, daß sich das Chassis verwindet?"

900 Kilo heißt: elf ausgewachsene Männer auf jeder Seite, die auf den Rümpfen herumtrampeln.
Colin Chapman registriert „Unstabilität, die wir in der Aerodynamik ‚Flutter' nennen: Das kennt man längst auch vom Flugzeugbau als Resonanz (Luftschwingungen) zwischen den Tragflächen und den mechanischen Elementen des Flugzeugs."
Andretti, Laffite, Stuck: Unabhängig voneinander registrieren die drei als erste ein Phänomen: Luftkissen auf der Geraden. „Auf Bodenwellen geht das Auto hoch, die Schürzen sind aber nicht rasch genug unten. Es bilden sich Luftkissen, weil die Luft immer komprimierter wird, der Effekt des Zusammenpressens aber nicht aufhört. Folge: Das Auto macht Sprünge, der Fahrer schlägt sich die Knie an, die Füße rutschen von den Pedalen. Das Luftkissen ist so lang da, bis man bremst", schildert Stuck.
1979 ist wohl das Jahr, in dem die Grand-Prix-Piloten endgültig zu Astronauten wurden. Sicher, die Vorkriegsstars mit ihren ach so dünnen Reifen fuhren auf der Geraden oft schneller (über 300), aber die Kurventempi haben sich verdreifacht. Seit 1978: Nochmals um durchschnittlich 20 km/h schneller. Rennfahrer reden nur selten — und ganz vertraulich — darüber, aber eins filtert bald heraus: Das Limit dessen, was Menschen aushalten können, ist erreicht. Laffite und Depailler verraten ihrem Team-Manager schon in Südamerika: „In manchen Kurven haben wir große Schwierigkeiten, überhaupt die Pedale zu erreichen."
„Diese Flügelautos", knurrt Regazzoni, gewiß kein Ängstlicher, später in Madrid-Jarama, „sind ja echt kriminell. Früher konnte man in den Kurven noch schalten. Jetzt nicht mehr." Williams-Stallkollege Alan Jones erlebt in den schnellen Fliehkraftkurven von Silverstone „eine völlig neue Sensation. Dein Körper fängt an, Dinge zu spüren, die du nie vorher gekannt hast. Die doppelte Erdanziehung (2 g), die an den Halsmuskeln zerrt, unsichtbare Kräfte, die dir in den Kurven die Füße von den Pedalen reißen und zusammenschlagen." Freilich: Wer klagt, für den hat der im Stahlgewitter von Indianapolis gehärtete Mario Andretti nur ein mildes Lächeln übrig: „Die Boys wissen alle nicht, was in Indy los ist. Vier Kurven, immer nur linksherum, die Fliehkraft zieht die Beine nach rechts, als wären sie zusammenge-

wachsen. Darum bremsen Indy-Piloten alle mit dem linken Fuß."
Oft, wenn 1979 Rennfahrer von Vortests berichten, diese oder jene Kurve (in der jahrelang „gelupft" wurde) ginge jetzt voll im 5. Gang, blicken einander die Rivalen an: „Das bleibt auch uns nicht erspart." Und wer über Nacht in die Formel 1 zurückkehrt, erlebt (wie Jacky Ickx) seine blauen Wunder: In der Zielkurve von Dijon (235 km/h) wird Ickx plötzlich schwarz vor den Augen, ein totales Blackout, „wie bei einem Flugzeug-Looping. Weiß der liebe Gott, wie ich gestoppt hab . . . und ausgestiegen bin."
Auf der Ferrari-Teststrecke Fiorano werden die Fliehkräfte gemessen: 3 g beim Lenkradeinschlagen, 2,5 g im Durchschnitt, wie Jody Scheckter weiß. Jody, Jackie, John, Jochen, Jacky, Jan, Jean-Pierre, Jacques usw.: Die griechische Mythologie hat den Anfangsbuchstaben „J" schon immer als etwas Heroisches gedeutet. Das „J", aus dem die Helden sind.
Schauen wir, wie sich jeder aus dem Monsterspektakel Formel 1 — das weltweit pro Jahr etwa 75 Millionen Dollar umsetzt — seinen Anteil herausgeschnitten hat.

TRANSFERZEIT: TENDENZ STÜRMISCH

Auf dem Transfermarkt herrscht zu Saisonwechsel 78/79 stürmische Tendenz: elf Piloten insgesamt wechseln den Rennstall, zwei kommen neu in die Formel 1. Hier die totale Übersicht:

	1978	1979
Lotus (JPS)	Andretti (16), Peterson (14), Jarier (2)	(Martini, Essex, Tissot) Andretti (15), Reutemann (15)
Privat-Lotus	Rebaque (9)	Rebaque (9)
Rebaque		Rebaque (1)
Ferrari	Reutemann (16), Villeneuve (16)	Scheckter (15), Villeneuve (15)
Parmalat-Brabham-Alfa	Lauda (16), Watson (16), Piquet (1)	Lauda (13), Piquet (15), Zunino (2)
Alfa-Alfa	–	Giacomelli (4), Brambilla (2)
Tyrrell	(elf, First National) Depailler (16), Pironi (16)	(Candy) Jarier (13), Pironi (15), Lees (1), Daly (3)
Wolf	Scheckter (16), Rahal (2)	(Olympus) Hunt (7), Rosberg (7)

	1978	1979
Privat-Wolf	Rosberg (3)	—
Ligier-Gitanes (Matra)	Laffite (16)	(Ford): Laffite (15), Depailler (7), Ickx (8)
Copersucar	Fittipaldi (16)	Fittipaldi (15), (Ribeiro)
Marlboro-McLaren	Hunt (16), Tambay (15), Giacomelli (5)	Watson (15), Tambay (13)
Privat-McLaren	Lunger (9), Piquet (3) (Villota, Trimmer)	—
Warsteiner-Arrows	Patrese (14), Stommelen (9)	Patrese (14), Mass (13)
Saudia-Williams	Jones (16)	Jones (15), Regazzoni (15)
Shadow	Regazzoni (11), Stuck (14)	Lammers (12), de Angelis (14)
Privat-Shadow	(Ongais)	—
Renault-Turbo	Jabouille (14)	Jabouille (14), Arnoux (14)
Surtees	Brambilla (11), Keegan (6), Arnoux (2) („Gimax", Gabbiani)	—
Ensign	Ongais (2), Leoni (2), Ickx (3), Daly (6), Piquet (1), Ertl (2), Lunger (1), (Lees)	Daly (2), Gaillard (2), Surer (1)
ATS	Mass (10), Jarier (4), Rosberg (5), Bleekemolen (1), (Colombo, Binder, Ertl)	Stuck (12)
Martini	Arnoux (4)	—
Hesketh	Cheever (1), (Galica, Daly)	—
Merzario	Merzario (8), (Colombo)	Merzario (2), (Brancatelli)
Ralt-Theodore	Rosberg (1), (Cheever)	—
Kauhsen	–	(Brancatelli)

(Die Zahlen = die Anzahl der gefahrenen Rennen. In Klammern gesetzte Fahrer haben nur trainiert, sich aber nicht qualifiziert.)

Scheckter von Wolf zu Ferrari: Von McLaren verstoßen, weil für ihn 1973 kein Platz mehr war, von Tyrrell menschlich enttäuscht (1976), träumt Jody seit seinem ersten Wolf-Jahr (1977) von Ferrari, „und wie kannst du mit einem Piloten gewinnen, der mit dem Hintern in deinem Auto sitzt, den Kopf aber nur bei Ferrari hat?" fragt Walter Wolf. Jodys Wolf-Vertrag wäre bis 31. 12. 1978 gelaufen, „aber ich hab ihn, damit er bei Ferrari testen kann, schon Mitte Oktober freigelassen. Der Preis hiefür: Jody mußte meine Schloß-Seefels-Hotelrechnung vom Österreich-Grand-Prix zahlen." Und? „Er hat gezahlt, aber ganz komisch geschaut. Auf der Rechnung standen 160.000 Schilling . . ."

Reutemann von Ferrari zu Lotus: „Wer hat's im Transfergeschäft von allen am besten getroffen?" frage ich Jackie Stewart Ende 1978. Seine spontane Antwort: „Reutemann!" Prompt trifft's Carlos am schlechtesten. Dabei hat er Nummer-1-Service, weil Andretti zu Chapman sagt: „Ich kann diese Stories von 1978 nimmer hören, wie Ronnie Peterson mich an der Hand genommen und ins Ziel geleitet hat etc. Ich brauch keine Vorrangstellung." Und, kriegerisch: „If Colin want's me to race my teammate — I race him. Notfalls mach ich auch den Stallkollegen nieder." Der gleiche italienische Millionär, der Peterson 1978 bei Lotus eingekauft hat, setzt mit 6 Millionen Schilling Mario die Laus Reutemann in den Pelz: Guggi Zanon. Lotus-Sponsor „John Players" wirft nach elf Jahren das Handtuch: wegen des Werbeverbots englischer Tabakfirmen. Chapman verliert auch „Olympus", weil er a) immer mehr Geld will, aber b) Hunt-Bruder Peter den Fotosponsor abspenstig macht. Verhandlungen mit „Johnny Walker" zerschlagen sich: „Driving and drinking, autofahren und trinken, paßt nicht zusammen", grinst Chapman, bohrt trotzdem den Reutemann-Privatsponsor „Cinzano" an, aber Carlos muß die 150.000 Dollar zurückzahlen, weil plötzlich Marktgegner Martini — auf den Ken Tyrrell ganz scharf war — das Lotus-Team übernimmt, für 15 Millionen Schilling. Später kommt Tissot dazu, danach Essex.

Villeneuve bleibt bei Ferrari: Daß Reutemann bei Ferrari abtrünnig wird, ist Villeneuves Glück: „Sonst hätte ich gehen müssen." Etwa dorthin, wohin Carlos ging? „Ja, mit Lotus war's ziemlich knapp", bestätigt mir der Kanadier. „Aber da waren noch andere Chancen." Bei seinem Entdecker Wolf, natürlich. „Ich Trottel", ärgert sich der Ölmagnat heute, „hatte Villeneuve für 1979 schon an der Angel, für nur 250.000 Dollar (3,5 Millionen Schilling). Der Vertrag lag zum Unterschreiben auf dem Tisch, damals im Juli, im Wohnwagen auf dem Hockenheimring — aber die englische Partie (Warr, Postlethwaite) war gegen Villeneuve, für Hunt. Ich hab auf sie gehört. Mein größter Fehler."

Hunt von McLaren zu Wolf: Kaum ist Villeneuves Ferrari-Zukunft gesichert, schließt Wolf mit McLaren-Boß Teddy Mayer ein Gentleman's Agreement: „Damit nicht sinnlos lizitiert wird: Nimm du Peterson, ich nehm Hunt." Für seine letzte Rennsaison verlangt James eine Million Dollar, Wolf willigt nur auf 400.000 (5,6 Millionen

Schilling) ein, zahlbar auf zwei Raten — zum Glück für Wolf, wie man später weiß. Lauda, der die Szene genau beobachtet: „Ich versteh nicht, wie James sagen kann: Ich will aufhören, fahr aber noch ein Jahr. Wenn ich aussteigen will, dann gleich jetzt, sofort, auf der Stelle.“ Hunt aber redet von Business, von Verträgen. Zum Beispiel: den 1000 Dollar, die ihm „Olympus“ pro Tag zahlt. Oder 10 Prozent von der Sponsorsumme, als Provision — wie er will. Wolf und Hunt: Nicht gerade ein Glücksduo, jeder die letzte große Chance für den anderen, aber keiner ist mehr richtig erfolgshungrig.

Watson von Brabham zu McLaren: Nach Petersons Tod versucht Mayer, Hunt zurückzugewinnen, blitzt jedoch ab. Dafür überläßt ihm Ecclestone John Watson, mit der Vertragsklausel: „Wann immer ich ihn zurückwill, muß er kommen.“ Für Watson haben Schicksalsfügungen schon immer eine gewisse Rolle gespielt: 1975 kam er in den Penske-Formel-1, nachdem Mark Donohue in Zeltweg verunglückt war — 1977 übernahm er bei Brabham-Alfa nach dem Flugzeugabsturz von Carlos Pace (zum Weltmeister programmiert) die Rolle des Nr.-1-Piloten — 1979 führt ihn die Peterson-Tragödie zu McLaren.

Piquet zu Brabham: „Natürlich bin ich nicht so blöd, Watson freizulassen ohne vollwertigen Ersatz“, sagt Ecclestone. Der römische Millionärssohn Elio de Angelis (dessen Vater Privatflugzeuge hat) bietet sich an: „Parmalat, Alfa, alle sind dafür. Nur Bernie ist dagegen.“ Denn Bernie will den Brasilianer Nelson Piquet. „Mein Typ von Fahrer. Wie Lewis-Evans, Rindt, Pace, Lauda, alles die gleichen Leute. Siegertypen, keine Verlierertypen wie Reutemann oder Watson.“ Bernie schwärmt bald: „Piquet wird ein neuer Niki!“ Nach Peterson, Regazzoni, Reutemann, Watson hat Lauda zum erstenmal einen Stallgefährten, der jünger ist als er.

Arnoux zu Renault: Für den Nr.-2-Platz kämpft Renault lange um den Tyrrell-Piloten Didier Pironi. Arnoux hat Feinde, weil er überall herumerzählt: „1976 hat mich Renault in Hockenheim mit Boxensignalen gebremst: Ich durfte nicht Formel-2-Europameister werden, gewinnen mußte Jabouille." Das hört ein Weltkonzern nicht gern. Renault-Vorschlag an Pironi: „Bring uns einen Schrieb, daß dich Tyrrell aus dem Vertrag rausläßt, dann kannst du bei uns einsteigen." Pironi bringt den Brief. Aber inzwischen kommt Renault drauf, daß Arnoux nur ein Drittel der Pironi-Gage kostet und kaum langsamer ist.

Depailler von Tyrrell zu Ligier: Der markentreueste Formel-1-Pilot (fünf Jahre im Tyrrell-Sold) wird für eine Million Franc (3,5 Millionen Schilling) eingekauft, was Laffite (750.000 Franc) empört. Folge: eine Million auch für Laffite. Aber nagende Eifersucht bleibt: „Wieso kommt Depailler in MEIN TEAM?" Jacques — aufgewachsen mit fünf Geschwistern — war bei Ligier-Matra drei Jahre lang verwöhntes, aber auch unbelohntes Einzelkind: „Ein Jahr war unser Chassis schlecht, ein Jahr der Motor, ein Jahr die Reifen." Trotzdem: Laffite hat in guten wie schlechten Zeiten treu zum Team gehalten. Und jetzt (mit Ford- statt Matra-Motoren) setzt ihm Ligier Depailler ins Nest: als gleichberechtigte Nummer 1. „Warum?" fragt Jacques, „vertraut ihr mir nimmer? Glaubt ihr nimmer an mich?" Die Zündschnur brennt ...

Jarier zu Tyrrell: „Die zwei schönsten Sonntage meines Lebens" (Jarier über seine Lotus-Sensationsfahrten von Watkins Glen und Montreal) haben Folgen. Lauda: „Jarier hat bewiesen, daß die ersten 20 alle gleich gut sind." Stewart rennt aufgeregt in die Tyrrell-Box: „Die TV-Kameras waren die ganze Zeit auf Jarier. Er hat keinen einzigen Fehler gemacht." Tyrrell zögert mit den Fahrerengagements. Beide Sponsors sind ihm weggelaufen, weil sie ihre Renngelder „nationalisieren": Die „First National" in den USA, „elf" in Frankreich (Renault, Ligier), — die französische Öffentlichkeit hat sowieso nie verstanden, warum „elf" (schon zu Jackie Stewarts WM-Zeiten 69/71/73) die Millionen einem englischen Team in den Rachen schmeißen muß. Was Tyrrell fehlt, sind eineinviertel Millionen Pfund (etwa 38 Millionen Schilling), früher von „elf" und der „First National" 50:50 hingeblättert. „Die muß jetzt ich zahlen!" trommelt sich Tyrrell an die Brust. „Ich bin mein eigener Sponsor." Spät im Winter verpflichtet Tyrrell den Franzosen, danach kriegt de Angelis einen 3-

Jahres-Vertrag bei Tyrrell, rechtsgültig unterschrieben: 25.000 Pfund Gage im ersten Jahr, 40.000 im zweiten, 60.000 im dritten. Dann kommt aber Pironi zurück — und de Angelis sitzt vor der Tür. „Was soll ich mit Tyrrell tun?“ fragt Elio bei Lauda an. „Verklag ihn“, rät Niki.

Mass von ATS zu Arrows: Jochen beginnt die neue Saison humpelnd, mit 13 Schrauben im linken Knie — letztes Andenken an ATS und das Testunglück von Silverstone, „als ich schon zu mir sagte: Mass, jetzt ist dein Bein weg.“ Auf der Geraden war das Unibalgelenk links hinten gebrochen. Beide, Mass und Patrese, sind Nr. 1, „aber im Moment hat Riccardo einen kleinen Vorsprung“. Die Gerichtsvollzieher können draußenbleiben: Statt der gefürchteten 2,5 Millionen Dollar muß Arrows im zweiten Copyright-Prozeß nur eine halbe Million an Shadow zahlen.

Stuck von Shadow zu ATS: Wieder eine „deutsche Achse“ in der Formel 1, „Strietzel“ und der Felgenkönig. Später darf sich Stuck die Haare raufen: Er hat, mitternachts, in Watkins Glen schon zu geheimen Sitzproben im Williams Platz genommen, ist aber, von seinen Managern schlecht beraten, wieder ausgestiegen — „weil dir Williams weder fixe Startplätze noch Qualifikationsreifen garantieren kann.“ Prompt verpaßt Stuck auf ATS zweimal (Buenos Aires, Silverstone) die Qualifikation — und Günter Schmid verstrickt sich in permanenten Reifenkrieg mit Goodyear.

Regazzoni von Shadow zu Williams: Für 100.000 Dollar kauft Williams von Surtees einen garantierten zweiten Startplatz — und das Surtees-Team verschwindet von der Bildfläche. Williams-Auftrag an Regazzoni: „Immer bereit sein, für die Nr. 1 (Alan Jones) einzuspringen. Ich will: 30 WM-Punkte und einen Sieg!“ Viel für den Rennfahrer wie von der Filmleinwand, der 1976 (Long Beach) letztmals gewonnen und seit seinem Fußtritt von Ferrari bei Irrfahrten in schlechten Teams (Ensign, Shadow) nur magere neun WM-Punkte gesammelt hat. Aber: Was maßlos übertrieben klingt, ist realistisch.

Bei den ersten Testfahrten in Brasilien fährt Watson mit dem neuen McLaren M28 sensationelle Zeiten. „Der Andretti“, bemerkt Lauda,

„ist blaß geworden. Eine echte Gefahr, der neue McLaren." Auch für Watson selber: Das Monocoque (Nomex-Wabenkern mit dünnwandiger Beschichtung aus Alu-Legierung) zerbröselt förmlich, die Kunststoffverklebungen brechen — mit Stahl wird das Cockpit sicherer gemacht, aber auch 22 kg schwerer.
Lauda hat in Interlagos Motorschaden, steigt in den BT 46 von Piquet um — und erlebt nach drei Runden einen totalen Bremsdefekt: Bremsschlauch gerissen, durchgescheuert am Getriebe, an der blödesten Stelle, um einen Unfall zu haben — mit 250 km/h, bergab, rast Lauda auf eine 80-km/h-Haarnadel zu. „Plötzlich merk ich: keine Bremsen ... dann vergeht ein Jahr ... bis zum Anprall." Der Brabham durchreißt fünf Fangzäune und landet an den Leitplanken: schrottreif, mit vorn zusammengestauchten Pedalen. Vorn ist alles weggefetzt. Das linke Vorderrad: hinter dem Fahrer. Das Monocoque: wie eine Banane gekrümmt. Und der Zaun hat Fetzen vom Helm weggerissen.
Lauda kommt mit Gehirnerschütterung und Prellungen davon und kann allein aussteigen, zum Glück, weil niemand kommt, weder Rettung noch Feuerwehr. Nur Brabham-Rennleiter Herbie Blash mit dem Pkw — nach acht Minuten.
Es ist jener Unfall, über den Lauda später sagt: „Er hat meine Perspektive zum Leben verändert."
Für solche Unfälle hat Niki mental trainiert, solche Unfälle hat er oft mit seinem guten Geist Willi Dungl (dem „Zauberer" und Wunderheiler) durchgesprochen — seit dem Unglück von 1976.
Willi Dungl: Der Mann, der 1976 bei Niki war, als ihm der Arzt Hautfetzen runterriß, weil die neue Haut über den Balaclava-Fetzen (!) eingepflanzt war. Der Bäume umsägte, auf denen italienische Fotoreporter auf Sensationsschnappschüsse lauerten. Der beim großen Comebacktraining auf Ibiza beim Grillen Niki mit einem Riesenfeuer erschreckte, um rauszukriegen, ob Lauda den Nürburgringunfall bewußt erlebt hat (keine Reaktion, also nicht bewußt erlebt). Der Nikis Kopf unter Wasser tauchte, um zu testen, ob er Panikzustände beherrscht. Der in der „Villa d'Este" bei der Behandlung von Lauda-Leiden fast ein Auge verlor, weil die Phiole mit Eis explodierte. Die sündteuren Tapeten waren demoliert. Schaden: 15.000 Schilling. Und die böse Nachred', weil der Hotelportier glaubte, Lauda und Dungl

hätten Orgien gefeiert ... Dungl, der perfekte, selbstlose Sportlerbetreuer, der mit Lauda auch schon autogenes Training (das Geheimnis vieler Skispringersiege) versucht hat — trotz dessen Skepsis: „Zweimal hab ich ihm Tonbandkassetten mit Schellbach-Sprüchen unter den Kopfpolster geschmuggelt. Einmal beim Comebacktraining, einmal in Zolder. Im Training war er 15., im Rennen Zweiter." Aber das wichtigste: „Selbsthilfe im Unglücksfall".
Ein Unfall steht in allen seinen Phasen fest. Man weiß, was passiert — also ist der Schock unnötig. Wenn man sieht: aus, keine Chance — ins Cockpit reinkriechen, voll in Deckung gehen. Und nachher: raus, ganz ruhig atmen, ganz langsame Bewegungen, wie in Zeitlupe, hinter die Leitplanken, alle Körperteile durchchecken, ganz ruhig, das verhindert, daß es im Gehirn zur Blutleere kommt. Und damit zum Unfallschock — der z. B. den Skistar Ingemar Stenmark nach seinem schweren Sturz im ersten Abfahrtstraining voll getroffen hat.
Für andere Schocks sorgen die blau-weißen Ligier-Bomber in Le Castellet. Schon nach drei Runden fahren Laffite und Depailler 1:08,8. Frank Williams saust wie der Blitz in die Ligier-Box, um die Reifen zu checken. Sehr schnell: Jarier mit dem neuen Tyrrell 009, den Designer Maurice Philippe schamlos dem Lotus 79 nachgebaut hat, bis ins letzte Detail. Aber längst sind die Superautos von 1978 umzingelt von falschen und echten Lotus-Kopien. Man redet vom McLotus (McLaren), vom blauen Lotus (Tyrrell), und Jochen Mass spottet: „Den schnellsten Lotus baut Ken Tyrrell." Mit Spionagehilfe von Jarier? „Ich hab viel verraten", gibt er zu. „Jean-Pierre ist erst im Dezember zu uns gekommen, aber gezeichnet war der 009 schon vor Monte Carlo", entrüstet sich Tyrrell. „Und außerdem: jedes ‚Ground effect'-Car, das auftaucht, ist eine Lotus-Kopie."
Nicht jedes. Den Brabham-Alfa BT48 baut Gordon Murray in vollster Absicht als „Anti-Lotus", nach allen Lauda-Fahrteindrücken, die er das ganze Jahr 1978 in sein Notizbuch gekritzelt hat. „Noch nie hab ich von einem Piloten soviel übers Autorennfahren gelernt." Kein einziger Teil ist vom BT 46 übernommen, alles ist neu: vom V60-Alfa-Motor bis zum aus einem 30-kg-Alu-Block herausgearbeiteten Armaturenbrett. „Frühestens in Monte Carlo", hat Ecclestone angekündigt, was man anfangs für eine „Superrakete" hält, und prompt

fällt der ganze Zirkus auf seinen Bluff herein. Lauda zündet den BT48 erstmals schon am Heiligen Abend in Brands Hatch, rollt aber noch auf grobstolligen Regenreifen herum, kommt kaum in den 5. Gang — wegen Glatteis. Also: erster echter Test in Le Castellet am Mittelmeer.

Schon um vier Uhr früh müssen wir aus den Betten — Abflug wegen Schneesturms nicht von Salzburg, sondern von Linz. Protokoll der verunglückten Testserie: Erster Tag: minus 7 Grad, ein eisig peitschender Sturmwind, festgefrorene Wasserpumpe. Nicht einmal Abschleppversuche auf der Mistral-Geraden helfen, in stockdunkler Nacht, als geisterhafte Prozession: vorn ein Alfasud, im BT48-Cockpit ein Mechaniker, dahinter Lauda als Chauffeur des Parmalat-Wohnmobils, mit aufgeblendeten Scheinwerfern. Zweiter Tag: nur noch minus 2 Grad, der Motor feuert, aber Lauda muß nach jeder zweiten Runde anhalten: Zündungsschaden, Stoßdämpfer wechseln, Getriebe umübersetzen, Leck im Öltank ... „Aber das ist mit jedem neuen Auto so", lächelt Gordon Murray gequält, und Lauda spendet Mut: „Richtig, wir bauen ja keine Serienautos."

Als Teammanager Herbie Blash in England anruft, um Ecclestone Bericht zu erstatten, kommen von „His masters voice" Flüche wie Kanonendonner, die Herbie fast das Trommelfell zerreißen. Er legt den Hörer neben das Telefon.

„Für mich", sagt der neutrale Jochen Mass, „ist der BT48 das schönste Formel-1-Auto. Und endlich einmal: kein Lotus." Dabei entflammt ums Recht der Erstgeburt noch ein Riesenstreit Lotus — Brabham.

Lotus schleift die Messer: Spionage! Als Andretti das erste Foto des BT48 sieht, ruft er sofort Colin Chapman an: „Das ist unser Auto!" Und später, in einem deutschen Motormagazin: „Es könnte so gewesen sein, daß jemand im Windkanal ein Foto des Lotus-80-Modells angefertigt ... und den Brabham-Leuten zugespielt hat. Aber ich hab keinerlei Beweise, etwa gegen einen Lotus-Mechaniker, der spioniert." Die Affäre wirbelt Staub auf, aber Murray schiebt alle Verdächtigungen von sich: „Ein anderes Auto zu kopieren, dazu hätte ich zuviel Stolz. Ich hab im August begonnen. Angenommen, ich hätte das Polaroidfoto gebraucht. Dann hätte das Lotus-80-Wind-

kanalmodell schon im August existiert. Und dann muß ich mich fragen: Wo ist der Lotus 80 eigentlich jetzt? Immer noch nicht da? Warum so langsam?“
Halten wir fest: Der BT48 rollt seit 24. Dezember. Der Lotus 80 ab Mitte März. Genieblitz haben Chapman und Murray den gleichen: soviel Anpreßdruck durch die (weit nach hinten gezogene) Karosserie, daß man sich sowohl Front- als auch Heckflügel erspart — eine Idee, die aber erst dem Arrows-Designer Tony Southgate mit dem A2 wirklich glücken wird.
Der Streit Brabham — Lotus geht um des Kaisers Bart: der BT48 und der Lotus 80 werden gemeinsam der „Flop des Jahres“. Die stürmischen Geburtswehen von Le Castellet bleiben symptomatisch. Der dritte Testtag ist total verschneit. Keine Rede mehr vom Fahren, einziges Ziel: wenigstens das Flugzeug ausschaufeln.
Jacques Laffite kommt kurz vorbei, sieht die Schneewüste und kehrt sofort wieder um.
Eine Woche später scheint dem Franzosen in Buenos Aires die Sonne von Austerlitz.

BUENOS AIRES: MERCI, LAFFITE

Grand Prix in Buenos Aires, das heißt einmal im Jahr: Die besten Steaks der Welt im „Cabanas“ und in der Mosca Blanca“; Benzingetratsch am dreieckigen Swimmingpool des Sheraton-Hotels; lockere Sitten, die Senoritas sind schon happy, wenn man ihnen 20 Dollar Eintritt zum Swimmingpool bezahlt; Bootsausflüge ins malerische Flußdelta von Rio Tigre, Rio Parana und Rio de la Plata (wo ein Verrückter den Schweizer Chefredakteur Mario Rall und mich fast umbringt, weil er aus einer Kurve fliegt und samt Motorboot auf unseren Köpfen landet); 35 Grad Hitze in der kochenden Riesenbratpfanne „Autodromo Almirante Brown“; Shakehands mit den Rennlegenden Fangio und Gonzales, aber auch mit Fußball-Weltmeistertrainer Menotti in den Boxen; und vor allem Tausende bewaffnete Militärpolizisten, Schutzmaßnahmen, für Europäer unvorstellbar.
Erste Frontschlacht aber auch im Reifenkrieg. Wie 1978, rüstet Miche-

lin nur vier Autos aus (2 Ferrari, 2 Renault), Goodyear aber den riesigen Rest. Das muß Opfer kosten. Goodyear will und kann nicht mehr alle Teams gleich bedienen. Zuerst hieß es: Superreifen nur noch für die vier Goodyear-Weltmeister Fittipaldi, Lauda, Hunt, Andretti. Dann: Super-Service nur für die vier in der WM 1978 bestklassierten Goodyear-Piloten, also Andretti, Lauda, Depailler, Watson (unter Ausschaltung des „Indianer" Reutemann, der gewiß viele Michelin-Geheimnisse von Ferrari zu Lotus mitgebracht hat). Aber dagegen protestiert Fittipaldi, sogar über die brasilianische Regierung! „15-mal", weiß Lauda, „hat Goodyear seine Politik umgedreht. Aber ich mache mir keine Sorgen: Ich war immer dabei."

Schließliche Lösung: Die Goodyear-Vertragsteams bekommen garantierte Sätze Qualifikationsreifen: Lotus, Ligier, Brabham (je 4), McLaren, Williams, Tyrrell (je 3), Wolf, Arrows, Fittipaldi (je 2), ab Freitag. Danach kriegen die fünf trainingsschnellsten Goodyear-Leute für Samstag je zwei Sets zusätzlich. Die „Hoffnungslosen" (Shadow, ATS, Rebaque, Merzario, Ensign) kriegen nichts, nur Almosen: Ein Reifensatz für den Freitag-Schnellsten von ihnen, höchstens.

Längst schlagen die Behörden Alarm: Aus „Sicherheitsgründen" will man die Felgen- und damit Reifenbreiten reduzieren. Goodyear tobt: „Ein Vorteil für die Radial-Reifen von Michelin!" Dabei sind die Amerikaner mit Radial-Reifen selber heimliche Tests in Jarama gefahren — und einer (Tambay) war schon 1978 im englischen GP geheim auf Radialreifen gestartet. Womit Michelin die Konkurrenz erschlägt: Mit der Überzahl an „Qualifiers" (z. B. in Long Beach: 18 Sätze = 72 Reifen für 90 Minuten, aber nur zwei Autos). Nach drei Runden fliegen diese Pneus in Fetzen. Die Kosten: horrend. Darum später die Goodyear-Drohung: „Wir steigen aus, wenn nicht die Trainingssitzungen von drei auf zwei gekürzt werden." Ab Long Beach wird es (ausgenommen Dijon, auf Michelin-Heimatboden) überall so sein.

In Buenos Aires aber könnte man auch hundert Trainings ansetzen — eine Marke wäre immer vorne: Ligier. Laffite und Depailler dokumentieren ab sofort: Die Supertests von Le Castellet waren kein Zufall. Stunden-, ja tagelang kreiste dort der Ligier-Ford fast ohne Pause, unterbrochen bloß durch Auftanken und Fahrerwechsel. Experimente? Umbauen? Anders Abstimmen? „Alles nicht nötig“, grinst Depailler, „der JS 11 ist so, wie er da steht, perfekt. Zum Gewinnen geboren. Das beste Rennauto, das ich je erlebt hab. Superleicht zu fahren. Aber wenn er ausbricht — nimmer zu korrigieren.“

Wir hocken in „La Pampa“ — Coffee-Shop des Sheraton — und Depailler ist selig: Freitag-Trainingsschnellster, vor Jarier, Laffite, Scheckter und Reutemann: Vier „Umsteiger“ also unter den ersten fünf.

„Ich bin von Tyrrell weg, um bei Ligier Weltmeister zu werden. Ich glaub, ich behalt recht.“ Jody Scheckter, Ex-Kollege bei Tyrrell, schleicht vorbei, wie immer mit rollenden Schultern, und spöttelt: „Jetzt siehst du erst, Patrick, wie du das Tyrrell-Team ruiniert hast.“ Grinsend steht Depailler auf und geht weg. Lauda über den Formel-1-Jockey: „Der kleine Depailler ist jetzt zwei Meter groß.“

Nikis Premiere mit dem BT48 ist ein Kreuzgang: Dampfblasen in den Benzinschläuchen, die Benzinzufuhr spuckt. Im Lauda-Deutsch: „Der Sprit kommt nicht durch bis zum Murl“ (damit ist der Alfa-V12 gemeint). Schlimmer noch: Als am Heck ein Karosserieteil wegbricht, ist die gefürchtete Flugzeugwirkung da: „Ich bin“, schildert Niki, „auf der Geraden aufgestiegen.“ Das Brabham-Heck fährt weiter, aber die Wagenfront ist plötzlich einen Meter in der Höhe. „Plötzlich sehe ich nur noch den blauen Himmel ... Da spürst, was Angst sein kann ... Ich brems sofort, langsam kippt die Frontpartie wieder runter.“ Der Salto rückwärts bleibt Niki erspart.

Alle Schrecksekunden passieren bei 280 km/h: Jarier erlebt den Alptraumeffekt eines wegbrechenden Heckflügels am Ende der Geraden. Nur: Bei ihm steigt das Heck auf — und Jarier wirbelt in die Fangzäune. Stuck bricht links hinten ein Titan-Unibalgelenk. Der ATS balanciert am Rand des Überschlagens, kommt aber wieder auf die Räder, die abgerissene Benzinleitung sorgt für ein kleines Feuer — blitzschnell gelöscht. Bei Hunts neuem Wolf verbiegen sich die Front-Flipper, dadurch bricht die Schnauze weg, liegt auf der Fahrbahn — und wird von Pironi „voll genommen“. Der linke Tyrrell-Hinterreifen explodiert.

Ein wilder Saisonbeginn — und überall hat sich viel geändert. Auch bei Wolf: „Seit James bei uns ist, nicht mehr Jody, wimmelt es in unserer Box von hübschen Mädchen." Auch von technischen Kommissären: Wie Brabham 1978 in Anderstorp (nur wesentlich kleiner), verwendet Wolf einen Ventilator. Offiziell: um das Öl und die hinteren Bremsen zu kühlen. Er wird verboten. Bei Lotus: Ein Riesenstreit: Chapman, Andretti, Reutemann stehen stramm wie Zinnsoldaten, als die Martini-Direktoren kommen, um die von schwarz auf grün umlackierten Lotus-Boliden zu begutachten. Sie sind entsetzt: Martini wird, werbemäßig, von Goodyear und Tissot fast erschlagen. „Wir dachten, Martini-Autos vorzufinden. Und was hat Chapman draus gemacht? Sandwich-Autos . . ."

Lauda droht Nichtqualifikation, erstmals in seiner Karriere. Darum schnappt er sich, nur fürs Abschlußtraining, Piquets alten BT46, quetscht sich gerade noch ins Starterfeld, bis er öltropfend an die Box rollt, wieder abrauscht, eine kilometerlange Ölspur legt und mitten auf der Strecke stehenbleibt — lockere Ölleitung. Einer von total 13 Motorschäden (!) im Training, am dramatischsten bei Tambay, dem alle Fotoreporter auf der Strecke so lang aufgeregt zuwinken, bis er in den Rückspiegel schaut: Feuer im Heck; Öl, am Auspuff entzündet. Auch Scheckter kommt zu Fuß: Motor-K.o.

Mann des Tages ist Laffite, verärgert über Depaillers Freitag-Bestzeit: „Ich bin schon so lange im Team, ich muß Pole-Position fahren, nicht er." Boxensignal: 1:45,2. „Da sag ich zu mir: Jacques, du fährst ja spazieren, gib endlich Gas." Prompt holt Laffite noch 1 Sekunde: einsame Bestzeit, Depailler um 1,04 geschlagen, förmlich überrollt. Und das schon in der fünften Runde. „Bleib drin im Auto", sagt Ligier-Team-Manager Gerard Ducarouge, „falls dir noch jemand nahekommt." Aber da ist keine Gefahr. Sechs Franzosen unter den ersten Zwölf: „Einer von ihnen", sagt Lauda zu Regazzoni, „wird gewinnen." Schnellster Nicht-Franzose ist Reutemann. „Schadet dem Andretti gar nicht", grinst Niki, „wenn der Carlos gleich einmal schneller ist als er . . ."

Buenos Aires, Sonntag früh: Das erste böse Omen im Aufwärmtraining. Piquet und Patrese karambolieren in der Bremszone der langen Geraden, Nelson vorne, Ricardo dahinter. Der Arrows ist zerstört, der Brabham wird rennfähig gemacht. Und dann gerät Piquet zum zweitenmal, wieder schuldlos, in Schlamassel.

Nelson Piquet — als der junge Brasilo 1978 im Formel-3-Rennen von Brands Hatch mitten in der Massenkarambolage steckte, sagte Fittipaldi-Manager Domingos Piedade zu Emerson: „Kannst du nicht einmal ein Wort mit dem Jungen reden?“ „Fitti“, kopfschüttelnd: „Unmöglich, die jungen Kerle müssen sich selber die Hörner abstoßen.“ Und Maria-Helena Fittipaldi fiel rasch auf: „Unterm Helm hat Nelson genau die gleichen Augen wie Emerson“ — den er aus den Herzen der Brasilianer bald verdrängt: als große Entdeckung des Jahres. Emerson und Niki sind seine Vorbilder, Lauda nennt er „den Gringo“. Gringo — so sagten die Brasilianer ursprünglich zu Amerikanern, jetzt meinen sie damit alle Ausländer. Piquet: „Ich lern jeden Tag etwas Neues vom Gringo. Ich kann ihm stundenlang zuschauen oder zuhören.“

Eine Parallele: Beider Familien wehrten sich anfangs gegen die Rennerei. Nelson erzählt mir seine Familiengeschichte: „Mein Vater war Politiker, Kongreßmann in Rio. Sein Name: Soutomajor. Er wollte immer, daß ich Tennis spiel — seit ich sieben bin, spiel ich jeden Tag. Aber als ich anfing, Karts zu fahren, war er dagegen — wegen der Politik. Also nahm ich den Mädchennamen meiner Mutter: Piquet. Richtig los ging's 1974: Super-V, 1976 war ich Champion.“

1977 saß Nelson schon im Formel 3 („Lieblingsstrecke: Österreichring, wegen der schnellen Kurven“) — aber die Formel 2 interessierte ihn nicht: „Ein großer Mist. Dort gewinnt nur, wer ein gutes Auto hat, ein Werksauto mit guten Reifen.“ Und, vor allem: „Formel-2-Rennen helfen dir nicht, Formel-1-Kurse zu lernen: Total andere Rennstrecken. Mit der Formel 3 ist das besser.“ Und außerdem: „Schau Giacomelli an: Europameister 1978, und wer will ihn in der Formel 1?“ Wegen seinem Brabham-Vertrag wird Piquet nicht übermütig: „Ich bekam die Chance, weil Parmalat in Brasilien eine neue Fabrik aufgemacht hat — und weil Bernie mich mag.“

Ein anderer Teamchef, Jochen Neerpasch (BMW), schwärmt von Piquet: „Das ist ein Supermann, der ganz cool an die Sache rangeht. Er tut nicht mehr als nötig, bastelt nicht unnütz herum, setzt sich in eine Ecke, denkt nach und sagt dann genau, was er will.“ Unübersehbar: Die Lauda-Schule. Und später beobachten manche: Wie immer Niki sein Auto einstellt — Piquet wählt einen Grad, ein Loch flacher: We-

niger Anpreßdruck, mehr Risiko, aber mehr Speed. Er läuft sehr gut Wasserski und — für einen Brasilianer — sensationell Ski.
Piquets Vater ist mittlerweile gestorben, „die Mama akzeptiert die Rennerei, was soll sie sonst tun?“ Ein Bruder ist Regierungsbeamter (Geraldo), ein anderer im Benzingeschäft tätig (Alex). Nelson, der Jüngste (27, als Sonntagskind geboren), hat zwei Haushalte (in Brasilia und Walton/on Thames, England). Sein Bub Geraldo ist schon 2 Jahre alt, seine Frau Maria-Clara kommt 1979 zu einem einzigen Grand Prix: Buenos Aires — wo die Saison im stinkheißen Autodrom mit Gänsehaut beginnt.
Laffite schießt in Front, Depailler dahinter, aber schon in der ersten Kurve (5. Gang, 240 km/h) kommt es zur Massenkarambolage, keine 400 Meter nach dem Start. Lauda, aus der letzten Reihe vorsichtig angefahren: „Immer die gleiche Idiotie der Fahrer, die nebeneinander in die Kurve gehen und auf ein Wunder warten — daß sich der andere in Luft auflöst. Das Schwierigste beim Rennfahren ist für manche: Vom Gas zu gehen.“
Die sechste Startkollision in sieben WM-Läufen hintereinander löst John Watson aus: Direkt neben Scheckter, aber Jody ist innen, hat also die stärkste Position. Wenn nur einer von beiden vom Gas geht, egal wer, passiert nichts. Aber der McLaren und der Ferrari prallen aneinander, kreiseln mitten im Pulk, worauf die Kettenreaktion losgeht. Scheckters linkes Hinterrad bricht weg — woraus das Anti-Ferrari-Magazin „Autosprint“ später Jody einen Strick drehen will: „Na also, Rad verloren, damit begann das Inferno.“ Auf drei Rädern kracht Scheckter in die Fangzäune, prallt zurück, wird wieder gestoßen, und plötzlich ist die Hölle los: Ineinander verschachtelte Rennwagen, Staub und Rauch, Tambay und Andretti sitzen mittendrin, kriegen Hiebe und Tritte ab, wie der Watschenmann im Prater, Pironi bricht ein Rad weg — und dann kommt Piquet.
„Scheckter steht schon fast, als ich aufpralle, da dreht sich der Ferrari nochmals um 180 Grad — und dann schießt ihn noch Merzario ab“, erzählt mir Piquet — Tage später, der Hölle entkommen. Der Himmel ist gnädig. Denn das Auto sieht schrecklich aus: 40 cm kürzer, die Frontpartie praktisch weggefetzt, schlimmer zugerichtet als Petersons Unglücks-Lotus von Monza. Lauda, der Piquet erste Hilfe

Jody und Toby, der fast Zacharias geheißen hätte: der Weltmeister 1979 mit dem Weltmeister 2000?

Monte-Carlo-Story: Scheckter beim Arbeiten, beim Trainieren, mit lieben Nachbarn (Fürstenfamilie) und immer flott unterwegs

Jody Scheckter mit dem 312 T 4: Erstmals seit Niki Lauda wurde wieder ein Ferrari-Pilot Weltmeister

Anfangs Mißtrauen, dann Respekt: Scheckter und Villeneuve überholten einander bis Monza kein einziges Mal

abyface“ Gilles Villeneuve — wird er der Superstar der acht-
er Jahre?

Ferrari-Gehirnwäsche: Villeneuve mit Tomaini und Forghieri
Ferrari-Boxensignale: Scheckter liegt in Zandvoort bequem auf Platz 2, 74,5 vor Laffite, 31,7 hinter Jones

Bevor die Bäume in den Himmel wachsen: Villeneuve (12) und Depailler in Monte Carlo

So verlor er die WM — Villeneuves Reifendrama in Holland

leistet: „Sechs Ärzte sind dort, aber alle ein einziger Skandal. Einer zerrt da, an einem Bein, einer dort, keiner kriegt den armen Kerl aus dem Cockpit — und dazu schreit Nelson fürchterlich."
Lauda und sein Nürburgring-Lebensretter Merzario (wer sonst?) greifen zur Selbsthilfe, zertrümmern das Lenkrad, um Piquet zu bergen — und die argentinischen Ärzte los zu werden. In den Boxen: Unruhe bis Angst, bis Lauda Piquets junger Frau entgegentritt: „Nelson hat mir aufgetragen, dir zu sagen: Nur ein gebrochenes Bein, sonst nichts." Aber Nelson kommt besser davon: Nur schwere Prellungen, Zerrungen. „Am härtesten trifft mich, daß ich ein halbes Jahr nicht Tennis spielen darf . . ."
Laffite/Depailler wissen vom Unglück nichts: „Wir sind ganz verblüfft, als nach der ersten Runde plötzlich die roten Abbruchflaggen herauskommen. Was ist da los?" Zum zweiten Start können fünf nicht mehr antreten: Piquet verletzt, Scheckter, weil es ihm der Rennarzt verbietet (starke Handgelenksprellung links), außerdem Tambay, Pironi, Merzario. Watsons McLaren wird repariert, Andretti steigt in den Ersatz-Lotus.
Zweiter Start: Diesmal kommt Depailler besser weg, Laffite ist Zweiter, wird aber von Jarier eingequetscht, und auch Watson sticht vorbei. Laffite also Vierter, dahinter Andretti und Reutemann, aber bald tobt das ganze Autodrom: Sicheres Zeichen, daß Carlos Mario überholt hat. Lauda fährt, wie befürchtet, nicht lang: Kein Benzindruck, eine Stunde Boxenreparatur, dann ein paar Testrunden.
Das Rennen wird, wie erwartet, zur „Rhapsody in Blue": Zur Triumphfahrt der französischen Ligiers. Laffite kickt rasch Jarier zur Seite (2. Runde), danach Watson (5.) und verkrallt sich im Windschatten Depaillers. „Patrick einzuholen, ist mein einziges Problem", sagt Jacques später.
Keine Stallorder bei Ligier. Aber Laffite hat an diesem Tag das bessere Auto. „Absolut perfekt, es ist unglaublich — was immer ich mit dem Auto anstellen will, ich kann alles tun, mühelos, problemlos." Nach 11 Runden winkt Depailler den Team-Kollegen an sich vorbei, und rasch verschwindet Depailler in Laffites Rückspiegel: „So rasch ich kann, hol ich 10 Sekunden Vorsprung heraus. Dann brems ich mich ein, dreh nur noch 10.500 U/min, könnte spielend eine Se-

kunde pro Runde schneller fahren.“ Jacques fliegt davon — und Patrick kann auch Reutemann nicht halten: Dampfblasen im Benzinsystem, überhitzte Benzinpumpe, kochendes Benzin. Ein hektischer Boxenstop. Kübelweise wird Wasser über den Ligier geschüttet, dann fährt Depailler wieder los, jetzt Vierter, auch von Watson überholt.
Reutemann ist an diesem Tag kein Gegner für Laffite: Sein Motor scheppert die letzten 10 Runden wie eine alte Kaffeemühle — ein Auspuffrohr abgebrochen. Trotzdem peitscht ihn das Autodrom enthusiastisch weiter, tut Chapman in der Box alles, um Nummer 26, Laffite, zu verhexen. Zwei Finger gespreizt, zeigt „Mr. Lotus“ jede Runde Richtung Laffite beschwörend murmelnd: „Twenty-six, twenty-six.“ Aber Laffite zu schlagen hätte übersinnlicher Kräfte bedurft: Der blau-weiße Franzosenbomber gewinnt mit 14,9 Sekunden und die Ligier-Mechaniker danken mit einer riesigen Tafel: „Merci, Jacquot!“
Für die Statistik: Der zweite Laffite-Sieg, „aber für mich“, gesteht er mir, als wir zum Radiointerview rennen, „ist es der erste! Anderstorp 1977, da hat das Team gewonnen, nicht ich. Damals ging dem führenden Andretti das Benzin aus, ich hatte diesen Sieg gestohlen. Aber heute nicht!“ Laffite — ein Geheimtip für den WM-Titel? „Ich selber halte mich für den WM-Titel befähigt. Und das Team ist gut genug, den Titel zu gewinnen. Fragt sich nur: Depailler oder ich?“
Die Konkurrenz kann in Südamerika nur hoffen, daß sich Laffite/Depailler gegenseitig zerfleischen. Gegner: weit und breit keine. Villeneuve: Reifenwechsel, Getriebeschaden. Andretti: ein Lotus, der sich stückweise auflöst, losgeschüttelte Bolzen der Karosserie, gebrochener Getrieberahmen, aber trotzdem kein Boxenstop, „denn in der Box gewinnst du nichts.“ Hunt: Kurzschluß, weil eine Dreischillingsicherung durchbrannte.
Das ist das Schizophrene an der Formel 1. Da redet man von Millionen — und dann fällt man wegen 3 Schilling aus.
Depailler erzwingt die Stunde der Wahrheit: Zwei Tage später fährt er im Autodrom einen halben Geister-Grand-Prix. Rundenzeiten: fast auf Anhieb 1:46,1. „Jetzt weiß ich, warum ich Laffite gewinnen lassen mußte: Defekte Zündbox, deshalb 600 U/min weniger, und ein kaputer Stabilisator.“
Laffite ist mit Regazzoni und Jabouille nach Bariloche zum Fischen

geflogen. Lauda nach Europa, um neue Schürzen aus MV-Agusta-Rotorblättermaterial zu beschaffen, weil Kunststoff und Keramik gebrochen sind. Reutemann macht Ferien in Mar del Plata, flüchtet aber nach drei Tagen heim nach Santa Fe: „Ich halt so viele Fans nicht aus." Unbehelligt bleibt Watson, der am Strand von Guaruja Tennis spielt, aber nur vorläufig. Denn kaum kommt er zum brasilianischen GP, ist der Teufel los: wegen dem neuen FISA-Chef Balestre und seiner „Aktion Scharf".

Balestre — der Mann auf Ego-Trip. Von Publicity- und Geltungssucht getrieben, hat er sich zum Präsidenten des Autosport-Weltverbandes emporgeschwungen, damit zum großen Gegenspieler Bernie Ecclestones: der Gegenpapst. Die Franzosen nennen Jean-Marie Balestre: „Mimi", die Legende verherrlicht ihn als französischen Widerstandskämpfer, tatsächlich aber soll er Mitglied der „Division Charlemagne" gewesen sein. Balestre ärgert den Formel-1-Zirkus, seit er da ist: Le Castellet 1978, wo er alle Piloten zur Fahnenparade vergattert wie zur Befehlsausgabe: „Jeder muß kommen!" Befehle, die speziell einem Lauda sauer aufstoßen. Entsprechend kritisierte er Balestre in einem französischen Zeitungsinterview: „Das ist der neue Hitler." Balestre kam später und bedankte sich bei Niki. Niki war irritiert: „Aber ich hab Sie doch mit Hitler verglichen." Balestre lächelte geschmeichelt: „Ich fühl mich mehr wie Mussolini . . ."

Balestre: diktatorisch veranlagt, ein echter Tyrann. Er verbot die Plastikschürzen an allen Formel-1-Wagen, „obwohl er nicht einmal weiß, wo diese Schürzen überhaupt sind." Ecclestone schoß zurück: „Die Skirts bleiben." Monsieur Balestre mußte den Schwanz einziehen, wie so oft. „Wie kann eine so schöne Frau", wurde seine Gattin bei einem Rennfahrerbankett befragt, „mit einem solchen Dummkopf verheiratet sein?" Nachdem die Sportbehörden jahrelang geschlafen haben, während Ecclestone den losen Haufen Grand-Prix-Zirkus straff organisiert, läßt Balestre jetzt Kommuniqués verbreiten: „Immer noch kontrollieren wir den Sport." Er verhandelt sogar mit GP-Veranstaltern, um eine „Gegen-WM" abzuhalten, „aber ohne die störenden Einflüsse der Industrie". Doch das alles, glaubt Lauda, „macht er nur, um in der Zeitung zu stehen. Jahrelang war Ruhe bei uns. Plötzlich kommt Balestre, spielt den wilden Mann, will eine Diktatur errichten — aber dazu brauchst entweder eine Armee oder das Volk hinter dir. Balestre aber hat nichts. Folglich muß er sich arrangieren. Oder er tobt allein weiter — nur hört bald niemand auf ihn."

Balestre belästigt Journalisten mit pausenlosen, nichtssagenden Pressekonferenzen („Ich red den ganzen Tag"), trampelt während der größten Arbeitshektik in Pressesälen auf Schreibpulte und hält Reden. Besonders in Südamerika.

Der Schreck kommt sieben Minuten vor der Geisterstunde: Mittwoch, um 23.53 Uhr, schiebt der Nachtboy des „Hilton Sao Paulo" die Urteilsverkündung durch den Bodenschlitz in Zimmer 1714: John Watson wegen Auslösung der Massenkarambolage von Buenos Aires zu 10.000 sfr. verurteilt (80.000 S) — zahlbar binnen 48 Stunden, sonst Sperre für den GP von Brasilien. Unterschrift: Balestre, dazu zwei Sportkommissäre. Ein Fetzen Papier, sonst nichts. Keine Einvernahme. „Eine Schweinerei, wie ein Sport regiert wird, mit dem tausend Menschen ihr Leben verdienen, in den Weltkonzernen Millionen Dollars stecken", zetert McLaren-Boß Teddy Mayer. Formell gesehen ist Balestre im Recht. Aber ob die Entscheidung richtig ist — zumal Balestre spätere, noch schlimmere Karambolagen völlig ohne Strafe läßt? „Wär ich Watson", überlegt Lauda, „würde ich sagen: Jetzt brauch ich eine Woche Bedenkzeit." Watson selber fragt Andretti: „Kannst du nicht für mich aussagen, daß ich in Buenos Aires schuldlos war?" Mario lehnt ab: „Nein, weil wenn du disqualifiziert wirst, gewinn ich einen Platz." Soweit geht die Liebe nicht.

Watson muß nicht selber zahlen. Der Formel-1-Zirkus regelt die Affäre unter sich. Andere haben mehr Pech: Stuck und seinem Chef wird bei Einbrüchen in die Hotelzimmer viel Geld geklaut.

SAO PAULO: DIE LIGIER-SHOW WIRD UNHEIMLICH

Sao Paulo: 12 Millionen Einwohner, davon 2,5 Millionen Italiener, also glühende Ferrari-Fans; in den Straßen fast nur VW-Käfer-Taxis, ständig Unfälle und wahnsinnige Motorradfahrer, die in halsbrecherischem Tempo (Sturzhelm auf dem Sozius festgeschnallt) den Grand-

Prix-Fahrern von Interlagos bis in die Stadt nachjagen, um ein Autogramm zu kriegen — möglichst bei voller Fahrt, durchs Autofenster. Die Strecke: Gegen den Uhrzeigersinn zu fahren — als einzige Grand-Prix-Piste der Welt. Alte Weisheit: Ein Auto, das schlecht liegt, liegt auf der Buckelpiste von Interlagos fürchterlich — aber ein gut liegendes hat dort alle Trümpfe.

Interlagos, der glühende Kohlenhaufen, erlebt die neuerliche Machtdemonstration der Ligier-Bomber. Laffite stanzt schon nach wenigen Minuten 2:24,2 herunter — die Konkurrenz unterbietet knapp 2:30. Ecclestone zeigt Reutemann, der bei ihm herumlümmelt, die Laffite-Zeit. „Nicht schlecht, Carlos, oder?“ Reutemann macht große Augen, läßt die Schultern fallen, trottet davon — total demoralisiert.

Laffite demoliert Depailler im ersten Training um 1,24 Sekunden. „Dabei hatte ich die harten Rennreifen montiert und hätte noch eine Sekunde aus dem Ärmel geschüttelt, wäre ich auf Qualifikations-Pneus gewesen . . . oder nicht auf Merzario aufgelaufen. Das hat nochmals vier Zehntel gekostet.“

Im zweiten Training leistet sich Jacques den Luxus, überhaupt nicht einzusteigen. Overall heruntergerollt, beobachtet er alles Geschehen aus der schattigen Box — wie früher die Trainingskönige Jimmy Clark, Jochen Rindt, Jackie Stewart, Niki Lauda, wenn sie ein ganzes Feld vergeblich gegen ihre Bestzeit anstürmen ließen.

Ein gähnender Laffite, ein herumstehendes Auto. „Hast du Probleme?“ wird Laffite gefragt. „Ja“, lacht er, „mir fehlt ein Swimmingpool.“ Abends geht er mit Regazzoni eine Partie Tennis spielen, „denn mein Körper braucht dringend Bewegung. Im Auto bin ich ja nur locker dringesessen.“

Umso härter plagen sich die anderen. Lauda weiß längst, daß der lange Interlagos-Kurs „die falsche Strecke zum Testen ist“, treibt den BT48 in die sechste Startreihe: „Er rennt noch nicht . . . aber er läuft.“ Und vom Dezemberunfall? „Da hab ich noch die Reifenspuren gesehen . . . aber sonst nichts gedacht.“ Neue Unfallspuren kommen hinzu. Tambay demoliert an jedem Tag einen McLaren: Den ersten, weil er zu viel Gas wegnimmt und das Heck schlagartig ausbricht, den zweiten aus Nervosität, den dritten (das Altmodell M26), „weil ich auf buckligen Pisten einfach nicht fahren kann“.

Samstag hat Laffite — mit gewechseltem Motor — plötzlich Sorgen mit der Benzinzufuhr. Depailler findet: „Mein Auto benimmt sich komisch, aber wir kommen nicht drauf, warum." Die Lotus-Piloten überholen die Ferraris, Reutemann ist wieder schneller als Andretti, und Piquet qualifiziert sich trotz starker Fußschmerzen für die vorletzte Reihe. Wenn er nicht gerade fährt, sich im Schatten der Box entspannend, Beine hoch gelagert. Ribeiro und Keegan, gescheiterte Formel-1-Existenzen, strolchen um die Brabham-Box; erfolglos.
Samstagabend im Hilton-Hotel. Laffite und Depailler essen an verschiedenen Tischen; Jacques mit Ducarouge (der immer T-Shirts mit Nummer 26 trägt), Patrick mit Jochen Rindts Le-Mans-Siegerpartner 1975, Masten Gregory, der darauf besteht, die Rechnung zu zahlen: „Wenn du gewinnst, zahlst du mir morgen ein Cola." Aber Laffite kündigt noch schärfer an: „Der gewinnen muß, bin ich." Lauda, von derlei Spekulationen noch ausgeschlossen: „Bevor ich mich raushau, hör ich lieber auf. Denn ein Unfall ist das Letzte, das wir beim jetzigen Testprogramm brauchen können." Niki spürt keinerlei Neid wegen Ligier — andere schon.
Im Sonntagmorgentraining checkt Laffite so lange sein überprüftes Benzinsystem, daß er drei Runden zu lang draußen bleibt. Jacques ignoriert alles: Die Zielflagge, den kleinen Ecclestone, der wütend auf und ab springt. „Ich hab weder die Flagge noch Bernie gesehen", entschuldigt sich Laffite, „aber Bernie ist ja nur 1,61 m groß." Ecclestone tobt: „Dieser Idiot." Aber Lauda gibt im Stillen Laffite recht: „Wenn ich noch was überprüfen will und draußen bleiben will, fahr ich den Ligier-Teamchef auch glatt nieder."
Laffite ist minutenlang bei der Rennleitung eingesperrt, Chapman fordert sogar seine Disqualifikation, noch vorm Start. Worauf Laffite auf „Mr. Lotus" zutritt: „Hör mir zu, Colin: Wir haben auch nicht gejammert, als dein Andretti gestern eine Runde zu lang trainierte. Aber damit du weißt, was los ist: Heute fahr ich deinen Autos nicht um eine Sekunde pro Runde davon, sondern gleich um zwei!" Damit läßt er Chapman stehen.
„High noon" in Interlagos: Start punkt 12 Uhr, zur größten Mittagshitze. Weil Reutemann der Motor abstirbt, wird er zur Aufwärmrunde von den Lotus-Boys angeschoben: als letzter des ganzen

Feldes. In dieser Runde fährt der „Indianer" an 21 Autos vorbei, bis er wieder in der zweiten Reihe steht. Dagegen protestieren zwei Teams stürmisch: Fittipaldi „wegen Anschiebens", Ferrari „wegen gefährlichen Fahrens in der Aufwärmrunde. Wir fordern mindestens eine Strafminute." Chapman muß später im Rennleiterturm streiten, bringt Himmel und Hölle in Aufruhr, schlägt sogar vor: „Gebt ihm eine Geldstrafe, aber disqualifiziert ihn nicht" — und wirklich: Im Regelbuch findet sich kein Paragraph gegen Reutemann. Es ist kein Lotus-Tag: Andrettis Einspritzdüse fängt am Start Feuer, das panikartig gelöscht wird.

Brabham weiß, daß Piquet nur ein paar Runden durchhalten wird. Also wird Nelson mit superweichen Reifen und fast leeren Benzintanks ins Rennen geschickt. Prompt fliegt Piquet bald an Lauda vorbei, greift respektlos den knallharten Regazzoni an. Lauda denkt sich: „Laß ihn jetzt auf die harte Art herausfinden, wer Regazzoni ist." Prompt fliegt Piquet gleich darauf in die Fangzäune ... Lauda hat später Getriebeschaden.

Laffite macht seine Drohung wahr: Er zerschmettert Lotus. Freilich, Andretti verschwindet schon bald aus seinem Rückspiegel: Zündspule von der Feuerlöschaktion beschädigt, auf sieben Zylindern stottert Mario weiter, trotzdem Dritter, bis er aufgeben muß.

Laffite/Depailler haben keinen Gegner. Aber sie jagen einander, weit vorm Feld — der Dritte (Reutemann) wird schließlich um 44 Sekunden distanziert. Immer fährt Laffite, aber Depailler hängt an ihm wie eine Klette. Keine Boxensignale, nur internes Stallduell. Eigenartig nur das verschiedenartige Fahrverhalten, einer über-, einer untersteuert. „Ein hartes Rennen, viel schwieriger als Buenos Aires", analysiert Laffite später, „und viel anstrengender für mich: Weil Patrick nie Ruhe gibt, in meinem Rücken unheimlich viel Dampf macht, andauernd pusht und drückt. Ich muß ans Maximum gehen, um ihn loszuwerden." Nach zwei Distanzdritteln kann Laffite aufatmen: „+ 1 Sekunde, + 1,5, + 2. Aha, denke ich, endlich hat Patrick ein Problem. Oder er wird endlich müde."

So schafft sich Laffite den Stallrivalen vom Hals — aber Patrick kämpft ums Überleben, um halbwegs dran zu bleiben. Nichts entmutigt mehr, als den Gegner am Horizont entschwinden zu sehen. „Aber

in den Kurven muß ich zaubern, damit mir das Heck nicht ausbricht." Am gefährlichsten ist die 280 km/h schnelle „Sonnenkurve". Dort sind die Fliehkräfte so stark (über 2 g), daß sich viele Piloten den Helm an der Cockpitwand festhaken müssen.
Für andere reißt der Faden. Tambay karamboliert mit Regazzoni. Stuck ist vormittags die Radaufhängung gebrochen, nachmittags das Lenkrad. Beide Ferrari müssen rundum Reifen wechseln, danach fighten sie mit Jochen Mass um den fünften Platz (den Villeneuve an sich reißt).
Binnen 14 Tagen, auf zwei grundverschiedenen Strecken, fahren die Ligiers alles in Grund und Boden. Diesmal signalisiert Ducarouge im Ziel seinen Doppelsiegern als Glückwunsch über die Boxenmauer: „Bravo Jacques, bravo Patrick!" Laffite und Depailler im Champagnerregen — Laffite ist der erste seit Fittipaldi (1973), der das „heiße Double" erzwungen, beide Südamerikarennen gewonnen hat. Wegen der Reutemann-Streiterei klettert Pironi als Dritter aufs Podest, kriegt sogar einen Pokal. „Behalt ihn", ruft ihm Sparmeister Ken Tyrrell zu, „gib ihn nicht zurück."
Die „Formel Bleue". Die „Blaue Formel". Die „Formel France". Grand Prix wird im Winter zum Nationalsport der Tricolore. „Der Automobilweltmeister 1979 spricht französisch!" hallt der Kriegsruf durch die Grand-Prix-Truppe. Früher haben sie einander im Mittelfeld bekriegt — jetzt in den ersten Startreihen. Formel-1-Euphorie bricht aus, eine ganze Nation redet nur noch vom WM-Titel. Er wäre der erste überhaupt für einen französischen Piloten, überraschend genug in 29 Jahren Formel-1-Championat. Kurz nach dem Krieg dominierten zwei Franzosen, Raymond Sommer und Jean-Pierre Wimille, aber da gab's noch keine offizielle WM. Behra, Trintignant, Simon, Manzon: Sie alle mischten mit, echte Weltspitze war keiner. Dann kam Jean-Pierre Beltoise, die Vaterfigur aller heutigen französischen Rennfahrer (bei BRM 1972/73 Stallgefährte von Dr. Marko und Lauda). Sein Monte-Carlo-Regentriumph verblaßt bereits in der Erinnerung. Damals galt Francois Cevert als angehender Weltmeister: Reicher Juweliersohn, hochintelligent, die Mädchen rannten ihm nach um die halbe Welt. Nach Jackie Stewarts Rücktritt 1973 war Cevert zum nächsten Weltmeister programmiert. „Und das war die große

Tragik seines Lebens: Er starb, ohne zu wissen, daß ich ihm den Weg zum Weltmeister freigemacht hätte."

Das „französische System" spülte weiterhin pausenlos Talente in die Formel 1: Die Mineralölfirma „Elf" und Renault hatten längst die perfekte Nachwuchsförderung ausgeklügelt: Rennfahrerschulen, Gratisstipendium für die Besten, Formel-Renault, dann die Formel 3, möglichst mit dem klassischen Sieg in Monte Carlo, darauf die Formel 2, möglichst mit Gewinn des EM-Titels: Diesen vorgezeichneten Weg sind sie fast alle gegangen, ohne nur eine Station auszulassen — Laffite, Depailler, Tambay, Jabouille, Arnoux, Pironi (einzige Ausnahme: der eigenwillige Jarier). Das Foto ging um die Welt: Sieben Franzosen auf einem Bild, die stärkste Formel-1-Streitmacht der letzten Jahre. Sieben „French-Frogs" (französische Frösche, wie man im Zirkus die Tricolore nennt) — als Revanche denken die Franzosen bei den englisch-sprechenden Piloten an Beefsteak und nennen sie „die Ochsen".

„Die wissen noch gar nicht, wie schwer es ist, die WM zu gewinnen", mahnt Lauda, „aber bemerkenswert, wie Ligier alle Umstellungsprobleme gelöst hat. Zwei neue Autos, die von Anfang an funktionieren, als schnellste und konkurrenzfähigste — ich gratuliere. Sie werden nicht überall die Schnellsten sein, aber auf einigen Pisten, wenn sie die Performance halten können." Das Geheimnis der Ligier JS11, den Ducarouge zusammen mit Paul Carillo und Michel Baujon konstruiert hat? „Das perfekte Zusammenspiel von Bodenhaftung und Aerodynamik", formuliert Laffite, der auch zu wissen glaubt, wo die Franzosenbomber ihre Zeit gewinnen: „In den schnellen Kurven, in denen unser Auto wie angeschraubt auf dem Boden haftet. Denn in den langsamen Kurven, beim Bremsen und Beschleunigen, sind wir alle gleich schnell."

Vermutlich ziehen die Skirts millimetergenau im Schwerpunkt des JS11 nach unten, aber Laffite ist ehrlich genug, zuzugeben: „Ich weiß nicht, warum wir gewinnen" — genauso, wie er später in der Saison sagt: „Ich weiß nicht, warum wir verlieren." Andretti vermutet: „Das Ligier-Geheimnis sind die Federn der Aufhängung" (Stückpreis: öS 7000,—).

Guy Ligier flirtet erfolgreich mit der „tanzenden Zigeunerin", dem

Markenzeichen von „Gitanes". Blauer Dunst, blaue Träume: Gitanes finanziert Ligier mit 10 Millionen Franc (35 Millionen S). Dazu kommen später 2 Millionen Franc Staatshilfe plus Gratisbenützung des Windkanals von St. Cyr. In Südamerika war Guy Ligier (49) nicht: „Ich hab kein Geld fürs Flugticket", unterspielte er. Dabei hat er 1978 für 270.000 Franc einen 5L-Mercedes mit Alumotor und Alu-Karrosserie gekauft; und Schloßbesitzer ist er auch.

Guy Ligier: Bis Frank Williams Sensationserfolge hamstert, zweifellos der Mann des Jahres. Eine atemberaubende Karriere: Waisenkind, von einer Tante erzogen, Bäckerlehrling, französischer Meister im Rudern, internationaler Rugby-Spieler, französischer Motorradmeister, später Autorennfahrer (u. a. auf Cooper-Maserati), bis er mit 47 Brüchen am ganzen Körper seine Rennkarriere beenden mußte. „Aber da hatte ich schon längst von einem eigenen Rennwagen, der meinen Namen trägt, geträumt." Um seine Rennleidenschaft zu finanzieren, hatte Ligier vor 20 Jahren eine Planierraupe gekauft, sich auf die Baubranche geworfen und binnen 10 Jahren zum größten französischen Straßenbauunternehmer hochgedient: 1000 Arbeiter, 500 Maschinen. „Aber je öfter ich Rennen fuhr, um so schlechter lief die Firma."

Endlich machte Ligier aus seinem Hobby einen Beruf: Auf dem Pariser Salon 1969 präsentierte er den Ligier JS1 — 1976 in Kyalami seinen ersten Formel 1 — 1979 galt der JS11 als bester Formel 1 der Welt. Ligier, Mann mit Boxerfigur, ist ein kumpelhafter Chef, der mit seinen Mechanikern auch gern einen hebt, aber geschäftlich von eiserner Härte. José Rosinski, ein Ex-Rennpilot, über Ligier: „Er greift seine Gegner nicht frontal an, sondern erledigt sie von hinten." Wenn Ligier nervös ist, zucken seine Nasenflügel abwechselnd und gewaltig. „Wie Scheibenwischer", beobachtet der französische Radioreporter.

„Die Formel 1 war zu lang britisch-italienisch, wurde viel zu lang von den englischen Hinterhof-Garagisten und den italienischen Chaotikern kommandiert. Höchste Zeit, daß jetzt die französische Epoche anbricht." Teammanager Ducarouge, der 14 Jahre im Flugzeugbau gearbeitet hat, dementiert aber: „Alle sagen, wir Franzosen schnappen über. Das ist falsch. Wir sind nun einmal anders als die kühlen

Briten. Aber wir tun unseren Job so wie immer.“ Leidenschaftlich, pour la France.
Besonders Laffite macht die Franzosen verrückt, wird auf Illustrierten-Titelseiten gefeiert („Ein Champion ist geboren“), zwischen Fernsehstudios und Cabaretbühnen hin und her gezerrt. Zur Berühmtheit geworden, der neue Supermann der Formel 1, der den Wettmarkt durcheinander wirbelt: Als 33:1-Außenseiter gestartet, jetzt wird „Laffite Weltmeister“ nur noch 3:1 gewettet.
Vom Rennmechaniker zum Europameister: Diesen Aufstieg hätte schon einer geschafft (Hermann Lang 1939); zum Weltmeister auch einer (Graham Hill); und Jacques war bekanntlich früher Mechaniker von Jabouille. Jetzt, mit den Siegen, ändert sich sein Leben total: „Dieser ganze Rummel ist zu viel für mich — aber die Leute wollen mich, weil ich gewinne.“ Jacques schreibt selber über diese Zeit: „Ich ertappte mich dabei, daß ich mich beim Rasieren im Spiegel beobachtete und zu mir sagte: Aha, das also ist Jacques Laffite. Und gleich darauf, leicht erschrocken: Aber das bin ja ich!“
Die Franzosen nennen ihn: „La Frite“, was etwa bedeutet: Springinkerl, energiegeladen, dynamisch. Gäbe es nicht schon Gilbert Becaud, man müßte dem funkensprühenden Laffite diesen Namen geben: „Monsieur 100.000 Volt.“
Laffite überschäumt von französischer Lebensfreude, betreibt fast jeden Kampfsport (Fußball, Tennis, dazu Skilaufen, Golf, Schwimmen, Radfahren) — seine größte Leidenschaft aber ist das Fischen. Darum haut er nach dem Training oft blitzschnell ab. Zeltweg 1979: Nachdem Jacques das Pro-Car-Rennen gewonnen hat, ersucht ihn Jochen Neerpasch: „Komm zum Feiern ins BMW-Zelt.“ Darauf Jacques: „Aber bitte nicht lang. Ich möchte noch fischen gehen.“
Sein einziger schwacher Punkt: Sehnenscheidenentzündung im rechten Handgelenk, Spätfolge eines Motorradsturzes 1977, mit der kleinen Honda, auf dem Weg zum Rennen in Dijon. „Es war spät, und ich war zu schnell.“ Eine Verletzung, die immer wiederkehrt. „Vielleicht genügen zwei Wochen Ruhe, konsequente ärztliche Behandlung — aber du kennst mich ja: Wie halt ich zwei Wochen Stillsitzen aus?“ fragt Laffite. „Ich könnte unmöglich aufs Tennisspielen verzichten.“ Und so schleppt er sich oft leidend durch Grand-Prix-Wochenenden, Hand-

gelenk bandagiert am kurzen Schalthebel. Der Freiheitsdrang dieses Pariser Rechtsanwaltssohnes war immer gewaltig — bis er 1977 heiratete. Tochter Camille („geboren in der Kyalamiwoche 1978") war schon unterwegs. „Und seither habe ich neue Lebensziele: Ein gutes, treues Familienleben."

Die andere brennende Ambition: Der WM-Titel. 1978 (mit Matra-Motor) war Jacques der verläßlichste Pilot (die meisten Grand-Prix-Kilometer), 1979 (mit Ford) ist er auf Anhieb der Schnellste. Motorenvergleiche? „Der V-12 war in der Höchstleistung stärker, der V-8 ist es im unteren Drehbereich." Gewicht? „Der Matra war, weil wir Titan-Auspuffrohre hatten, sogar um 4 Kilo leichter — dafür brauchen wir jetzt 50 Liter Sprit weniger." Dazu kommt das beste Kampfgewicht: Der Ligier — früher ein blau-weißer, gern akzeptierter Farbklecks im Formel-1-Zirkus, jetzt ein Siegerauto — wiegt 599 Kilo, der Lotus 614, der McLaren 620. „Und ich selber 56 Kilo", grinst der zähe Laffite, „Depailler jedoch 60 Kilo. Daher die Zeitunterschiede."

Ab sofort hat Fittipaldi-Manager Domingos Piedade, ein glühender Laffite-Fan, mit Depailler eine permanente Wette laufen: Jedesmal, wenn sich Jacques vor Patrick plaziert, muß Depailler 200 Dollar zahlen (später auf 500 Dollar erhöht). Das Geld teilt sich Domingos dann mit Laffite. Die Gleichberechtigung des neu eingekauften Depailler ärgert Laffite heute noch: „Weltmeister kann nur einer werden, der klare Nummer Eins ist. Autos, Motoren, Reifen, alles gehört auf einen Mann konzentriert." Depailler zu zeigen, wer der Herr im Haus Ligier ist, hält Laffite für kein Problem: „Das mach ich auf der Straße mit Patrick aus." Liberté, Fraternité, Egalité, die Errungenschaften der französischen Revolution, projiziert Laffite auf sein Stallduell mit Depailler: „Gleichheit, das heißt für mich Kampf, immer und überall." Und der WM-Titel, Jacques? „Ist nicht mein Problem, ist Sache des Teams. Wenn ich viel gewinn, hab ich den Titel, wenn nicht, dann nächstes Jahr. Ich hab Zeit." Aber die Saison dauert lang, ermüdet, laugt aus . . .

Die meisten Piloten, die ich nach ihrem WM-Tip frage, nennen Laffite. Drei Voraussagen wahllos herausgegriffen: Jabouille: „Ich weiß schon die ersten drei, Laffite, Depailler und ich, offen ist nur die Reihenfolge." Tambay: „Auf alle Fälle ein Franzose." Jarier: „Zuerst

glaubte ich: Scheckter, jetzt weiß ich nicht mehr." Jody selber: „Weltmeister? Natürlich ich, wie kannst du nur solche Fragen stellen?" Dagegen Stuck: „Ich tipp auf Reutemann. Weil er alles hat, was heute zum totalen Formel-1-Erfolg nötig ist: Ein ausgereifter, cleverer Fahrer, viel Erfahrung, Biß und ein gutes Auto."
Was Reutemann nie glauben würde. „Ein verdammt schneller Fahrer", sagt einer seiner Ex-Teamchefs, „aber kein Siegertyp, sondern ein Verlierer — in Geist und Seele. Fast jedes Jahr zu dieser Zeit ist er WM-Leader, sagt aber immer: keine Chance, Weltmeister zu werden. Er findet immer Ausflüchte, nicht zu gewinnen."
Typisch Reutemann, daß im dritten WM-Lauf ausgerechnet sein Ex-Team triumphieren wird — Ferrari.

KYALAMI: FERRARI WIE DIE „SILBERPFEILE" 1954

„Das letzte, aber beste Rennauto meines Lebens!" sagt Enzo Ferrari stolz über den 312 T4. Gebaut hat ihn Mauro Forghieri, einer der 20 besten Ingenieur-Abgänger der Universität Bologna, die alljährlich automatisch Ferrari zugeteilt werden — den anderen Autofabriken bleibt nur der Durchschnitt. Forghieris Spruch: „Wir bei Ferrari lachen nie, wir arbeiten nur hart." Auch beim Benzinsparen: „Unsere Rennmotoren verbrauchen heute 25 Prozent weniger Sprit als 1970, obwohl wir um vieles schneller geworden sind." Und Jody Scheckter, befragt, was der Formel-1-Sport zur Milderung der Benzinkrise tun könnte: „Am besten wäre, die Leute kämen in Autobussen zu unseren Rennen."
Sein Teamgefährte lacht herzlich: „Villeneuves" (zu deutsch: Neustadt) gibt es tausende auf der Landkarte, diesen aber in der Formel 1: Gilles, geb. am 18. 1. 1952. „Meine Urgroßeltern haben sich eine Zeitlang ‚Newtown' genannt." Gilles Villeneuve hat eine Stimme, die für sein Aussehen gut eine Oktave zu tief ist (speziell wenn er englisch spricht); er wirkt mit seinen 58 kg recht zerbrechlich (außer im Rennoverall, der ihn wie einen Eishockeyspieler panzert); aber die Stirnfalten (unterm Mittelscheitel) verraten, daß er keinem harmlosen Beruf nachgeht. „Er hat ein hübsches Knabengesicht, das man nicht

einordnen kann, und wirkt wie ein Bengel, dem sie zu früh seinen Roller weggenommen und ein viel gefährlicheres Spielzeug in die Hand gedrückt haben", malt „auto motor und sport" ein Villeneuve-Porträt. Aber die anderen?

Ecclestone kicherte, als der Franco-Kanadier in die höchste Motorsportliga eintrat: „Ein Clown." Andretti in US-Zeitungen: „Villeneuve hat von uns allen das größte Glück gehabt. Keinem anderen Fahrer, das ganze Jahrhundert nicht, war ein solcher Durchbruch vergönnt. Hoffentlich kapiert er's und ist dafür dankbar." Warum immer noch? „Weil ihn nach den ersten Unfällen jedes andere Team hinausgeworfen hätte — nur Ferrari nicht. Ferrari mußte Gesicht bewahren, ihn behalten, um ja nicht zugeben zu müssen: Villeneuve war ein Fehleinkauf. Gilles brauchte Testmeilen und Testmeilen. Ferrari war das einzige Team, das ihn tage-, wochen-, monatelang im Kreis fahren lassen konnte. Mit jedem anderen Team hätte er fünf Jahre gebraucht, dorthinzukommen, wo er heute bei Ferrari ist." Der Lauda-Weggang 1977, der Reutemann-Weggang 1978 machten Gilles zweimal den Platz frei in der besten Rennmannschaft der Welt. „Und das", glaubt Andretti, „passiert sonst höchstens im Kino."

Aber Villeneuve ist gerissener, als man glaubt: „Enzo Ferrari hat mir ganz am Anfang versprochen: ‚Ich geb dir mein Wort, daß du für jedes Rennen ein Auto kriegst' — aber ich hab drauf bestanden: Schreiben wir das in den Vertrag. Und das war mein Glück, denn was glaubst du, was die sonst bei Ferrari nach dem Fuji-Unglück mit mir getan hätten?" verrät Gilles. „Ein Gespräch mit Enzo Ferrari ist wie eine Audienz beim Papst. Er ist beeindruckend, aber ich laß mich nicht beeindrucken ..."

Von der Formel 1 hat Villeneuve immer geträumt, von Ferrari nie. „Das ist so, wie wenn du eine Superfrau siehst, schön und nett, aber du glaubst: Da kriegst du nie eine Chance. Plötzlich hast du sie." Wie, war abenteuerlich. Gilles hatte 1977 in Silverstone ein glänzendes Formel-1-Debüt mit dem dritten McLaren: 9. Startplatz, fünftschnellste Runde im Rennen. Abends, im „Wicken Country Club", saßen wir lang zusammen. Jeder spürte die Sternstunde — nur Teddy Mayer nicht: „Tambay war im Training gleich schnell wie Villeneuve, aber ohne Dreher. Villeneuve baut zuviele Unfälle." Und heute? „Ich

glaub, es war ein Fehler, ihn gehenzulassen. Wie Scheckter 1973", sagt Mayer leise: Das Understatement des Jahres.
Und jetzt trompetet Jackie Stewart bereits: „Villeneuve, das wird der Superstar der Achtzigerjahre. So, wie Jimmy Clark die 60er-Jahre beherrscht hat; und ich die 70er-Jahre." Mag sein — aber zum Wechsel 69/70 war Jochen Rindt der anerkannt Schnellste der Welt, und Niki Lauda hat allein 75/76 elf Große Preise gewonnen. „Ferrari oder nicht Ferrari", sagt Lauda irgendwann im Frühjahr 1979, „Villeneuve ist der Beste von heute." Der legendäre Wiener Carlo Abarth, ein genauer Beobachter der Rennszene, glaubt: „Villeneuve wird kein Lauda, aber er hat eines: unheimliches Talent. Freilich, er war noch nie tot."
Und so fährt Villeneuve zeitweise nicht wie ein Grand-Prix-Pilot, sondern wie beim Auto-Crash. Siehe die Karambolagen mit Arnoux in Dijon. Oder seine halsbrecherische Dreiradfahrt an die Box in Zandvoort. Daß Gilles auf dem Rennsimulator in der Kyalami-Ranch mit 480 km/h (und drei Stürzen) den Rundenrekord hält, ist harmlos, paßt aber dazu.
„Kennst du keine Angst?" Gilles hat sich längst eine Philospohie zurechtgelegt: „Nicht Angst im Sinn der normalen Leute. Wenn mir im Traum ein Löwe nachrennt, schreck ich mich zu Tod. Aber ich fürcht mich nicht vor einem Unfall. Das heißt nicht, daß ich einen will, aber ich bin darauf gefaßt, daß er jeden Moment passieren kann, bin mir dessen voll bewußt — als Teil des Jobs. Wie sich Fußballer ein Bein brechen können." Seine schwarzhaarige Frau Joanne, seit 8 Jahren mit Gilles verheiratet, 1978 aber noch von Max Mosley aus der Hockenheim-Box hinausgeschmissen, wird schon wissen, woher die ersten weißen Haare kommen. „Ich begreif nicht ganz, was Gilles tut. Und manchmal erschreckt's mich."
Joanne kommt — im Gegensatz zu Pamela Scheckter — zu jedem Rennen, ist sogar fixer Bestandteil der Ferrari-Zeitnehmung: „Wenn ich weiß, wer vor, wer hinter Gilles liegt, wird's für mich interessanter." Und überhaupt: „Es wäre viel schlimmer, zuhause zu sitzen und nicht zu wissen, was passiert." Darum werden die Kinder Jacques (7) und Melanie (5) zu fast jedem Grand Prix mitgenommen. Zumindest im Sommer. Und in Europa.

Basislager der Villeneuve-Familie: Nizza, ab Frühjahr 1979 Monte Carlo. „Das ist eine halbe Autostunde näher zu Ferrari." Gilles lebt, diskutiert, ißt und schläft die Formel 1 — sein Vorbild ist Ronnie Peterson. „Für mich der Schnellste, der je da war", gesteht er mir, „seit ich ihn 1973 in Mosport sah. Er fightete trotz weggebrochenem Frontspoiler das ganze Rennen mit Hunt. Ich wurde damals Dritter: im Formel-Ford." Jetzt ist Villeneuve-Bruder Jacques auch schon so weit: 1978 in Montreal (Gilles' erster GP-Sieg) gewann Jacques das Tourenwagenrennen auf Renault. Jetzt sucht er schon Sponsorgelder: für die Formel Atlantic.
Der große Bruder hat 1978 (dank italienischer Sponsors, die ihm Walter Wolf aufriß) bei Ferrari schon 3 Millionen Schilling kassiert — mehr hat dort auch Lauda in seinem ersten Weltmeisterjahr nicht verdient.
Ausgleichssport? Hobbies? „Ich hab nix von all dem", lächelt Villeneuve entwaffnend. Musik? „Heutige Musik, ein bissl Soul, ich weiß keine Namen, aber ich mag den Sound. Die Bee Gees hör ich gern. Negermusik. Ein bissl Disco, aber nicht zu viel, nicht zu laut: Das regt mich auf." Bücher? „Ich les nur wenig. Manchmal Illustrierte, Sportzeitungen über Eishockey, über Autorennen." Lieblingsessen? „Das normale Zeug, Hausmannskost, manchmal Steaks. Aber um Himmels willen nie Käse" (was in Frankreich schwer genug ist). „Lieber sitz ich mit Joanne und den Kindern am Swimmingpool und wir machen unsere eigene Grillparty."
Familienmensch Villeneuve wird dabei nicht ungeduldig, denn Joanne skizziert ihn so: „Einerseits ist Gilles eine ruhige Person, mit ausgeglichenem Temperament — andererseits ist die Rennerei etwas, das man so gern haben muß, daß man's täglich tun will." Und dafür hat der kleine Kanadier zwei Ventile: seine beiden geländegängigen Vierradantriebs-Ford-Bronco, „einen in Kanada, einen in Frankreich, zum Herumteufeln im Gelände, herrliche Spielzeuge, klein wie Jeeps. Ich bau sie zusammen und reparier sie, brich sie und bau sie neu zusammen: fast kein Ausritt ohne Crash."
Manchmal ist Tambay bei den Villeneuve-Teufeleien dabei, nie Jody Scheckter, der Teamkollege, dem Gilles anfangs mit etwas Mißtrauen begegnet, „aber das ist ganz normal: wenn ein Neuer in dein Büro

kommt, seid ihr auch nicht gleich dicke Freunde", analysiert Scheckter-Manager Bick Brittan. Gilles über Jody: „Wir sitzen in Fiorano im gleichen Auto, arbeiten nicht immer in die gleiche Richtung, aber gut zusammen, keine Probleme, keine Geheimnisse. Außerdem find ich Jody amüsant. Er hat Humor."
Und den hat Scheckter bitter nötig, als ihn Villeneuve zweimal hintereinander schlägt.
Längst laufen in Kyalami die Testfahrten: immer eine ganze Woche vor dem Grand Prix. Zweimal kracht es bei Scheckter und Lauda: Bei Jody klemmt das Gaspedal vor der ersten Kurve in Vollgasstellung, „aber clever wie ich bin, schalt ich den Motor ab . . . weil die Lenkung ins Leere geht . . . und da ist teuflisch viel Rauch von den Vorderreifen." Niki dreht sich mit 180 km/h im Bergaufstück in die Leitplanken, „weil ich's nimmer gewohnt bin, schnell zu fahren", grinst er. Zwei Tage später bricht Niki bei 275 km/h, direkt vor den Boxen, die Schnauze weg: „Sie hängt nur noch an einem Stück, und ich geh voll in Deckung." Nichts passiert: Ohne Frontflügel fährt Niki sogar um 0,7 schneller. „Wir wollten das sowieso einmal testen . . ."
Die Testserie beendet Niki als schnellster Goodyear-Pilot, besser als Andretti, der aber schon seit Monza nie mehr schnellster Lotus-Fahrer war. In Nordamerika hat ihm Jarier die Show gestohlen, in Südamerika Reutemann. „Aber in meinem Auto ist der Teufel drin." Sicher nicht dagegen im neuen Ferrari T4, über den Scheckter sagt: „Niki muß verrückt gewesen sein, von Ferrari wegzugehen, wo man ein solches Wunderauto bauen kann . . ." Aber man kennt ja Jodys fromme Sprüche. Villeneuve zieht präzisere Vergleiche: „Etwas leichter zu fahren als der T3 — eine Sekunde schneller — mehr Grip in den 3.- und 4.-Gang-Kurven."
Villeneuve hält am Schlußtag der Testwoche Bestzeit. Ferrari läßt einpacken, Forghieri fängt an zu diskutieren — da steigt Jabouille nochmals in die Renault-Turborakete und fährt 1:12,50. Um 2,15 unterm Lauda-Trainingsrekord, 4,59 unter Andrettis Rundenrekord. Man weiß ja: Der Turbomotor verliert in der dünnen Höhenluft (1800 m) kaum PS — die anderen aber bis zu 50. In Argentinien sind fünf Renault-Motoren zerplatzt — in Kyalami halten sie 500 km.
Kyalami: Ferientage in der „Kyalami-Ranch", Ärger über das schlechte

Room-Service; Wettkämpfe zwischen Grand-Prix-Fahrern und Flugkapitänen auf dem Tennisplatz (und um die Stewardessen); Abenteuer auf der nahegelegenen Schlangenfarm und im Löwenpark, in den Lauda auf einem KTM-Motorrad einreitet, „aber als dann wirklich die Löwen kamen, haben wir gedacht, lieber abhauen, bevor uns einer ins Wadl beißt"; vor allem aber: private Flug-Safaris in den nahegelegenen Krügerpark.
Nur Ecclestone kommt enttäuscht zurück: „Das einzige Tier, das ich sah, war ein Moskito — das mich fast zerstochen hätte." Fittipaldi und ich haben mehr Glück. Safaris mit dem Ex-Weltmeister, eine langjährige Tradition, sind nie fad: Er kitzelt Spinnen aus ihren Löchern, sucht um Mitternacht die Runway nach UFOs ab. Emerson hat starke Beziehung zu Naturereignissen: „Eben habe ich 138.000 Orangenbäume gepflanzt, auf einer riesigen Farm in Brasilien, praktisch einer Insel, rechts und links von Flüssen abgegrenzt. Dort möcht ich einmal ein Haus hinbauen."
Die meisten Geschäfte macht Emerson zusammen mit seinem Bruder Wilson, dem Ex-Rennfahrer: „Als Wilson zum erstenmal in ein kleines Flugzeug stieg, setzte er bei Start und Landung erschrocken den Sturzhelm auf. Bei seinem ersten Europaflug wurde die Maschine entführt: nach Kuba. Ein Wunder, daß er jetzt selbst fliegen gelernt hat."
Emersons Talente verlagern sich immer mehr aufs Business. Der nette Kerl mit den Hamsterbacken, der 1969 in England als Rennfahrerschüler so abmagerte, daß er seine Mutter in Sao Paula anrief: „Bitte, komm rüber und koch für mich", ist längst vielfacher Millionär: „In zwei Jahren mache ich mit all meinen Geschäften mehr Geld als mit der Formel 1." Die BMW-Importe hat ihm die Regierung 1973/74 verboten, aber er verkauft in Brasilien hergestellte Mercedes-Nutzfahrzeuge („bald muß ich Deutsch lernen") und hat mit Ferrari-Sponsor Fiat einen ähnlichen Vertrag geschlossen wie früher der Ex-Wiener Carlo Abarth: „Als ich im Brasilien-GP Villeneuve schon in der ersten Runde überholte, sagte ich zu mir: ‚Das gibt sicher noch Streit mit Fiat'. Als ich in der dritten Runde an Scheckter vorbeifuhr, fürchtete ich: Jetzt wird der Vertrag zerrissen . . ."
Der hart arbeitende Geschäftsmann Fittipaldi ahnt bereits, daß Copersucar Ende 1979 aussteigen wird, will sein Formel-1-Team aber

mit neuem Sponsor weiterführen. Und einem jungen Brasilianer im Cockpit. „Fitti“ reist immer noch mit eigenem Kopfpolster (und daher großem Koffer) und schläft mit Ohropax, „weil ich acht Stunden Schlaf brauch.“ Nur nicht im afrikanischen Busch — wo schon um fünf Tagwache ist.

Niki Lauda feiert in Kyalami seinen 30. Geburtstag. Marlene schickt ihm spaßhalber eine Gummipuppe, die ihm ein Freund aufbläst und ins Bett legt. Als Lauda-Kammerdiener Sante Ghedini, der Flüge bucht, Autos organisiert, Bananen schält und sich um alles kümmert, mit einer wichtigen Nachricht in den Lauda-Bungalow stürzt und die Puppe sieht, stammelt er: „Scusi“ — und ist blitzartig wieder draußen.

Doch bald wird nur noch Benzin geredet. Wo sind die Ligier-Helden? Schneefall in Frankreich, abgesagte Testfahrten, Ligier legt auf dem Anflug mit Laffite und Depailler einen langen Boxenstop ein: Vier Tage Fischfang in Kenia. Wilde Gerüchte eilen dem Trio voraus: „Ducarouge wettet 10.000 Dollar, daß Laffite/Depailler auch in Kyalami die erste Startreihe okkupieren! Andretti akzeptiert, aber Ducarouge entgegnet: „Hab ich nie gesagt . . . böse Verleumdung von der Konkurrenz.“

Als Laffite und Depailler losfahren, genügen ihnen sieben Runden, um die Lauda- und Andretti-Zeit zu egalisieren: Erfahrungsrückstand, blitzschnell wettgemacht. „Es mag leicht aussehen“, sagt Patrick, „ist aber harte Arbeit.“ Lauda ist schneller als Laffite, worauf Ecclestone und ich die Londoner Buchmacher anrufen und Geld auf Lauda setzen: 16:1 für den Kyalami-Sieg, 15:1 für den WM-Titel. Als Niki davon hört, grinst er: „Der Bernie soll lieber sparen. Nächste Woche ist meine nächste Gehaltsrate fällig.“

Jabouille verteidigt seine Pol-Position gegen die Ferraris.

Scheckter hat seinen 6 Monate alten Buben Tobias in die Box mitgebracht. Die Ferrari-Mechaniker betätscheln ihn so lange, bis er aufschreit. Scheckter ist um einen Herzschlag (0,03) schneller als Villeneuve, dem es die Radaufhängung aus der Verkleidung reißt. Training: beendet. „Ich hab nicht den Mut, Gilles mit einem solchen Auto rauszuschicken“, sagt Forghieri — wenige Minuten später wäre ein anderer wegen Mechaniker-Schlamperei fast gestorben: Didier Pironi.

Nach Boxenstop wird das rechte Tyrrell-Hinterrad nicht festgezogen. Im Juksei-Linksknick bricht der Bolzen bei 260 km/h. Piquet und Stuck liegen 100 m hinter Pironi, als die Hölle losbricht: „Holzpflöcke, Autoteile, Trümmer, Räder, alles fliegt uns entgegen. Da ist eine Riesen-Staubwolke“, schildert Stuck. „Wir bremsen sofort, und Jarier stoppt als nächster.“ Verstummte Motoren, Rettungssirenen, Unfallalarm und plötzlich die Riesenangst: Was Pironi überlebt hat, muß wie ein Flugzeugunglück gewesen sein. Als sich die Staubwolke lichtet. steht der junge Franzose schon über den Tyrrell-Trümmern, oben auf der Fangmauer. Selbst befreit, weggegangen, aber nach ein paar Schritten eingeknickt: Unfallschock. „Bitte, holt mir Wasser.“ Sein kantiger Helm ist zerbrochen — mit rundem Helm wäre überhaupt nichts passiert. Pironi hat Kopfweh, will aber starten. Und der französische Arzt — immer dabei — gibt grünes Licht.
Jabouille-Scheckter, Villeneuve-Lauda, Depailler-Laffite, Pironi-Andretti: drei Michelin-Autos vor Niki, die Franzosen-Bomber dahinter. Große Frage: Halten die Reifen? Renault gambelt mit den schnellsten Pneus (Nummer 135 im Michelin-Roulette), Ferrari trainiert Reifenwechsel-Boxenstops und wartet bis zuletzt — bei aufgebockten Boliden.
Start, und ab sofort verkrallt sich Jabouille mit den Ferraris in einen mörderischen Dreikampf. Jeder für sich allein, nicht zusammen, metzeln Scheckter und Villeneuve die „gelbe Banane“ (sagt Jody) in den Kurven nieder — auf der Geraden fliegt Jabouille an ihnen wieder vorbei. Dahinter kämpft Lauda mit den Tyrrells. Nach zwei Runden: Schwarzer Himmel über Kyalami, Regentropfen, dann Wolkenbruch, nach drei Runden: Abbruch.
Der spannende Reifenpoker beginnt: Eine Stunde später neuer Start — bei Nieselregen. Überschwenglicher Applaus von 100.000 Südafrikanern belohnt Scheckters Mut, mit Slicks auf regennasser Bahn zu starten. Fünf weitere gehen das gleiche Risiko ein: Depailler, Piquet, Tambay, Watson und Rebaque. Villeneuve sagt mir: „Ich hab Angst, im Regen mit Trockenreifen zu fahren, ich will nicht rausfliegen.“ Was Depailler in der ersten Runde prompt passiert. Patrick muß teuer bezahlen.
Villeneuve übernimmt auf Regenpneus vom Start weg das Komman-

do. Die Sensation: Scheckter balanciert sein Auto auf Slicks an zweiter Stelle durch den Nieselregen. „Aber ich rechne so: Wenn's auftrocknet, muß Gilles Reifen wechseln und ich muß gewinnen — die einzige Gefahr, zu verlieren: Daß ich rausflieg." Jodys Rechnung scheint aufzugehen: Als Villeneuve auf Slicks ummontiert (17 Sekunden), geht Platz 1 automatisch auf Scheckter über.

Jody ist der einzige Fixpunkt dieser chaotischen Regen-Trockenschlacht mit heilloser Verwirrung in den Rundentabellen. Die alten Hasen Chapman, Tyrrell usw.: Jeder hat ein anderes Klassement (weil manche Boxenstops übersehen werden). So führt Chapman Stuck fast bis zum Ende auf Platz 3. Ein Rennverlauf, der Sternstunden und Helden produzieren muß, belohnte oder unbelohnte. Jarier fährt mit dem Messer zwischen den Zähnen, aggressiv, überholt „an den unmöglichsten Stellen, weil ich den dichten Verkehr benützen muß, um Andretti hinter mir zu halten." Beide Lotus-Stars raufen mit Bremsproblemen: „Wir müssen andauernd das Bremspedal pumpen." Auf feuchter Bahn ein mörderischer Job. Und WM-Leader Laffite holt auf das Trio Jarier-Jabouille-Andretti pro Runde 1,5 Sekunden auf — bis er wegen Reifenplatzers links hinten von der Strecke fliegt. Der zweite Ligier ist ein Trümmerhaufen. Tambay kracht gegen Pironi, Rebaque kreiselt von der Straße — um ihm auszuweichen, muß Lammers in die Fangzäune. De Angelis dreht sich in der Boxeneinfahrt vor Watson — und donnert später in „Crowthorne" durch die Fangzäune, als er Stuck ausbremsen will.

Scheckter — in Führung — spürt das Chaos rund um sich. „Hunt, Lauda, Andretti — alle kommen mit frischen Reifen aus der Box, alle glauben: Sie fighten um die Führung. Ich hab eine Minute Vorsprung, aber keiner läßt mich kampflos vorbei." Die ersten „Trockenrunden" nach tropischem Regen sind immer haarig: Das Wasser ist weg, was bleibt, ist Sand und Dreck, der Jodys Reifen strapaziert — Villeneuves Pneus müssen 15 Runden weniger aushalten. Kein Wunder, wenn Gilles immer näherkommt. Bei „—14,5" hält die Ferrari-Box dem Kanadier „Slow"-Signale hinaus: der Langsam-Befehl. Noch 35 Runden. Plötzlich spürt Jody böse Vibrationen links vorne, „wie Hammerschläge. Ich dachte schon: Jetzt und jetzt fliegt gleich das Vorderrad weg."

15 Runden leidet und überlegt Scheckter. „Auf der Geraden stemm ich mich hoch und schau: Ist vorn noch alles ganz?“ Der Reifen ist „am Sterben“, die Michelin-Erklärung, Jody hätte sich im Regen einen „Brakespot“ geholt, „ein Scherzl weggebremst“, dementiert Scheckter: „Der Bremsplatte kommt erst eine Runde, bevor ich an die Box muß.“ 53. Runde, Jody hat binnen 21 Sekunden neue Reifen — und jetzt führt wieder Villeneuve.

Das Duell zweier Ferrari-Piloten — die sich auf der Straße nie überholt haben! — wird durch die wechselnden Rennumstände entschieden. Das Duell, von der Stoppuhr abgelesen: Der zweite Mann (erst Villeneuve, dann Scheckter) catcht den Führenden pro Runde mit 1,5 bis 2 Sekunden. Rennleiter Piccinini hat gewarnt: „Hetzt euch nicht gegenseitig, kommt einander nie näher als bis auf 5 Sekunden.“ Scheckter hat den Befehl „nie gehört“ (sagt er), Villeneuve „schon vergessen“, aber jeder respektiert die Langsamer-Signale.

Villeneuve schlägt Scheckter um 4,22 Sekunden, Dritter wird Jarier vor Andretti und Reutemann, Sechster Lauda, der 66 der 78 Runden gebraucht hat, um Piquet zu überholen. Nelson ist der Auspuff gebrochen, Niki aber die Heckflügelbefestigung und der Stabilisator. „Wievielter bin ich?“ fragt mich Niki, völlig verwirrt durch falsche Boxensignale, und bittet seinen Mechaniker Cuoghi: „Überprüf mein Auto genau, es hat eine Straßenlage wie eine Kuh.“

„Wir verlieren Geld“, ruft mir Ecclestone zu — und ist davon. Unfalltrümmer werden zusammengeholt: Jones hat ein Radaufhängungsbruch auf der Geraden von der Strecke gerissen, Arnoux sich auf den Trümmern einen Reifen aufgeschlitzt.

In der Ferrari-Box fallen einander zwei Rennfahrerfrauen in die Arme, Joanne und Pamela: Doppelsieg des neuen T 4 im ersten Rennen, historische Tat, zuletzt 1954 von Mercedes in Reims (1. Fangio, 2. Kling) gesetzt. Bei Scheckter und Villeneuve reißt das Spinnennetz totaler Konzentration nur mühsam. „Sorry für euch, daß es nicht Jody war“, sagt Villeneuve südafrikanischen Reportern. Aber am Abend, in seinem Zimmer in der Kyalami-Ranch, ist er nur noch müde und hungrig: „Hallo, Roomservice? Ich heiße Villeneuve ... ich habe gewonnen ... bitte schickt ein paar Schinkentoast, ausnahmsweise schneller als sonst ... und ohne Käse, bitte.“

LONG BEACH: WIEDER VILLENEUVE

Szenenwechsel: Vom afrikanischen Busch an die amerikanische Westküste. Long Beach: Der ewig blaue kalifornische Himmel („Gottes eigenes Land"), mitten drin, dick und fett, bruzzelt die Sonne wie ein Spiegelei. Alljährlich heizt sich ein Superspektakel auf: Im Umkreis von einer Autostunde „full action", für jeden etwas. Für Laffite: Ein patriotisches Mittagessen mit dem Musikstar Silvy Vartan in Hollywood. Für den flugverrückten Lauda: Flugsimulatoren und jede Menge Flugplätze bis hinunter nach San Diego. Für den wassersportverrückten Andretti: Wasserski im Pazifik. Für Tyrrell, der nur einmal pro Jahr über die Schnur haut: Spielhöllenrummel in Las Vegas. Für die wettkampfhungrigen Watson und Hunt: Squash und Tennis. Und für alle, die nicht ohne Lenkrad leben können: Wettrennen in Malibu-Beach, auf einer der vielen Rennbahnen, die Andretti gehören. Ergebnis: 1. De Angelis, 2. Piquet, 3. Daly. Flotte Parties, Highlife auf der „Queen Mary" gehören dazu.

Aber da ist nicht nur Müßiggang. Der Stadtkurs — vorbei an Altersheimen und Pornoshops — ist mörderisch. „Fiorano West", mault Andretti und meint damit die Ferrari-Teststrecke bei Modena: „Eine Piste, haargenau auf die Ferraris angepaßt." Und man weiß: Villeneuve blüht auf Stadtkursen richtig auf — weil er die wilden „Gassenschlachten" aus seiner Formel-Atlantik-Zeit gewohnt ist. Seine Long-Beach-Karambolage 1978 — in Führung, mit Regazzoni — ist schon fast vergessen.

Tagelang sind die kalifornischen Zeitungen, von der Ferrari-Mafia clever dirigiert, voll mit Stories über „Wunderknaben Villeneuve", bis auch Lauda Schlagzeilen macht: Vater geworden, sein Lucas ist angekommen. Niki erfährt's am Telefon, bevor er mit Ecclestone nach Las Vegas fliegt, eine Wüstenrennstrecke inspizieren. Ganz stolz steht er auf dem kleinen Flughafen, pafft am Zigarrl und sagt: „Vater bin i worden." Aber er bestimmt gleich: „Mein Bub wird nicht vermarktet. Fotografieren? Nicht erlaubt." Den Trick eines Reporters, der Niki anbietet, ihm ein Babyfoto nach den USA zu funken, „damit Sie wissen, wie der Kleine aussieht", durchschaut Lauda sofort. Ein Kind, philosophierte Fittipaldi einmal, kostet eine Sekunde. Nicht

für Lauda: „Der Lucas hat mir am Telefon sogar ausrichten lassen: Gib noch mehr Gas, Papa!"
Der BT 48 ist wieder umgebaut. Kein anderer Designer zaubert, bastelt und arbeitet so hart wie Gordon Murray, der seine Genieblitze variiert. Völlig anders arbeitet z. B. McLaren: „Bei uns gibt es keine fantastischen Konstruktionen, wir erzielen unsere Ergebnisse durch harte Arbeit, Weiterentwicklung", sagt John Watson, immer noch davon überzeugt: „Meine Chance, Weltmeister zu werden, war noch nie so groß wie heuer."
Später in der Saison, als Lauda die Teams miteinander vergleicht, urteilt er: „McLaren ist ein sehr straff gemanagtes Team (Teddy Mayer) mit einem nicht genialen Designer (Gordon Coppuck)." Kühl, aber professionell, war immer das Motto von Bruce McLarens Erben, von denen Mayer die Hauptanteile besitzt (70 Prozent). Das paßt nicht ganz zum flamboyanten High-Life-Stil, den Sponsor Marlboro der Formel I so gern einimpft. Und die Piloten bemühen sich brav, mitzumachen.
Eine typische John-Watson-Story, Watkins Glen: Nach dem Abendessen kommt die Kellnerin und sagt: „Bitte, eine Unterschrift." John schaut kurz auf, fragt: „Für Sie oder Ihre Tochter?", hört nur „Autogramm", fragt ein zweites Mal und kapiert erst jetzt. „Sorry", murmelt er und unterschreibt, leicht errötend, die Rechnung. Lauda wäre so etwas nie passiert. Und manchmal fragt man sich: Plagt Watson ein Lauda-Komplex? Als die beiden 1978 Teamkollegen wurden, grübelte Teammanager Herbie Blash: „Niki ist ja gut, sehr intelligent, aber hat er auch den Speed? So schnell wie Watson?" Dann gewann Niki die Trainingsduelle 10:6, gibt aber heute zu: „Watson fährt oft unglaubliche Runden, die würdest du ihm nie zutrauen." Wenn Watson 1978 ausfiel, dann zumeist mit Bremsdefekt; Lauda mit Motorschaden, „aber das sagt nichts: Damals bekam immer ich als erster neue Motorteile, die oft nicht hielten."
Watson findet rückblickend auf seine Brabham-Zeit: „Ich war nicht direkt benachteiligt. Aber das Gefühl des ganzen Teams galt Niki." Was die beiden ein Jahr für sich behielten: „Niki und ich hatten ein privates Abkommen: Wenn derjenige von uns beiden, der vorn liegt, Probleme kriegt, muß er den anderen vorbeilassen." In Le Castellet

(wo Watson Pol hatte) einigten sich die beiden untereinander auf ein offenes Rennen, Mann gegen Mann, „aber dann kam Bernie und entschied: Niki muß gewinnen!" Watson hat Lauda kennengelernt: „Wenn er etwas wollte und er kriegte es nur über mich, dann ist er eben über mich drübergestiegen." Heute glaubt John: „Niki versteht vom Testen auch nicht mehr als wir alle, aber er kann rascher seine Entscheidungen treffen." Aussagen, die Lauda amüsieren: „Jeder dritte Satz, den Watson über seine Zukunft sagt, ist über mich . . ."

Mayer bezeichnet Watson als „harten Arbeiter, sehr begeisterungsfähig und geduldig". Der Ire lebt in Bognor Regis an der englischen Südküste — allein. „So ist das Leben unkomplizierter." Für Gäste kocht John auch gern. Zum Beispiel: für Nina Rindt. Die Romanze machte Schlagzeilen, auch wenn sie recht stark nach einem Marlboro-Reklamegag aussah. „No, no", protestiert Watson, „das war schon unsere eigene Idee."

Und so sehe ich bald Natascha Rindt, Jochens bereits 11jährige Tochter, mit einem Moped am Hafenkai von Monaco herumteufeln, immer fragend: „Wie schnell war ich, Onkel John?" Watson stoppt das Mädel und zieht immer ein paar Sekunden ab. Natascha hat viel von ihrem Vater: den schlaksigen Gang mit baumelnden Armen und Beinen, die flachen Backenknochen, den Kampfhunger in den Augen. Einmal erzähle ich ihr die historische letzte Monte-Carlo-Runde von 1970. Natascha, mit großen Augen: „Und was war dann? Ist Jochen über Jack Brabham drübergefahren?" Nein, er hat ihn in der letzten Kurve überholt. „Onkel John" hat schon Rennen in der letzten Kurve verloren. Er hat's nicht leicht, Vergleiche auszuhalten, John Watson.

Watsons Nr. 2, Patrick Tambay, ist der „schöne Mann" im Grand-Prix-Zirkus: immer sonnig, freundlich, nett. Die Franzosen, die ihn seit Anfang kennen, wissen: „Er spielt das nicht, er war immer so." Lauda sagt: „Ich hab ihn eigentlich nie leiden können, weiß aber nicht, warum." Und wann immer Tambay einen Unfall baut (1979 sehr oft), registriert Niki: „Damit wird er sich nicht beliebt machen bei McLaren." Einmal (in Interlagos) prellt sich Tambay bei einem Sturzflug den Daumen; „ein echter Skidaumen, wie 1969 auf der Megeve-Abfahrt, wo ich mir mit den Skiern auf den Daumen ge-

sprungen bin". Solches passiert nicht mehr, wenn Tambay — wie alljährlich — mit Teddy Mayer in Bugaboos (in den kanadischen Rocky Mountains) Helicopter-Skiing betreibt und auf Tiefschnee-Abenteuer losgeht. 15.000 Höhenmeter in einer Woche. Weil Teddy der Chef ist, also zumeist voranfährt, erlebt Patrick das gleiche bittere Nummer-2-Gefühl wie auf der Rennstrecke mit Watson: „Im Tiefschnee zählt nur richtig, wer als erster fährt. Nummer 2, wenn du in der Gruppe bist, ist zwar nicht schlecht — aber der Schnee ist nicht mehr frisch und unberührt. Jemand hat's schon vor dir getan."

McLaren gewinnt den traditionellen „Concours d'Elegance" fürs schönste Rennauto, obwohl der M 28 eher häßlich, lang nicht so schön ist wie der BT 48. Aber Mayer hat als Dressman nicht Watson, sondern Tambay ins Auto gesetzt, „weil Tambay fescher aussieht und mehr Sonnenbräune hat" — Ecclestone dirigiert, weil Lauda ausschlafen will, Piquet zum Schönheitswettbewerb. Stundenlang glänzen die Autos, blank geputzt auf dem „Ocean Boulevard" in der Sonne, Musikkapellen spielen, zwischendurch wird Piquet hungrig und geht ins Beisel an der Ecke Mittagessen.

Als er zurückkommt, ist die Wahl vorbei, der Brabham disqualifiziert, weil das Cockpit leer war, und McLaren Sieger. So verliert Ecclestone 500 Dollar.

Weil Hollywood nahe ist, läßt sich auch die Formel I „Doubles" einfallen. Stuntmen, die den gehetzten Stars die Arbeit abnehmen. So macht Jaussaud — während Jabouille und Arnoux in Long Beach sind — in Clermont Ferrant die Jungfernfahrt mit dem neuen Renault-Flügelauto. Und in Brands Hatch fährt Henton den nagelneuen Williams-FW 07-Flügelwagen ein. Long Beach ist das letzte Rennen konventioneller Autos (mit der antiquierten Keilform, ohne Schürzen), auch deren letzte Chance. „Wing Cars" sind in Long Beach nicht das Allheilmittel. Besser ein kleines, wendiges Auto, als zuviel Bodeneffekt. Neues aus der Reifen-Waffenkammer: Goodyear schickt die größten Reifen der Formel-I-Geschichte: Durchmesser 28 Zoll! Goodyear hat 1400 Reifen mit, Michelin detto. Berge von Gummi, die fast die Sonne verfinstern. Ein Satz Reifen kostes 12.000 Schilling. Als der Dampfwalzendonner mit 144 km/h Schnitt losgeht, beginnt auch der Stallkrieg bei Ferrari. Nicht trotz, sondern gerade wegen des Kyalami-Doppelsieges. Villeneuve und Scheckter jagen einander wie die Mörder. Unnötiges Ergebnis: Gilles donnert schon in der ersten Trainingsrunde gegen die Mauer und demoliert die Schnauze, „weil ich Tepp viel zu schnell war für die kalten Reifen". 20 Minuten später karamboliert Scheckter am Ende der Geraden mit Pironi. Gleichfalls: „Selber schuld", sagt Jody zerknirscht, „aber ich war überrascht, daß Pironi so früh bremste." Dagegen Pironi: „Scheckter schoß auf die Haarnadel zu wie ein Verrückter. Ich glaubte, der hat überhaupt keine Bremsen."

So schleicht Reutemann Freitag auf leisen Sohlen zur Bestzeit. Sein Trick: Er sägt sich die Schuhspitze ab, „damit ich nirgends hängen bleib". Keiner weiß besser als Reutemann, wie wichtig in Long Beach der Start ist — „zwei Jahre bin ich nie über die erste Kurve hinausgekommen, bis 1978", als er auf Ferrari gewann. Jetzt kämpft er gegen Ferrari, wie mit Messern. „Ich glaub, ich gewinn wieder", baut sich Carlos auf; total ungewohnt bei ihm. Aber das hieße: Laffite müßte dringend vorn ankommen, sonst ist er seine WM-Führung los. Aber bei den Franzosen ist längst Alarm ausgebrochen: Laffite läuft mit geschienter rechter Hand umher, bekämpft die üblichen Gerüchte vom Handgelenksbruch, Arthrose und plötzlichem Muskelschwund und verbeißt alle Schmerzen: „Ich fahr bestimmt, und wenn wir erst in Europa sind: Kein Problem. Dann gewinn ich Spanien oder Belgien, vielleicht sogar beide" (und fast wirklich).

Der holprige Kurs verzeiht keinen Fahrfehler, quält aber auch Bremsen, Getriebe und vor allem Halbachsen. Bei Reutemann knicken drei Lotus-Antriebswellen wie Streichhölzer (und damit auch sein Selbstvertrauen). Auch Fittipaldi und Hunt brechen die Halbachsen. Renault hat einen solchen Defekt erst ein einzigesmal beklagt (Le Castellet, 1978, beim Testen), in Long Beach jedoch gleich dreimal. Samstagvormittag: Rund um Jabouille ist plötzlich die Hölle los: Bruch hinten links, mörderisches Billard zwischen den Betonmauern unten auf der sichelförmigen Geraden „Shoreline-Drive", „und weil auch Getriebe und Bremsen mit abrissen, konnte ich nicht bremsen". Mit 280 km/h tobt sich der Renault-Turbo aus. Jabouilles rechtes Handgelenk: arg lädiert, aber nicht gebrochen.

Die französischen Fotografen haben ihr Superbild: Jabouille und Laffite, diskutierend, beide mit Bandagen. Jacques: „Was tust du?", Jean-Pierre: „Ich starte nicht. Oder soll ich warten, bis noch einmal die Halbachse bricht? Ich schwör dir: Eine bricht noch!" Sie bricht bei Arnoux — worauf Gerard Larrousse beide Renaults vom Start zurückzieht.

Villeneuve riskiert im Abschlußtraining alles, schaltet den Drehzahlbegrenzer aus, um den Motor höherjagen zu können — und schlägt Reutemann um 0,061: für Gilles die erste Poleposition überhaupt. Aber nur ein Lidschattenstrich — ganze 0,207 — trennen die fünf Trainingsschnellsten: Villeneuve, Reutemann, Scheckter, Depailler, Laffite, bislang die Besten der Saison. Im Radrennsport heißt das: „Ein Königssprint."

Zarter Knochenbau, Kindergesicht, Studentenstimme täuschen nicht mehr: Der kleine Villeneuve ist längst ein ausgekochter Profi. Im Sonntagmorgen-Training hält er zweimal auf offener Strecke und probiert mit vollen Tanks den Start — nicht erlaubt, aber nicht direkt verboten. Aber sein größtes Plus: Die Reifenkenntnis. Michelin-Rennchef Pierre Blanchet: „Gilles kennt unsere Pneus ein Jahr länger als Jody, er weiß Bescheid." Darum riskiert Villeneuve die weichen, schnellen Pneus (143) — Scheckter, seit Kyalami argwöhnisch, nimmt die härteren, langsameren, aber sichereren (135), in der Hoffnung, daß Gilles danebengreift. Vom Training weiß man: Zeitdifferenz pro Runde eine halbe Sekunde — was sich auf 40 Sekunden addiert. „Ich muß nur das Beschleunigungsduell gegen Scheckter bis zur ersten Kurve gewinnen — weil Überholen fast unmöglich ist."

So chaotisch wie Long Beach fängt 1979 kein Rennen an. Erstes Problem: Boxen heroben, Start unten am „Shoreline-Drive". Reutemann ist mit Kurzschluß in der Box festgenagelt. Drei-Minuten-Signal, und immer noch keine gewechselte Zündspule, kein rennbereiter Lotus. Darum der Befehl: „Start aus der Box, aber erst, wenn alle vorüber sind." Carlos ignoriert den Befehl („Das kostet eine halbe Runde") und prescht hinaus auf die Strecke. Das heißt später: schwarze Flagge (und 10.000 Franken Strafe). Villeneuve führt das Feld von der Aufwärmrunde zum Startplatz, überschießt aber die Bodenmarkierung („Ich habe keine gesehen") und provoziert, noch schlimmer, einen fliegenden Start. Konsequenz: Abbruch, langsame Runde, das ganze nochmals. Laffite reißt ein Getriebeschaden von der Strecke — er muß ins Ersatzauto, am Schwanz des Feldes, neben Reutemann.

Jetzt steht Villeneuve vorn ganz allein. Scheckter pfeilt vorwärts in den leeren Raum, in der Haarnadelkurve berühren einander beide Ferraris mit den Reifen (berichtet Augenzeuge Depailler).

Schlimmer ergeht es Lauda, eingekeilt auf dem 11. Startplatz, mitten im Kampfgewitter, befürchtend: „Da wird ein Verkehr sein wie in der Wiener Innenstadt. Wenn ich nur heil aus der ersten Runde komm." Regazzoni hat sich noch Tambay vorgeknöpft: „Hör zu, Patrick, du hattest zuletzt dauernd Karambolagen und Unfälle. Wehe, du berührst mich. Dann hau ich dir eine runter." Der gewarnt hat, ist der Falsche: Lauda wird das Tambay-Opfer.

Der McLaren-Pilot erwischt einen Superstart, ist gleich an Pironi vorbei, „aber ich brems für die Haarnadel zu spät. Dort ist für unsere breiten Reifen immer zu wenig Platz. Und irgendwer, sagt man, hat mich von hinten gestoßen". Natürlich — das berühmte Phantom. Tambay steigt über Lammers' Hinterrad auf, benützt den Shadow als Sprungschanze. Dem dichtauffolgenden Stuck gehen die Augen über: „Tambay steigt zwei Meter hoch, so weit oben habe ich noch kein Auto gesehen." Dann klatscht der McLaren auf den Brabham. „Er hat mich nicht seitlich überholt, sondern in der Luft, von oben", ärgert sich Lauda, steigt unverletzt aus, zuckt die Achseln. Tambay: „Tut mir leid, I am sorry."

Nikis erstes Rennen als Familienvater, und zum drittenmal am Start schuldlos eliminiert: In Barcelona 1975 von Andretti, in Zolder 1978 von Scheckter. Aber ein Franzosenüberfall droht noch: Pironi in Monte Carlo. Gefährlich, wenn die „französischen Frösche" hüpfen.

Vorn ist bald alles gelaufen: Villeneuve fliegt Scheckter pro Runde um eine Sekunde weg (was Jody wehtut). Dahinter kämpft eine Vierer-Gruppe Rad an Rad, jeder mit anderen Sorgen: Jarier, Depailler, Andretti, Jones.

Laffite muß mit Bremsdefekt aufgeben. Auch Depailler hat ab der 8. Runde keine Bremsen mehr, kämpft aber mit Löwenmut, touchiert einmal mit Andretti (worauf der Lotus die Reifenauswuchtgewichte verliert), boxt Jarier zur Seite und kollidiert schließlich noch mit Stuck: Ein abenteuerlicher Sonntagnachmittag für „De Pallier“, wie Patrick in den USA heißt. Die letzten 20 Runden fährt er auch ohne vierten Gang. Andretti: „Ohne Auswuchtstücke habe ich solche Vibrationen, daß sie den Lotus vorn fast in Stücke reißen.“ Jarier hat das gleiche Spießrutenlaufen, fürchtend, „daß das ganze Auto auseinanderbricht. Ich seh nichts mehr, die ganze Umwelt verschwimmt — darum muß ich an die Box“.

Je länger das Rennen dauert, um so stärker wird Alan Jones: Platz um Platz stößt er vor, wird schließlich Dritter, also bester Nicht-Ferrari. 4. Andretti, 5. Depailler, 6. Jarier: drei Mann, die ihre WM-Punkte schwer erarbeiten, aber nachher streiten. „Immer du mit deinen Karambolagen“, brüllt Jarier in der riesigen Garage zu Depailler hinüber, der jedoch zurückschimpft: „Was regst du dich auf? Du fährst ja wie ein Mädchen!“ Kurz vor Schluß karambolieren Rebaque (als Sechster) und Daly. Worauf der Mexikaner aus dem Wrack springt und dem Iren — vom Sturzhelm gedämpft — eine schallende Ohrfeige versetzt.

Ein überglücklicher Villeneuve schlägt einen finsteren Scheckter um 29,38 Sekunden. „Die Pneus hätten gegen Ende ein Problem sein können, sind aber keines. Gepokert und gewonnen“, jubelt Gilles. Die 10.000 Franken Strafe für sein schlechtes Startbenehmen tun nicht weh — die zahlt Ferrari. Villeneuve ist neuer WM-Leader — aber das muß ich ihm erst vorrechnen: 20:18 gegen Laffite. „Ich denk nicht an die WM, fahr jedes Rennen wie es kommt: Mit Vollgas!“

Einen Sonntag später gewinnt Villeneuve auch das „Race of Champions“ in Brands Hatch, das Abschiedsrennen mit dem alten 312 T 3, ehe er ins Museum kommt — die Goodyear-Piloten scheitern an den Reifen, vor allem Lauda, der anfangs sogar führt. „Nach drei Runden bin ich schon um 4 Sekunden weg, hab mich gefreut, wieder an der Spitze zu sein, das normale Gefühl von früher kam zurück — aber dann muß ich leider Reifen wechseln.“ Ergebnis: 1. Villeneuve, 2. Piquet, 3. Andretti, 4. Mass, 5. Lauda, 6. De Angelis.

Keiner ahnt es — aber es bleibt Villeneuves einziger Sieg in Europa.

JARAMA: DEPAILLER SCHLÄGT ZURÜCK

Das Formel-I-Pendel schlägt in Europa wieder zurück: Von 12- zu 8-Zylindern, von Michelin zu Goodyear, von Ferrari zu Ligier. Keine Bremsprobleme in Kyalami, darum sorglos nach Long Beach, aber dort die Ohrfeigen: Ein grober Fehler. „Aber wir sind noch ein junges Team, lernen jeden Tag", sagt mir Guy Ligier. „Die Formel I ist so schwer, so teuer, jetzt müßten wir alle Geldhähne öffnen, alle Geldquellen anzapfen — nur: Ich habe keine mehr." Von den sündteuren Carbonbremsen des Überschallflugzeuges Concorde hat Ligier nur ein Exemplar gekauft (100.000 Schilling), „weil mehr nicht drin ist". Und, überzeugt: „Die Reifen entscheiden heuer, wer Weltmeister wird."

Bei Goodyear arbeiten sie wie die Verrückten. Und dem spanischen Grand Prix eilen Wellenberge von Wundernachrichten voraus. Laffite zerhämmert den Jarama-Rundenrekord, Lauda fährt Traumzeiten in Brands Hatch. „Wenn Goodyear wieder Nummer 1 ist, bin auch ich die Nummer 1, verlaß dich drauf!" sagt Laffite, „gar nicht unglücklich" über die vielen Long-Beach-Probleme. „Besser schon jetzt, als erst in Monte Carlo. Denn jetzt gewinn ich bestimmt in Spanien oder Belgien. Oder sogar beide Rennen."

Michelin fürchtet vor der Europa-Premiere, daß Ligier alles auf eine Karte setzt: Laffite. Aber Ligier ist es schon müde, die Fragen zu beantworten: „Führst du Stallorder ein, verbietest du deinen Piloten gegeneinander zu fahren?" Ligiers Erwiderung: „Laß die Zeit die Dinge abklären. In den meisten Rennen löst sich das Problem von selbst. Momentan ist keine Panik. Wichtig ist nur eins: Rennen gewinnen." Nicht nur mit Laffite, auch mit Depailler. Patricks Situation ist kritisch: „Seit drei Monaten habe ich das beste Auto, bin überzeugt, daß ich Weltmeister werden kann — aber ich gewinn nicht. Klar, ein neues Team lernst du nicht von heute auf morgen." Und was die wenigsten wissen: Depailler hatte über den Winter eine schwere Halsentzündung, mußte wochenlang Pulver schlucken, „darum war meine Kondition bis jetzt nicht die beste".

Um zu gewinnen, tut Depailler dreierlei: Erstens stellt ihm Ligier den jungen Ingenieur Beajon als „persönlichen technischen Berater" zur Seite. Zweitens bittet Patrick um einen größeren Kupplungs-Hauptzylinder („wie ich ihn fünf Jahre lang bei Tyrrell hatte"), „damit ich besser starten kann und schneller auskuppeln, um das Getriebe zu schonen". Und drittens wettet Depailler mit seinem Mechaniker Christian: „Sobald ich gewinn, darf ich dir öffentlich den Vollbart abrasieren." Eine Wette, die 1976 schon Watson geholfen hat — freilich beim eigenen Bart.

Madrid — Jarama, das heißt alljährlich: aufgeteilter Grand-Prix-Zirkus in den zwei außen unverputzten, innen aber feinen Flugplatzhotels von Barajas (die der Strecke näher liegen); nette Abende in den Restaurants um den „Plaza Major" in der Altstadt, speziell beim „Neffen von Botin" (wo Ernest Hemingway seinen Stammtisch hatte); Gewimmel von Rennfotografen und Prominenten (von Jackie Stewart bis George Harrison) in der Haarnadelkurve hinter den Boxen, Rennfahrerparade vor König Juan Carlos; zumeist klingt aber auch das Motto: Jarama sehen und streiten.

Das Freitag-Training beginnt arg verspätet, weil weder Rettungshubschrauber noch Ambulanz da sind. Alle Fahrer warten, bis auf Andretti, der demonstrativ zur Boxenausfahrt vorrollt. Und der übliche technische Streit: Weil Scheckters Heckflügel um 1,15 cm zu hoch ist, werden ihm alle Rundenzeiten der ersten 30 Trainingsminuten gestrichen.

Beim ersten Europa-Grand-Prix tauchen auch immer die Desperados auf, die Hoffnungslosen im Formel-I-Geschäft — sofern sie die FOCA nicht schon von vornherein ausgesperrt hat. 30.000 Dollar sind beim Eintritt in den Zirkus zu zahlen, auch vom bärtigen deutschen Ex-Rennfahrer und Transportmillionär Willi Kauhsen. „Dein Auto kann nie gehen", hat ihn Lauda gewarnt, „sonst wären ja alle anderen Idioten." Bei Hockenheim-Tests ist Harald Ertl mit dem bulligen, komisch aussehenden Prototyp in die Zäune geflogen — „Bremsdefekt". Worauf Kauhsen für 100 DM einen Amateurfilm kaufte, um zu beweisen: „Alle vier Räder haben gebremst." Kauhsens Ehrgeiz ist egoistisch und bescheiden zugleich: Günter Schmid die Show stehlen. Auch als deutscher Formel-I-Teamchef auftreten. Und wenn Schmid, sagen wir, 100. wird, genügt's ihm, 99. zu sein.

„Monsieur 100.000 Volt“, Jacques Laffite: Der Weltmeister 1979 spricht doch nicht französisch

Nicht nur Ferrari: Mit Ligier (Laffite, Nr. 25, in Südamerika), Renault (Jabouille, Nr. 15, in Dijon) und Williams (Jones, Nr. 27) gab es plötzlich neue Siegerteams

Die Formel France: Laffite (26) und der von keiner Teamorder gebremste Depailler (25) lieferten einander schonungslose Stallduelle

Depaillers Fieberkurve: Sieg in Jarama (mit Reutemann und König Juan Carlos), aber verunglückt in Zolder. Später stürzte er beim Drachenfliegen ab

Neue Perspektiven, technische Revolution: Renault-Turbo mit Arnoux

Die längste Durststrecke von allen: Jean-Pierre Jabouille

Renault-Sternstunde in Dijon: Jabouille siegt, Arnoux und Villeneuve liefern die große Show

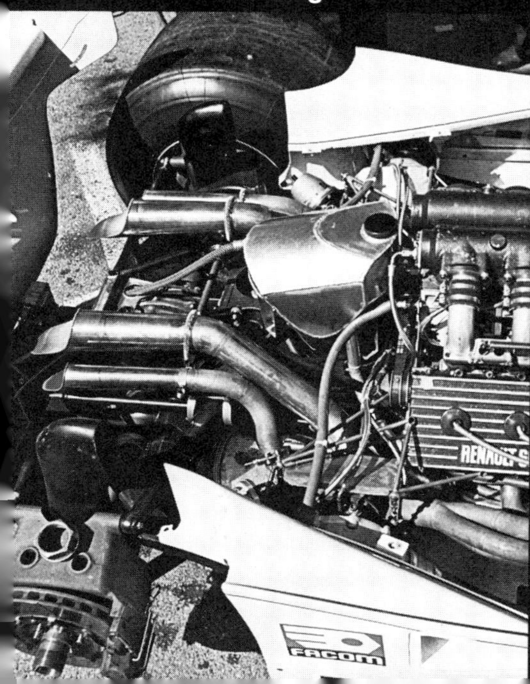

„Den schnellsten Lotus baute Ken Tyrrell“: Pironi und Jarier glänzten oft, auch in Long Beach

Weltpremiere des Lotus 80: „Hoffentlich die gleichen Wickel“

Neue Autos haben's extrem schwer, weil die Aerodynamik in großem Maß hereingekommen ist. Das Testen: gut ein Drittel schwerer geworden.

Für alle, auch für den neuen „Wunderwagen“ Lotus 80, öffentlich präsentiert als „Wingless Wonder“, als flügelloses Ungeheuer: Karosserie total auf Abtrieb konzipiert, ohne Front- und Heckflügel konstuiert wie der BT 48. „Der Lotus 80“, weiß Lauda, „schaut genau so aus, wie unser Auto bei der Vorstellung ausgesehen hat, aber dann trennten sich unsere Wege. Na, hoffentlich hat Lotus damit auch die gleichen Wickel.“ „Im Testprogramm“, verrät mir Colin Chapman, „hat der Lotus 80 nie mehr als fünf Runden gehalten.“ Und jetzt, bei der Weltpremiere in Spanien, warten 75 ...

Im Training kurvt der Lotus 80 überraschend problemlos, nur einmal geht Andretti das Benzin aus. Piquet dreht sich von der Strecke, „weil Motor oder Getriebe blockieren“, Stuck stürzt, weil ihm eine Wimper ins Auge fällt: „Ich hab nix gesehen, nur noch gebremst“.

Freitag liegen die Ferraris vorn, Villeneuve vor Scheckter, Samstag entfesseln die Ligiers die Jagd. Villeneuve und Scheckter rattern über die Bordsteine, demolieren dabei ihre Schürzen. Jody schleicht wie ein gereizter Tiger um seinen Ferrari: „Da muß noch was sein.“ Die Mechaniker finden einen gebrochenen hinteren Stabilisator.

Das Abschlußtraining zeigt: Je mehr Gummi auf der Strecke liegt, je mehr Staub und Dreck die Michelins aufsaugen müssen, um so schneller wird Goodyear. Lauda ist die letzte halbe Stunde nur noch Zuschauer — „alles durchprobiert, ich hab keine Qualifikationsreifen“. Sehenswert, wie Laffite/Depailler die Ferraris niederzwingen. Jacques bekommt sogar eine Extragarnitur Superreifen zugesteckt — falls Scheckter oder Villeneuve noch einmal aufmucken. Lauda findet daran nichts Unfaires: „Laffite tut ja was für Goodyear, er kämpft um den besten Startplatz.“ Aber der Franzose braucht die Sonderration gar nicht: „Und vergiß nicht: Die Michelin-Piloten hatten elf Garnituren!“

Zwei Ligiers, zwei Ferraris, zwei Brabham-Alfas, dazwischen das „Ungeheuer Lotus 80“ von Andretti: Startaufstellung fast wie zum Einmarsch in die „Arche Noah“, wo auch alles paarweise angetreten ist. Das „schwarze Pferd“ (wie es in der Leichtathletiksprache heißt):

Der Lotus 80? „Als Rennwagen ist er noch nicht so gut wie der Lotus 79", glauben die Mechaniker. Auch Andretti ist klar: „Jarama, das ist nur ein Investment für spätere Rennen!" Sonst nichts? Ein Grinsen: „Glaub mir, ich bin in diesem Geschäft nicht wegen dem Sport oder wegen der olympischen Idee vom Dabeisein."

Endlose Autokolonnen wälzen sich auf der „N 1" von Madrid Richtung Burgos, die 25 km nach Jarama. Depailler (der chronische Langschläfer) und ich haben Glück: Unmittelbar vor uns wird die Gegenfahrbahn gesperrt — Patrick kommt pünktlich zum Warm-Up. Lauda und Reutemann blödeln im Parmalat-Wohnmobil. Eine Cabaret-Nummer, wie Scheckter oder Villeneuve heute abend mit Enzo Ferrari telefonieren würden: „Bravo, Ragazzi, mein Auto hat wieder gewonnen . . ." Niki horcht ihn über den Lotus 80 aus (den zu fahren Carlos ablehnt): „Wart nur ab: Keine Bremsen, keine Kupplung, kein Benzin — was sonst passiert im ersten Rennen?" Piquet fragt Lauda wie ein Schüler: „Fährst du die erste Kurve innen oder außen?" Niki: „In der ersten Kurve gehts hier immer drunter und drüber, fahren viele auf Gras und Dreck."

Depailler startet wie eine Rakete, mit Laffite im Nacken, aber hinter den Ligiers ist bald der Teufel los. Bei Andretti kommt plötzlich der Drehzahlbegrenzer rein, „bremst mich, verzweifelt such ich den Schalter, ihn abzuklemmen — und acht Autos schießen an mir vorbei." Höllenspektakel in der ersten Kurve: Hunt reitet zweimal aus, de Angelis baut einen Riesenunfall und Villeneuve bricht der erste Gang, worauf ihn Reutemann überholt — darauf verzeichnet Gilles einen leichten Ausrutscher in seine Sturm- und Drang-Periode. 3. Runde: Villeneuve versucht, Reutemann auszubremsen, setzt zwei Räder neben die Strecke, kreiselt bei 260 km/h furchterregend. 4. Runde: Gleiche Villeneuve-Aktion gegen Piquet — hunderte Meter lang steht der Ferrari quer. Das „hinten überbremste Auto" ist eine nette Ausrede, „aber schuld", philosophiert Villeneuve, „war nur der kaputte erste Gang".

An der Spitze tobt das Ligier-Duell. Ein rasender Galopp der zwei Franzosen-Jockeys, immer Depailler vor Laffite. „Keiner schenkt dem anderen etwas, wir fahren beide auf Teufel komm raus." Laffite zwingt Depailler schon im dritten Umlauf seine schnellste Runde

zu drehen — mit noch vollen Tanks! Ein Blinder sieht, daß hier kein „brüderliches Mannschaftsrennen“ im Gang ist. Blauer Reifenrauch an den Bremspunkten, quietschende Reifen, Kurvenakrobatik über die rot-weißen Kerben verraten die Wahrheit: Ein Kampf Mann gegen Mann, aber nur 15 Runden lang. Dann verschaltet sich Laffite bei der Auffahrt zur Pegaso-Rampe: statt vom dritten in den vierten in den zweiten Gang. Der Motor jault auf, die Nadel am Drehzahlmesser schnellt auf 12.100 U/min, und das hält der stärkste Cosworth nicht aus. Grenzenlos erleichtert blickt Depailler in den Rückspiegel: der Stallgegner ist verschwunden. Daß die Ligier-Truppe ihren heißgeliebten „Jacquot“ deckt („der Motor hat blokkiert, entweder elektrisch oder Zündung“), ist zwar nett, aber unnötig. Laffite ist der erste, der Fehler zugibt. Deprimiert verläßt er Jarama — und noch heute glaubt er: „Depailler hat mich in Spanien 9 WM-Punkte gekostet.“
Depailler — ab jetzt bleibt er ohne Gegner: „Sofort laß ich um eine Sekunde pro Runde nach. Der Unterschied ist enorm: Statt die Kerben im Kurvenausgang hinauf zu reiten, bleib ich auf der Straße, schone die Bremsen. Ich will nur 20 Sekunden Reserve herausholen, falls ich Reifen wechseln muß. Aber ich hätte spielend 40 geschafft.“
Die 20-Sekunden-Plus-Signale gelten auf Reutemann, der das ganze Rennen nur nach Gehör schalten muß, „ohne Drehzahlmesser, ohne Drehzahlbegrenzer, dafür mit Höllenlärm von den Bremsbelägen“.
Dahinter formiert sich ein Dreier-Pulk: Scheckter, Andretti, Lauda. Niki hat seinen spanischen GP clever angelegt: anfangs reifenschonend gefahren, um die rundum weichen Pneus (Ligier: hart, Lotus: halb-halb) über die Distanz zu retten — Vollgas erst wieder, als das Auto mit fast leeren Tanks ausbalanciert ist. Und so fährt Lauda sein bestes Rennen seit Monte Carlo 1978. Damals trieb ihn der Reifenwechsel-Boxenstop zum totalen Angriff — diesmal kommen ihm die Gegner von allein in die Schußlinie: Andretti in der 44., Scheckter in der 60. Runde, und in die Quere kommt der überrundete Tambay — wieder einmal Tambay. „Er läßt Jody außen durch, quert dann vor mir die Fahrbahn und reißt mir den linken Frontspoiler ab — meterhoch fliegt das Ding durch die Luft“, ärgert sich Andretti. „Plötzlich verliert meine Frontpartie jeden Druck.“ So zieht

Lauda vorbei, auf und davon, und holt Scheckter ein. Der Ferrari hat längst Bodenhaftung verloren, fährt wie auf Öl, braucht oft die ganze Straße. „Mein Visier ist längst von Dreck und Öl verschmiert. Ich reiß eine Schutzschicht weg, mach dabei einen Lenkfehler — und schon schlüpft Lauda vorbei."
Dritter Platz für Niki — aber nur bis 12 Runden vor Schluß. Dann: ein Loch im Wasserschlauch, nur zwei Millimeter groß. Aber das Kühlwasser rinnt aus, die Temperatur klettert hoch, alle Schalter streiken, der Öldruck bleibt weg — keine Chance mehr, anzukommen. Zuviel zugemutet hat Lauda dem BT 48 nicht, „denn ein Loch, das kann ich mir nicht selber schlagen". So erbt Andretti den dritten Platz vor Scheckter, Jarier, Pironi, Villeneuve. Der WM-Leader bleibt wegen Boxenstop punktelos — aber seine Räuberfahrt hätte wohl kein Reifen schadlos überstanden.
Kriegsrat im Ferrari-Wohnbus: Scheckter schildert einem Reifeningenieur in hilflosem Französisch, wie er immer mehr Grip verlor, und diskutiert mit Tomaini in brüchigem Italienisch, ob er nicht doch an die Box hätte sollen, Reifen wechseln. „Aber wer tut das schon, wenn du um einen zweiten oder dritten Platz raufst?" Jody schaut unsagbar müde: „Glaub mir, noch nie hab ich um einen vierten Platz so hart kämpfen müssen." Fast ein Hohn, aber dieser vierte Platz ist später sein Streichresultat.
Depailler hat Villeneuve an der WM-Spitze eingeholt: „Schon einmal hab ich in der WM geführt, nach Monte Carlo 1978, aber nur für ein Rennen. Diesmal bis Saisonende, hoffe ich." Champagnergebadet, auf einer Benzintonne stehend, rasiert Patrick seinem Mechaniker genußvoll den Bart ab: mit viel Seifenschaum und scharfer Klinge. Eigenartig: Die Mechaniker wirken mehr erschöpft als Depailler. „Wenn du gewinnst, ist das immer leicht. Aber das war der Sieg von Ligier, nicht von mir." Wenn das der Chef nicht gern hört ... Ein paar Tage später baut Depailler beim Reifentest in Zolder einen wilden Unfall: „Aus purem Übermut, wegen seines Jarama-Sieges", sagt Ex-Boß Tyrrell, „ich kenn den Burschen." Aber noch Ärgeres steht bevor.

ZOLDER: SCHECKTERS ERSTER FERRARI-SIEG

Depailler, Villeneuve je 20, Laffite, Reutemann je 18, Scheckter 16 Punkte: Vor dem belgischen Grand Prix hat sich die Situation zugespitzt. Ein Drittel der Saison vorbei — und Scheckter noch sieglos. Bis jetzt hat ihm Villeneuve glatt die Show gestohlen. Rennleiter Piccinini lobt immer, wie sehr „einander die beiden respektieren", für Stallorder wäre noch Zeit genug (ein einziges Mal in der Drei-Liter-Formel hat Ferrari den Piloten befohlen, die Positionen umzudrehen: 1977 in Monte Carlo, wo Reutemann rundenlang Lauda blokkierte, dann aber demonstrativ vor den Boxen auf die Bremse stieg.

Sehr treffend, wie Ing. Forghieri Scheckter und Villeneuve vergleicht: „Gilles ist jung, aber jeden Tag besser werdend — Jody hat schon volle Routine. Gilles ist das Teambaby, aber der aufgehende Stern — Jody schon der Spitzenmann. Gilles hat mehr Erfahrung bei Ferrari — Jody aber weitaus mehr Rennroutine. Das gleicht sich aus."

Als ich Jackie Stewart von meiner Lauda-Wette erzähle, seufzt er: „Schaut schlecht aus." „Um deine Wette", gebe ich zurück, „steht's auch nicht besser." Stewart hat gewettet: „Scheckter Weltmeister", aber nur um ein Pfund. Richtig: Er ist ja Schotte. Und der dreifache Ex-Champ vergleicht die Ferrari-Kontrahenten so: „Villeneuve setzt viel Naturtalent ein, Scheckter seinen Ehrgeiz. Gilles ist ein von Natur aus aggressiver Pilot, Jody wird erst mechanisch aggressiv." Aber dazu muß er sich kaum zwingen. Sein hoher Blutdruck macht Scheckter automatisch zum „Gifthäferl". Der Münchner Rennarzt Dr. Martin: „Einmal holte sich Jody von mir Sonntag früh ein Kopfwehpulver. Da hatte er schon 180 Puls." Darum die Vermutung: Scheckter hilft sich vorm Start mit Meta-Blockern.

„Jodys wichtigster Charakterzug", sagt seine Frau Pamela (Pam), „ist sein Rhrgeiz." Pam hat Jody vor zehn Jahren kennengelernt, „über meine ältere Schwester, die schon Jodys Freunde kannte." Damals hatte Jody David Scheckter (geb. 29. 1. 1950) seine ersten Rennerfolge schon hinter sich. Die Fäden zog sein Vater, Max Scheckter, der in Südafrika zwei Garagen betreibt — in East London bzw. Queenstown, wo einer seiner Mechaniker Go-Karts zusammenschraubte. „Ich wollte unbedingt eines haben, als ich elf war", erzählt Jody, „und

mein Vater sagte, um mich in der Schule anzuspornen: Nur, wenn du ein gutes Zeugnis heimbringst."

Jody war nie ein Einstein — aber das Go-Kart hat er gewonnen. „Ich siegte beim ersten Start, aber dann hatte ich in zwei Jahren nur drei Rennen." Später kamen die Motorräder. „Das praktische an ihnen", grinst Jody, „war, daß sie mir das Zufußgehen ersparten." Die Zweitakt-Itom, mit der Scheckter Rennen fuhr, war ein Desaster. „Sie ist nie angesprungen, ich mußte am Start kilometerweit anschieben ... bis ich vor Ärger und Erschöpfung zusammenbrach."

Mit der Schule fertig, Lehrling in Vater Max' Werkstatt, fing Scheckter mit den Autorennen an. Zuerst mit einem Renault 8, von dem er noch heute sagt: „Vielleicht dasjenige von allen Rennautos, das mir am meisten Spaß gemacht hat." 1971 gewann Jody das „Drivers to Europe"-Stipendium. Als er in London-Heathrow aus dem Flugzeug stieg, hatte er abgezählte 3000 südafrikanische Rand im Hosensack, um sich die große Rennwelt zu kaufen: einen Ex-Fittipaldi-Formel-Ford. „Ich wußte nicht, wohin ich gehen sollte, außerdem hatte ich kein Geld für ein Hotelzimmer." So schlief Jody bei einem englischen Reporter in der Baker Street (nahe dem Wachsfigurenkabinett) auf dem Fußboden.

Was ihn damals (wie heute) faszinierte: das Fernsehen, „das war total neu für mich, weil wir in Südafrika noch kein's hatten. Ich konnte stundenlang zuschauen."

Scheckters weicher, rollender südafrikanischer Akzent ist geblieben, sein Fahrstil hat sich bald abgeschliffen — rohes Fahrtalent hat Jody von allen vielleicht das meiste. Sein erstes Profiteam war McLaren. Dort kümmerte sich der Weltmeister von 1967, Denny Hulme, genannt „der Bär", fast rührend um den jungen Jody. Hulme reagierte mit Kopfschütteln und mahnendem Zeigefinger 1972 in Watkins Glen, als er an dem im Regen ausgerutschten Grand-Prix-Debütanten Scheckter vorbeifuhr; er tröstete an gleicher Stelle 1973 den weinenden Scheckter nach dem Cevert-Todessturz („bleib in der Box, Jody, fahr besser nicht zur Unfallstelle raus"); und er verteidigte Jody, nachdem er in Silverstone 1973 bei einer Massenkarambolage das halbe Feld aufs Kreuz gelegt hatte.

„Nicht dieser Massenunfall, der spektakulärste in zehn Jahren, war

Grund für mich, Jody zu engagieren", gab Ken Tyrrell später zu, „sondern, weil er genau die gleichen Qualitäten hat wie Stewart: Im Rennen vornbleiben und gewinnen." Über Wolf kam Scheckter zu Ferrari — zum erstenmal ein 12-Zylinder-Motor, zum erstenmal Michelin-Reifen. Und während Villeneuve seine Blitzfeuerwerke abschoß, zweimal gewann, Scheckter an die Wand drängte, vertiefte sich Jody, aufopfernd und intensiv, in die Testarbeit. „Ferrari ist mit keinem anderen Rennstall auf der Welt zu vergleichen. Möglichkeiten wir dort hat ein Rennfahrer sonst nirgendwo", schwärmt Jody. Knapp drei Stunden braucht Scheckter für die etwa 500 km von Monte Carlo nach Maranello. „Hast du ganz Italien hinter dir?" fragte ich Jody einmal. „Nein — nur die italienische Polizei." Auf seinen rasenden Autobahnfahrten pflegt Jody „immer so spät wie möglich zu tanken, damit ich mein Geld länger behalten kann." Hie und da geht ihm das Benzin aus — Villeneuve, der gelegentlich mit fährt, lächelt dann still und leise vor sich hin. Scheckter und das Geld: ein Thema ohne Ende. „Zwei, drei Ferngespräche, und der ganze Tag ist mir versaut", brummt Jody. „So teuer ist das." Und was willst du tun, wenn du einmal deine Karriere beendest? „Geld zählen . . ."

Bei Gelddingen versteht Scheckter nie Spaß. Er spekuliert, kauft Geld zum Fixpreis im voraus (ein kontrolliertes Risiko), verlor heuer bei Goldspekulationen etwas Geld, verdiente sich aber mit Kupferaktien fast krumm. Ein Bombengeschäft ist auch Jodys Sponsor-Vertrag mit der italienischen Kaugummifirma „Brooklyn", der er seinen Overall exklusiv zur Werbung vermietet hat. „Diese Leute zahlen mir soviel Geld wie sechs Sponsors zusammen, aber ich hab nur ein Sechstel der Schwierigkeiten, die alle meine Kollegen plagen. Ich muß lachen, wenn andere auf sechs Cocktailparties pro Grand-Prix-Weekend gehen müssen, sechsmal soviel Leute wegen Boxentickets abwimmeln müssen usw."

Als Jody seinen blau-weißen Brooklyn-Overall (in dem er aussah wie ein Motorradrennfahrer) gegen einen weißen Rennanzug austauschte, blödelte er: „Ich mußte das tun. Die Mädels sind reihenweise umgefallen, wenn ich so daherkam." Als wir einmal über seine Fremdsprachen-Schwierigkeiten redeten, spielte Jody verblüfft: „Ich hab

25 Stunden gebraucht, um diese fünf Wörter zu lernen, und du sagst, mein englisch und französisch ist schrecklich?" Befragt, wo er in Italien lebt, klärt er auf: „Immer dort, wo's am billigsten ist — bei Enzo Ferrari." Tatsächlich hat sich Scheckter eine kleine Wohnung gemietet — und in den ersten Testwochen waren Pam und der kleine Tobias (der eigentlich Zacharias hätte heißen sollen) immer dabei. „Pamela", gibt der Familienvater zu „hat den schwierigsten Job von allen." Was am Junior verblüfft: „Toby schreit nie, nicht eine Minute lang. Das hat uns am Anfang echte Sorgen gemacht . . ."

Aber gewisse Mundfaulheit werfen die Reporter ja auch Jody Scheckter vor — weshalb ihm, dem Michelin-Piloten, eine Goodyear-orientierte Jury auch den „Zitronenpreis" für den größten Pressemuffel zuschanzt. Nach meiner Meinung zu Unrecht. Jody ist zwar ein Rennfahrer, der grundsätzlich nie restlos happy ist, oft katzbuckelig und mürrisch um sein Auto schleicht — aber man muß ihn eben im richtigen, nicht im falschen Moment ansprechen. Und zu wem der Mann aus dem südafrikanischen Busch einmal Zutrauen gefaßt hat, der hat mit ihm keine Probleme.

Scheckter hat einen gesunden Hausverstand, ist eine ehrliche Haut, lügt nicht und bemüht sich ehrlich — oft hab ich den Eindruck, daß er überlegt: „Was würde Stewart in meiner Situation jetzt tun?" Jackie hat ihm eingebleut: „Red' zur Presse nie etwas von leichten Rennen, Spazierenrollen und Taxifahrt, sag lieber: Das härteste Rennen des Jahres, das klingt besser." Von Jackie hat Jody auch ein gewisses „internationales Flair" abgeguckt, z. B. die Unmenge von Kreditkarten und VIP-Pässen, die in seinem Aktenkoffer fast gebündelt sind — bis hin zum „Club 2000" der Air France, „damit ich jederzeit in jeder Maschine einen Platz hab". Was Scheckter noch gelernt hat: „Wenn ich am Abend zu öffentlichen Auftritten, Public-Relation, Dinners usw. gehen muß, ist es immer am besten, schon vorhar was zu essen, bevor ich noch hingehe. Damit ich früher von dort abhauen kann." Und die Saison 1979 — wäre nicht soviel vom Zufall abhängig gewesen — hätte Stewart so konzipieren können, wie Scheckter sie schließlich ausführt: Punktesammeln — und zum richtigen Zeitpunkt zuschlagen.

„Enzo Ferrari erwartet, das Jody Weltmeister wird", vertraut mir

Pam an, „aber das erwartet er, im Grund genommen, von jedem seiner Piloten. Seinen Stolz hat es verletzt, daß Lauda und Reutemann weggegangen sind. Aber er versteht vom Rennfahren mehr, als alle glauben." Was den Weltmeistermacher und seinen neuen Star verbindet, ist ein gemeinsames Leiden: der Heuschnupfen, der Enzo Ferrari alljährlich auf zwei Monate ins Bett zwingt, Jody aber jeden Sommer grantig macht.

Trotzdem: Seit er seinen Buben hat, ist Jody fröhlicher, entspannter, mehr relaxed — nicht mehr ganz so verbissen, oft stur, wie früher. „Sein Charakter ist weicher geworden", glaubt Jody-Manager Nick Brittan, „wie bei vielen Menschen, die Erfolg haben." Zweimal, zur Monte-Carlo- und zur Silverstone-Zeit, lädt Jody seine Eltern nach Europa ein, geht mit ihnen sogar in ein Londoner Theater. „Kannst du dir vorstellen, daß das früher mit Jody passiert wäre? Alle fürchteten: Ferrari wird Jody unter Druck setzen, ihn menschlich verbittern. Und was ist wirklich? Genau das Gegenteil."

Von allen Scheckter-Spitznamen (früher „Baby-Bär, jetzt manchmal respektlos „weißer Neger") gefällt mir „Fletcher" am besten. Draufgekommen ist James Hunt, als er vor Jahren das Buch „Die Möve Jonathan" gelesen hat. Eine der Möven heißt „Fletcher", ist noch ganz jung, unheimlich ehrgeizig und sehr mutig. Sie riskiert die kühnsten Sturzflüge, die knappsten Wendungen, die couragiertesten Manöver, alles Dinge, die sie noch nicht kann — sie hat einen Unfall nach dem anderen, überlebt aber alle und lernt sensationell schnell. „Das ist Jody!" rief Hunt spontan aus, als er das Buch las. „Jody, ab heute heißt du für mich und alle anderen nur noch Fletcher."

Das alte Nest für „Fletcher", den Jody Scheckter aus der „Möve Jonathan", war Wolf, das neue ist Ferrari.

Hunger, nicht Heimweh, treibt Scheckter in Zolder andauernd in den Wohnwagen seines Ex-Arbeitgebers Walter Wolf. Wie ein kleiner Bub stopft er hausgemachte Bäckereien (die heißgeliebten „Brownies" der Rennlady Betty Walker) und Honigbrote in sich hinein. „Was tust du da, scher dich zurück zu deinen Spaghettifressern", spielt Peter Warr auf böse. „Kann ich ja nicht", jammert Jody, „keine Spaghetti, kein Schinken, kein Vino. Unser Wohnwagen ist auf der Anreise zusammengebrochen." Und, als Seitenhieb auf die Hunt-Ausfallsserie: „Das einzige, das bei Ferrari kaputtgeht.“ Warr ist entsetzt: „Heißt das, daß wir dich das ganze Wochenende verköstigen müssen?“ Von Wolf ernährt, von Ferrari verhätschelt, erlebt Scheckter in Zolder sein erstes Ferrari-Sieger-Weekend.

Zolder — das heißt: Grand Prix im belgischen Kohlenpott, Nieselregen und Wind, der einem Ruß in die Augen treibt; dauernde Wetterumstürze, „bei denen das Wichtigste ist, daß man zur richtigen Zeit die richtigen Reifen montiert hat“ (Villeneuve); Bremsscheiben, die auf 600 Grad erhitzen; enorme Rennbegeisterung und hinter den Boxen Würstelbuden „mit der besten Blutwurst von überall“ (Marlene Lauda).

Zolder 1979 erlebt auch zwei Premieren: Die Pro-Car-Serie mit dem BMW M 1 und der reinrassigen Alfa-Alfa. Die fünf Formel-1-Schnellsten vom Freitag (ausgenommen die Ferrari- und Renault-Piloten) qualifizieren sich für Rennen gegen die Privatfahrerleute in 1 Million S teuren Autos. Und sie gehen nicht „von einem Fahrerlager ins andere, um sich 20.000 Dollar abzuholen“ (wie Dieter Quester vermutete). Die Serie, als Super-Rahmenprogramm von Zolder bis Monza, wird ein Bombenerfolg. Die Einzelsieger: Lauda (3), Stuck (2), De Angelis, Piquet, Laffite (je 1). Gesamtsieger: Lauda vor Regazzoni, mit einem Marlboro-gesponserten Auto. Jahresgage: 4 Millionen S, für Niki ein fürstlich bezahlter „Pfusch“. Aber das wiegt die Formel-1-Misere nicht auf.

„Solang du Alfa fährst, wirst du nie Weltmeister!“ hat ihm Ford-Europa-Sportchef Mike Kranefuß schon 1977 prophezeit. Aber Lauda tut alles, um System reizukriegen. Es kommen zu viele Alfa-Leute — aber Niki will Übersicht. Was tut er? Er läßt 20 Alfa-Männer fotografieren, hat die Bilder immer bei sich zu Hause, fixiert sie wie Charles Bronson als Berufskiller im Brutalfilm „The Mechanic“ die Fotos anschaut, nur wesentlich freundlicher — für Stichproben. Und einer tut ihm besonders leid: Alfa-Motorenspezialist Manfredini, jedes Rennwochenende an der Kampffront, lebt in Modena. Wann immer er nach einem Alfa-Debakel bei gleichzeitigem Ferrari-Sieg heimkommt, blüht ihm die Hölle auf Erden.

Grundsätzlich: Solange der BT 48 seine stürmischen Geburtswehen erlebt, hält der Alfa-Motor. Aber kaum läuft der BT 48, platzen die

Motoren; serienweise. Und dann taucht der schon „eingesargte“ Alfa-Alfa wieder auf. Den Zeitpunkt hat Bernie Ecclestone geschickt eingefädelt. Mit Balestre handelt er aus: „WM-Punkte kriegen nur Teams, die vom ersten WM-Lauf an dabei sind.“ Aber mit Alfa hat Bernie vertraglich fixiert: „Debüt des Alfa-Alfa erst im Mai in Zolder.“ Aber noch mit dem alten Boxermotor von 1978 (der Brabham ja nicht wehtut). Dafür der neue, in Rekordzeit von viereinhalb Monaten vom Holzmodell zum Rennmotor entwickelte V-60, der nur 48 cm breit ist, schmäler als der Cosworth-V-8, so daß der BT 48 auf jeder Seite 5 cm mehr Flügelfläche haben kann als der Lotus. Sobald Alfa dieses Triebwerk im neuen Flügelwagenchassis verwendet (Monza), kann man sich leicht ausrechnen, was passiert.
Lauda zu Stewart: „Den besten Motor behält sich Alfa selber, den zweiten auch, erst den dritten krieg ich; vielleicht.“ Und schon in Belgien: „Ich seh keine Zukunft mehr für die Zusammenarbeit mit Alfa.“
Der Alfa-Alfa in Zolder: Ein eineinhalb Jahre altes Chassis (klotzig wie ein Panzer aus dem 2. Weltkrieg), 45 Kilo überm Gewichtslimit, alter Motor, aber gute Reifen (weil Goodyear mit Pirelli um die Erstbereifung der Serien-Alfas kämpft). Die Mechaniker: In hellblauverwaschenen Overalls, ohne alle Werbeaufkleber, vermutlich noch aus der Fangio-Zeit (1951). Der Transporter: Von Alfa-Deutschland, billig und antiquiert — als würde er einen sowjetischen Formel-3-Wagen beherbergen, aber keinen stolzen Alfa.
Dieses „Geisterauto“ spukt und verärgert. Im ersten (inoffiziellen) Training ist Giacomelli Achter, Lauda 14. Worauf Ecclestone seinen Starpiloten angrinst: „Giacomelli ist schneller als du, du kannst dich schleichen.“ Niki grinst zurück und salutiert ab. „Fein, kann ich jetzt schon gehen?“
Als die offizielle Zeitenjagd losgeht, hält er lange die Spitze. Dann Nieselregen, siebenter Platz. Und plötzlich plärrt der Lautsprecher: „Sensation des Tages, drittbeste Zeit: Giacomelli auf Alfa-Alfa!“ Die Azzuris sonnen sich im Blitzlichtgewitter, einige grinsen spöttisch zur Brabham-Box hinüber, erst Stunden später kommt die erwartete Korektur: Giacomelli 16. — immerhin. Am schnellsten: Villeneuve, aber Samstag in die dritte Reihe zurückgeworfen; neben Andretti, der

mit Mass zusammenkracht. Tatort: Die erste Kurve. Mario gibt dem Deutschen „die Ideallinie frei, er hätte Zeit genug gehabt, rechts um mich herumzukurven“, aber Mass klagt an: „Mario hat nicht in den Rückspiegel geschaut, mich rechts geglaubt, ich war aber schon links halb vorbei. Da rutscht er noch weiter herüber, um mir noch mehr Platz zu machen — und knallt mir direkt zwischen die Räder.“ Der Arrows fliegt, über Andretti hinweg, in die Fangzäune, irreparabel — am Lotus 80 ist nur ein Rad weggebrochen. Hat man fest gestritten? „Wenn dich ein Weltmeister anfährt“, philosophiert Mass, „dann redet er nicht viel, er guckt sich bloß sein Auto an.“

Erste Startreihe: Zum viertenmal 1979 die Ligier-Bomber, aber dahinter lauern überraschend Piquet—Jones. Motorschäden werfen Lauda auf den 13. Startplatz zurück, 7. Reihe, ausgerechnet neben Giacomelli. „13. Startplatz am 13. Mai, ein Glück, das ich nicht abergläubisch bin, sonst hätte ich alle Zustände“, sagt Marlene Lauda am Telefon. Alfa-Sportchef Carlo Chiti stolziert wie ein Pfau durch die Alfa-Box. Als er zwei Motorenleute von Brabham zu sich zitiert, wieselt ihnen Ecclestone nach, packt sie an den Schultern: „Ich bezahl euch, nicht Alfa, also bleibt gefälligst hier.“

Sonntag früh: Ein mysteriöser elektrischer Defekt zwingt Andretti vom Lotus 80 ins alte Modell 79 — und damit in diabolische Bremsprobleme. Zweimal kippt der Lotus fast um, in der Haarnadel verliert ihn Mario aus der Kontrolle, höchste Zeit, an die Box zu kommen. „Und sogar dort muß ich den ersten Gang einspannen, um den Motor abzuwürgen.“ Glück gehabt, Mario. Mit der Entscheidung in Zolder hat er nie zu tun.

Belgien wird das spannendste Rennen des Jahres: Sechsmal Führungswechsel. Scheckter, der Mann mit den Boxerschultern, kämpft sich vom 7. Startplatz den Weg nach vorn brutal frei: 2. Runde, erste Schikane, Karambolage Scheckter-Regazzoni, „weil Clay nicht akzeptierte, daß ich schon vorbei war“. Rachsüchtig lauert Regazzoni nachher Scheckter auf, die Ferrari-Ingenieure beschimpfend: „Wo ist euer Formel-Ford-Pilot? Morgen ist er wieder im Sicherheitskomitee und heute baut er solchen Mist.“

Die Kollision hat Regazzonis rechtes Vorderrad abgerissen. Kettenreaktion: Villeneuve, überrascht, weil Clay stehenbleibt, fliegt über dessen Hinterrad, landet brutal, zerknittert den Ferrari, fährt aber weiter — unmittelbar vor Lauda, flottes Tempo, 5. Gang. „Plötzlich wird Villeneuve langsamer", freut sich Niki. „Bravo, wieder einer zum Überholen. Da sehe ich am Ferrari etwas glitzern und merk, daß Villeneuve seitlich aus dem Cockpit schaut." Im nächsten Moment fliegt die Ferrari-Frontpartie durch die Luft, direkt auf Lauda zu (250 km/): „Ich duck mich tief ins Cockpit, hab mich echt geschreckt. Es war eine Frage von einem halben Meter" — sonst hätte die Ferrari-Schnauze Lauda erschlagen. Ein Glück, daß das Fallbeil klemmt. Villeneuve rettet sich an die Box, geht mit neuer Schnauze wieder ins Rennen. Rückstand: 1:15. Während Gilles rasant aufzuholen beginnt, erledigt Scheckter mit gezieltem Rammstoß auch Piquet, dem er voll ins Heck donnert. „Sorry, aber ich konnte nicht mehr weg von meiner Kampflinie", erklärt Jody später.

Vorne: Die zwei Ligiers Depailler vor Laffite, aber wie in Spanien fahren sie schonungslos gegeneinander. Das Duell frißt Reifengummi. Ihre Pneus zerbröseln, sie „rollen" (wie der Fachjargon sagt: Kleine Gummi-Kügelchen lösen sich). Dagegen hilft nur vorübergehend Tempodrosselung. Depailler: „Die Reifen greifen einmal besser, einmal schlechter — und plötzlich ist Laffite schneller. Ich laß ihn freiwillig vorbei." 19. bis 23. Runde: Jetzt führt Laffite, aber längst hat jeder Pilot einen neuen Gegner: Alan Jones ist nach vorn gekommen. Dann bricht Laudas Ölleitung, fast gleichzeitig kracht Giacomelli mit De Angelis (Bremsdefekt) zusammen — das ausfließende Öl macht die Piste rutschig wie einen Eislaufplatz.

In dieser öligsten Phase greifen die Michelin-Pneus überhaupt nicht. Forghieri stoppt: „Jody verliert in drei Runden 24 Sekunden!" Später aber registriert Scheckter entzückt: „Die Goodyear-Autos fressen Dreck und Sand von der Piste auf" (wirklich: Ihre Abrollumfänge sind nach dem Rennen größer als zuvor).

Das schnellste Auto hat Alan Jones: Fast spielend an den Ligiers vorbei, rasch 10 Sekunden Vorsprung. Die Williams-Box hält den Atem an: Zum erstenmal führt ein Williams-Auto in einem Grand Prix! „Aber wir lassen keine Emotionen aufkommen. Wir warten, was passiert", sagt Frank, der Boß. Das Zeremoniell in der Williams-Box ist immer das gleiche: Frank himself führt die Rundentabelle, je ein Ingenieur stoppt die Rundenzeiten von Jones bzw. Regazzoni (heute ausgeschieden), dessen Assistent das Plus und Minus auf Vordermann bzw. Verfolger. Das „Loch“ ist groß: der überrundete Lammers — 20 Sekunden bis Alan Jones — 12 Sekunden bis Depailler/Laffite. Aber plötzlich (39. Runde) 30 Sekunden lang kein Auto: Jones ist ausgefallen.

„Ich roll bequem dahin, mit 10.600 Touren, und brems überall früh. Auf einmal Vibrationen. Ich glaub, der Heckflügel bricht weg“, schildert Jones. „Und dann, scharf und plötzlich, ist das Ende da.“ Ein Stromkabel von der Karosserie durchschnitten, darum Kurzschluß. Beim nächsten Rennen versetzen die Mechaniker das Stromkabel um 20 Zentimeter — binnen zwei Minuten.

Der Jones-Ausfall spült Depailler wieder auf Platz 1, aber nur bis zur 46. Runde. „Mein Vorderreifen ist am Ende, kaputt, Lenkung und Vorderräder greifen ins Leere“, erklärt mir Depailler seinen mysteriösen Unfall. Die TV-Zeitlupe beweist: Patrick gerät von der Ideallinie auf Sand, fährt in der Linkskurve geradeaus, ohne die Vorderräder eingeschlagen zu haben, durch vier Fangzäune, bis er gegen die Leitplanke kracht. Das Lenkrad wird ihm aus der Hand gewirbelt, ein Bruch befürchtet.

Somt führt wieder Laffite, aber auch seine Reifen sind schon abgeschrubbt, gezeichnet vom Duell gegen Depailler. Als Scheckter angreift, kämpft Laffite bereits mit dem Rücken zur Wand.

54. Runde, und Scheckter führt — mit allen Fehlern, mit denen sonst niemand ein Rennen gewinnen kann. Laffite glaubt heute: „Depailler hat mich auch in Zolder den Sieg gekostet“, kommt aber zum erstenmal seit Südamerika wenigstens ins Ziel — was Villeneuve nicht vergönnt ist. 1:15 zurück nach dem Boxenstop, holt Gilles sensationell auf: Eine Runde vor Schluß Dritter, nur noch 30 Sekunden hinter Scheckter. Doch 400 m vorm Ziel bleibt Villeneuve ohne Sprit liegen — ein Problem, daß Ferrari sonst nie kennt. Forghieri: „Ich hab beiden 180 Liter einfüllen lassen.“ Gilles verheizt sie bis zum letzten Tropfen, Jody rettet noch 15 Liter über die Linie. Sein erster Sieg seit Mosport 1977, sein erster für Ferrari! „Höchste Zeit“, feixt Jody nachher, „ich hatte schon vergessen, wie eine Zielflagge aussieht. Fast hätt ich sie nicht erkannt.“ Jody reißt die WM-Führung an sich, sagt

zwar: „Das ändert sich ab jetzt jeden zweiten Sonntag" — tatsächlich bleibt er bis ans Ende vorn: „Und das kostet viel Kraft."
Zolder — der Umschwung für viele. Villeneuve, unbelohnter Held des Tages, sitzt müde, traurig im Wohnwagen, Depailler nachdenklich draußen in der Abendsonne: „Eine Katastrophe, ausgerechnet die Schalthand, jetzt vor Monte Carlo." Andretti haben die Bremsdefekte echten Schreck eingejagt, und Hunt beschließt, still für sich: Schluß mit der Rennerei. Dabei war Zolder sein bestes Wolf-Rennen: 4. Platz, dann quergestanden, rausgeflogen. Peter Warr: „Weil die Lenkung zu schwergängig war, um zu korrigieren."
Hunt ist im legendären „Studio 54" von New York „bekannt wie ein bunter Hund" (Niki Lauda), aber er liest auch die „New York Times": Ehrgeizig genug, „um ganz oben, an der Spitze, aufzuhören", aber intelligent genug, um die Gefahren zu erkennen. Ich hatte James schon lange im Verdacht, daß sein so spektakulärer Nervenkrieg mit Lauda im WM-Finale 1976 nur gespielt war, um die ohnehin schon weltweite Publicity noch mehr anzuheizen — jenes unfaßbare Finale, das Lauda im Fuji-Regen freiwillig aufgab, „weil mich alles, was 1976 passierte, total ausgelaugt hatte. Ich war auf Null, hatte keinerlei Reserven mehr." Der japanische Ferrari-Importeur fuhr Lauda/Forghieri damals — während des Rennens — im Rolls Royce zum Flugplatz nach Tokio. Plötzlich packte Niki die Neugier. Der Japaner kriegte einen USA-Sender rein, hörte: „... Weltmeister wurde damit ...", sonst nichts, weil plötzlich eine Unterführung da war. Vom Flugplatz aus wurde telefoniert: Hunt Dritter und Weltmeister — mit einem Punkt. „Tough shit, well done", sagte Niki zu Forghieri, der nur kreischte: „Wir müssen Enzo Ferrari anrufen."
Damals, sagt Hunt, war er „noch nicht bereit, zu gehen. Jetzt schon." Ich vermute, daß ihn auch die Bilder von Monza 1978 nie ganz verlassen haben. „Denn der wahre Schuldige an der Tragödie", sagt Chapman, „ist nie angeklagt worden. Warum, glaubst du, hätte Hunt sonst so verzweifelt darum gekämpft, Peterson aus dem Auto zu kriegen?"
„Weltmeister 1979 kann ich nimmer werden, Rennen auch keine gewinnen, und für weniger zahlt sich das Risiko nicht aus", sagt James jetzt. Wolf gibt zu: „Halb hat er nimmer wollen, halb hat er

Angst gekriegt.“ Kein Wunder bei den vielen Materialbrüchen — die auch Wolf nicht abstreitet. „Der Fehler war, daß nicht Hunt, sondern Derek Bell alle Testfahrten machte. Denn Bell war so langsam, daß das Auto hielt, bei Hunt brach es dann.“ Halbachsen und Aufhängungen knickten, Bremsflüssigkeit rann aus, oft genug (im Training oder Rennen) kam James stocksauer an die Box, begann wütende Diskussionen. In Kyalami reiste die Wolf-Truppe im letzten Moment an. „Warum kommen Mechaniker zu spät?“ fragte Lauda damals listig, „meistens, um Hotelrechnungen zu sparen. Dem Team geht doch nicht etwa das Geld aus?“ Die Kisten blieben unausgepackt in der Box, die Wolf-Mechaniker (interessanterweise von jedem Spitzenteam einer abengagiert) gingen quasi als Protest ins nächste Wirtshaus und soffen sich alle einen Riesenrausch an.

Hunts Umfaller sind teils romantisch, teils nicht. Bei Laudas Wiener Rennwagenshow reißt er ein Vorstadtmädel auf, das er unbedingt in die Disco einladen will — das Mädchen besteht auf Vorstellung bei den Eltern, draußen in Simmering, und die Eltern sagen nein: „James Hunt? Berühmter Rennfahrer? Nie gehört, du bleibst zuhause.“ Oder in einem Salzburger Dorfwirtshaus: James kippt gezählte 15 Bier mit Schnaps, reißt das Fenster auf, Bier und Schnaps fallen ihm aus dem Gesicht — aber er dreht sich um und ruft: „Noch ein Bier!“ Bei soviel Substanzverlust wird Lauftraining bald zuwenig sein.

Ein Geheimnis: Lange vor Zolder, nach den ersten Wolf-Enttäuschungen, hat Hunt versucht, über seinen Ex-Hesketh-Team-Manager Bubbles Horsley einen Ligier zu kaufen. Der Plan schlug fehl: Striktes Nein der Franzosen. Damit war für James klar: „Ich wechsle in einen Sport, der gerechter ist, weil sich meine Leistung (ohne Defekte), mein Training, mein ganzer Aufwand im Ergebnis spiegeln muß — nämlich Squash.“ Er hält sich heute schon für „einen der dreißig besten Squashspieler der Welt“, spielt Squash mit König Juan Carlos und Golf mit „James-Bond“-Darsteller Sean Connery. Dazu kommen geschäftliche Interessen: Mit dem Privatrennfahrer Urs Zondler (bekannt geworden durch seine Watschenaffäre mit Dieter Quester auf dem Österreichring) baut James ein Squash-Center in München auf — dazu kommt sein Disco-Schuppen in Marbella, hinter Perlschnur-Vorhängen.

Mag sein, daß ihn Walter Wolf da oder dort noch besucht, denn Wolf ist überall: Adelshochzeit am Wörther See — Wolf steigt im schwarzen Frack aus dem Motorboot. Skiferien am Arlberg, wo er bei Olympiasieger Othmar Schneider ein Appartement gekauft hat — Wolf verabredet sich mit Kanadas Premier Trudeau, mit Franz-Josef Strauß „und vielleicht mit Hannes" (Finanzminister Androsch). Typisch Wolf: ein Anruf gegen Mitternacht: „Bin gerade nach Wien gekommen ... laß meine Hunde flottmachen ... flieg morgen zeitig früh weg." Also: Disco-Bummel mit dem Mann, der scharfe Hunde kriegt. Walters Kondition ist ebenso erstaunlich wie seine (finanzielle) Potenz: für 250 Millionen Dollar kreditwürdig, wenn er neue Öltanker anschafft. Sein spezialgefertigter BMW M 1 wurde — Walter war ganz stolz — im „Playboy" abgelichtet. Und für einen kugelsicheren Mercedes hat er drei Millionen Schilling locker hingeblättert. Der Mann, der an jeder Ölkrise profitiert, muß jetzt seine Superautos selber einfahren — früher hat das Chris Amon für ihn getan: Als Wolf seinen Lamborghini-Coutach jenseits von 300 km/h über die Autobahn jagte, „stand zweimal ein Mann mitten auf der Fahrbahn. Gott sei Dank hat er sich nicht gerührt." „Take care, Wally", warnte Amon.

Wolf hat weit über 100 Millionen Schilling in den Rennsport gesteckt: „Zuviel Investement, um über Nacht aufzuhören." Aber nach dem angekündigten Hunt-Rückzug ist er knapp dran, „den Krempel hinzuschmeißen und meinen Rennstall aufzulösen." Warum er weitermacht? „Ich muß den Vertrag mit einer Parfumfabrik erfüllen (die Walter-Wolf-Herrenserie) und bin auch meinem Co-Sponsor verpflichtet." Die Fotoleute tragen das Wolf-Budget (2,3 Millionen Dollar = mehr als 30 Millionen Schilling) zur Hälfte, und das war ja auch die ursprüngliche Idee von Peter Warr: „So viel Erfolg zu haben, den Sponsor so glücklich zu machen, daß er das ganze Team finanzieren will. Für den Fall, daß Walter Wolf eines Tages andere Interessen hat — vielleicht Motorboot-Rennen. Dann hätte er trotzdem weiter sein Team, das weiterlebt und weiter funktioniert — für ihn sogar gratis, ohne Geld." Aber bis dahin wird Warr, ein ehemaliger Berufssoldat der englischen Armee, mit Soldatentreue an seinem Posten sein.

Aus Rücksicht auf Wolf, sein Team, die Sponsoren beschließt Hunt (für sich), noch ein allerletztes Rennen zu fahren, Monte Carlo — „damit erst nachher der ganze Zirkus losgeht und nicht schon dort. Denn dort ist Wirbel genug."

MONTE CARLO: WIEDER SCHECKTER

Viele Grand-Prix-Rennen werden nicht auf der Strecke gewonnen oder verloren, sondern schon davor. Villeneuve zum Beispiel fliegt von Zolder nach Kanada, „weil mir fad ist", und kann, zurück in Monte Carlo, wegen der Zeitumstellung „nie mehr als zwei Stunden schlafen. Ich sitz aufrecht im Bett, zähl die Stunden. Und von der Air-condition im Restaurant spür ich schon die Grippe." Harmlos gegen die Leiden der Franzosen, denn Laffite und Depailler alarmieren die Nation: Jacques hat in Le Castellet 150 Runden getestet — jetzt ist das schmerzende Handgelenk erneut bandagiert. Patrick hat sogar nach vier Runden aussteigen müssen: „So arg tuts weh."
Das Vorjahrs-Sieger-Team Tyrrell (damals mit Depailler) steht gesundheitlich vor Monte Carlo weit besser da.
Mit Jarier/Pironi, glauben genug Leute, hat Ken Tyrell 1979 sogar „das beste Duo seit Stewart/Cevert." In sieben Grand-Prix-Jahren (69 Starts) hat Jarier insgesamt nur armselige 7,5 WM-Punkte geholt — soviel wie in drei, vier Rennen mit Tyrrell! „Aber Jean-Pierre hatte auf Shadow zweimal Pole-Position, oft genug Rennen angeführt, zuletzt auf Lotus — Beweis genug, daß er fähig ist, den Job zu erledigen. Alles, was er braucht, ist ein gutes Auto. Wir haben uns hingesetzt und seine schlechte Ankunftsquote diskutiert. Schuld waren die Autos. Meine lassen ihn nicht im Stich", analysiert mir Tyrrell.
Schon bei den Wintertests in Le Castellet fuhr Jarier „die gleichmäßigsten Rundenzeiten seit Jackie Stewart, was eine Riesenhilfe für unser Team sein mußte. Du kannst am Auto umbasteln — und schon wirkt sich das in der Rundenzeit aus, weil du dich auf den Piloten verlassen kannst." Tyrrell findet Jarier nicht — wie frühere Teamchefs — als Stimmungspiloten mit schwankender Formkurve, einmal oben, einmal unten: „Ich seh ihn nur oben."

Die harte Tyrrell-Schule schleift Jarier zurecht. Vorbei die Zeiten, da er, lustlos im Mittelfeld herumkrebsend, von einem anderen Franzosen überholt wird — und darauf beleidigt, unmotiviert an die Box kommt: „Reifen wechseln.“ Früher kam's auch vor, daß er (im Flugzeug zur Formel-2-Temporada in Brasilien) ein nettes Mädel aufriß — und deshalb einen Tag verspätet zum Training kam. Heuer hat sich Jarier mit seiner Frau Catherine, einer Air-France-Hosteß, wieder versöhnt — darum läuft er oft mit Pilotenjacke herum. Mit vollem Recht: Er besitzt den Privatpiloten- und Hubschrauberflugschein. Seinen Höhenflug — in der Formel 1 — hat Jarier allein geschafft: als einziger Franzose, ohne daß ihn „elf“ dorthin bugsiert hat, wo er ist. „Ich möchte eines Tages Weltmeister werden und ich glaub, ich kann's auch. Aber versteh mich nicht falsch“, sagt Jean-Pierre, „zuerst muß ich endlich meinen ersten Grand Prix gewinnen. Der fehlt mir immer noch.“ Wie viele Piloten hat auch Jarier eine Schwachstelle: seinen ungewöhnlich empfindsamen Magen, eine schlechte Leber.

Tyrrell-Kollege Didier Pironi ist in Monte Carlo eine große Nummer: ehemaliger Formel-3-Sieger im Fürstentum (was immer ein glänzendes Zeugnis für später gewesen ist), 30-Minuten-Pironi-Porträt im französischen Fernsehen. Patriotismus flammt auf, die „Marseillaise“ klingt schon mit. 1978 noch bester Formel-1-Neuling (7 WM-Punkte), will Didier 1979 um jeden Preis nach oben — aber bald weg von Tyrrell, „denn fünf weggebrochene Hinterräder in einer Saison (vier Rennen, eines bei Silverstone-Tests) sind zuviel.“

Viele halten ihn für den talentiertesten Franzosen: nett, etwas trotzig, aber daran hat sein Augenleiden schuld — Pironi zwinkert, besonders unter Streß, genau wie früher der Eiskunstlaufweltmeister und große Danzer-Rivale Alain Calmat. Aber Didier hat Charme genug, sich die Tochter des Lotus-Sponsors Essex, Christine Tieme, anzulachen — was ihm fürs 24-Stunden-Rennen von Le Mans einen Platz im Essex-Porsche eintragen ... oder kosten kann.

Ken Tyrrell hat Schmutzwäsche aus dem Team nie in aller Öffentlichkeit gewaschen — aber seit Zolder 1979 hätte er dazu die Geräte: Die italienische Waschmaschinenfabrik „Candy“ ist Tyrrells neuer Sponsor — drei Millionen Dollar für zwei Jahre. „Am Abend, bevor ich unterschrieb, hab ich noch gar nicht gewußt, wieviel Geld ich krieg“,

atmet Tyrrell auf. Gesichertes Budget heißt: mehr Testfahrten (die extrem kostspielig sind), bessere Chancen.
Damit's nicht fad wird, gründen die Candy-Leute (Männer mit schwarzen Krawatten aus einem Marmorpalast) eine Jury, die bei jedem Grand Prix den „saubersten Fahrer" wählt. Gemeint ist der Fahrstil, und gekürt wird zumeist Alan Jones — vielleicht, weil sein Overall immer am meisten durchgeschwitzt ist.
Grand-Prix-Fest Monte Carlo: Im Loews-Hotel, dessen Platz dem Meer abgerungen wurde, machen Frank Williams' arabische Sponsors aus einer Suite ein Märchen von „1001 Nacht", völlig ohne Alkohol; auf der sonnenüberfluteten Terrasse des „Hotel de Paris" funkeln ein Lotus 79 und Le-Mans-Porsche zur Cocktailparty; jeder Sponsor hat ein Schiff gemietet, zum Party-Feiern. In den Auslagen: Nicht nur Fotos des Fürstenpaares, sondern auch von Laffite/Depailler (ohne bandagierte Handgelenke). Die Zeiten, da ein Jackie Stewart winkend über den Casino-Platz getänzelt ist, sind vorbei. Heute verkriechen sich die Stars im „Loews", im „Hotel de Paris", oder abends im Luxus-Restaurant „Rampoldi". Stars aus jeder Branche: Paul Newman, Jean-Paul Belmondo, David Niven vom Film; dann die Ex-Beatles George Harrison und Ringo Starr; fast die komplette Gruppe 1 der Skirennläufer ... und Jacky Ickx, der registriert: „Beide Ligier-Piloten verletzt oder außer Form. Ich biete meine Dienste an." Ein Rennen später wird er wirklich gebraucht ...
Monte Carlo: Nicht nur Stars und Sternschnuppen. Das wahre Gesicht dieses Grand Prix ist im Rennleiterturm versteckt. Die Angst vor dem Riesenunfall — und der totale Schutz davor: Ein TV-Kontrollsystem mit 35 Kameras, 35 Video-Recordern, Knopfdruck-Alarmverbindung zur Rettung, Feuerwehr und in den Grimaldi-Palast. Menschliche Fehlerquellen: ausgeschlossen. Der Kontrollraum könnte bei der NASA stehen. 85 Ärzte, zwei Rettungshubschrauber, zwei Jets in Nizza. Kosten der „Aktion Überleben"? Eine Million Dollar, ein Trinkgeld fürs Fürstentum, Steueroase und Operettenstaat. Auf 1,9 km^2 wohnen nur 4000 Monegassen, aber 20.000 Ausländer, darunter drei Grand-Prix-Fahrer in Appartementtürmen: Scheckter im „Estoril", Regazzoni im „Mille Fiori" und Mass im „Perigord".
Mass hat, als sein Bub Innes auf die Welt kam, seine bildschöne süd-

afrikanische Freundin Estee nicht geheiratet: „Ich wär' dann auch kein besserer Familienvater . . . und daß ich mit ihr und dem Kind zusammenleb, ist Zugeständnis genug." Zum Mass-Haushalt gehört auch das 21jährige englische Kindermädchen. Und noch eine Mass-Konzession: „Ich hab für 80.000 DM einen Mercedes 6,9 gekauft — ich muß ja an die Familie denken. Einen Porsche krieg ich schon wieder." Trotz der 13 Schrauben im linken Knie kann Jochen bald problemlos das Kupplungspedal treten. Willi Dungl hat ihm Wippübungen auf der Telefonbuchkante vorgeschrieben (um die Wadenmuskel zu stärken), den Mass-Vorschlag: „Fahr mit mir 14 Tage mit dem Schiff, da können wir ein volles Konditionsprogramm durchziehen", muß der „Zauberer" ablehnen: keine Zeit. So segelt Jochen allein von Monte Carlo in zehn Tagen nach Griechenland.

Wann immer das Wetter umschlägt, wird Mass vor Schmerzen im Bein munter — manchmal im Morgengrauen. Was er dann liest? „Keine Heldenromane wie von Harold Robbins, viel lieber les ich über Anti-Helden, wie jene von Remarque." Wahrscheinlich ist Jochen der letzte Romantiker der Formel I. Er imitiert, schneidet Grimassen, amüsiert sich über den Zirkus. Die liebsten Grand-Prix-Wochenenden sind für Jochen diejenigen, in denen er mit dem Motorrad fahren kann — die schlimmsten jene, in denen der ganze Zirkus in gleichen Wolkenkratzerhotels wohnt. „Die ewige Schulterklopferei dort geht mir auf die Nerven." Nach einem guten Rennen weniger, dann trinkt Jochen im Warsteiner-Wohnmobil gern ein paar Biere, „denn ungeschoren kommt dort keiner davon."

Warsteiner-Boß Cramer finanziert die Entwicklung des neuen Arrows A2. Was Chapman und Murray nicht geschafft haben, gelingt Southgate: Er braucht keine Flügel. „140 Teile hab ich im Windkanal getestet." Als die neue Waffe — mit projektilförmigem Rumpf — später in Dijon erstmals präsentiert wird, ist das Staunen groß. Die meisten sagen: „Wie eine V 2 auf Rädern." Wozu Jochen Mass herzhaft lacht: „Gott sei Dank haben Engländer das Auto konstruiert, denn sonst hieße es sofort: Natürlich, schon wieder die Deutschen."

Wie Mass, ist auch Riccardo Patrese ein stiller, sogar scheuer Typ. „Er verbandelt sich kaum mit den anderen Piloten, er macht alles durch Aggressivität am Steuer wett", sagen seine Arrows-Chefs.

Wie alle italienischen Rennfahrer, träumt Patrese von einem Ferrari-Vertrag, paßt also genau auf, wie lang er woanders unterschreibt, „damit nicht bei Ferrari ein Platz frei wird, ich aber festgebunden bin." Jochen Mass verträgt sich mit Riccardo (den er noch 1977 als den „schmutzigsten Kerl, der mir je begegnet ist", bezeichnet hat) recht freundschaftlich. Arrows, das Team der unverheirateten Väter: Auch Patrese hat einen Buben, den bereits zweijährigen Simon — „geboren am Tag vor meinem Grand-Prix-Debüt." Das heißt: 18. Mai 1977, Monte Carlo. Patrese: „Wenn ich meinen Sohn ansehe, weiß ich, wie lang meine Formel-I-Karriere schon dauert."

Der Vorkriegs-Klatsch berichtet von einem Monte-Carlo-Grand-Prix, der verspätet gestartet wurde, weil der berühmte Louis Chiron mit einem Mädchen draußen im Mittelmeer Motorboot fuhr. Er kam erst, als die Autos längst am Start standen, stieg in letzter Sekunde in den angewärmten Boliden und fuhr los. 1979 schreibt Jochen Mass ein ähnliches Kapitel. Nicht aus Romantik, sondern aus Trotz: Sein Protest gegen die Vorqualifikation, in die man ihn gehetzt hat, gegen Stuck und den Merzario-Ersatzpiloten Brancatelli: „Ich find's dumm." Schon 20 Minuten Motorengeheul, und immer noch kein Mass. Gemächlich tuckert der Deutsche mit dem Motorboot aus Beaulieu heran. Noch zehn Minuten. Endlich legt Mass am Hafen an, packt seine Rennklamotten und eilt — nun im Laufschritt — an die Box. Fünf Minuten genügen ihm, um Brancatelli zu schlagen. Mehr ist nicht nötig.

Dafür kommen die Goodyear-Qualifiers zu spät: Der Goodyear-Transporter ist auf der Fahrt zum Londoner Flugplatz ohne Diesel liegengeblieben, hinter 120 LKW eingekeilt, hat das Flugzeug versäumt. Trotzdem schafft Lauda im ersten Training eine Sensation. Ohne Superreifen, nur mit einem Trick. Ein Blick hinter die Kulissen: Alfa-Romeo bestimmt vor jedem Grand-Prix-Wochenende, welcher Pilot welchen Motor bekommt, an den V-12 hängen Zettel „Lauda" oder „Piquet". In Monaco dreht Ecclestone, durch die vielen Lauda-Defekte mißtrauisch geworden, den Alfa-Befehl einfach um. Ergebnis? Nelsons „Lauda-Motor" geht k. o. „schifft Öl auf der ganzen Strecke" (formuliert Bernie) — aber Niki wird mit dem „Piquet-Motor" Trainings-Dritter! Ein Champion ist wieder da, getreu seinem Motto: „Es macht mir Spaß, mich von ganz unten wieder hochzustrampeln." Klare Antwort auch an alle, die Niki schon abschreiben: Die Fliegerei, das Kind. „Monte Carlo ist holprig, die Performance des Autos nicht so wichtig, der Fahrer kann ein bißl wettmachen." Aber irgendein Defekt passiert bei Brabham immer, diesmal geht die Zeitnehmung k. o. Niki holt sich seine Zeiten aus der Nachbarbox: Von Ferrari.

Villeneuve ringt Scheckter am ersten Tag um 0,44 nieder, wieder mit dem Long-Beach-Trick: „Ich klemm den Drehzahlbegrenzer ab. Aber ich kann noch zulegen — die perfekte Runde gibt's nie." Der kleine Kanadier kämpft sich durch die Massen der Autogrammfans (die großteils älter aussehen als er) zum Ferrari-Transporter, fällt schwer atmend auf die Bank — nicht wie ein Rennheld, sondern wie ein kleiner Bub. „Bitte, eine Limonade. Und eine Schokolade." Ein Seufzer: „Bin ich hundemüde." Und ein technisches Stakkato: „Jody und ich schlagen auf ... der T-4 war immer ein Auto, das aufsetzt ... darum die Metallplatten, die Funken schlagen ... ich brauch Anti-Dive, Federn für die Aufhängung, keinen Gummi." Villeneuve sprudelt Eindrücke heraus, plötzlich fällt ihm ein: „Verschaltet hab ich mich einmal, vom Zweiten in den Dritten statt in den Ersten, also beim Runterschalten, beim Raufschalten passiert mir nie ein Fehler — wie Laffite."

Der Franzose leidet: „Ich kann Sonntag nicht fahren: Mehr Schmerzen als in Long Beach — nach zehn Runden muß ich die rechte Hand vom Lenkrad nehmen, so arg sind die Vibrationen. Ich lenk nur mit der linken Hand." Den Renault-Doppel-Turboladern brechen beim Debüt rechts hinten alle Radbolzen („vor lauter Kraft"), und Reutemann rutscht unten am Schwimmbad aus. „Totalschaden", sagt Carlos zwar auch, wenn nur eine Felge verbogen ist — aber diesmal ist's ein echter.

Samstag küßt Lauda zweimal die Leitschienen: anfangs Schikane und bei der Auffahrt zum Casino, Beweis für allerletzten Einsatz. Teuflischer Steptanz auf den Pedalen, Gangwechsel alle drei Sekunden — da steigt jeder gezeichnet aus. Nach solchen Chaosrunden läßt Niki die Arme kreisen wie Propeller und verscheucht alle, als kriege er zu wenig Luft zum Atmen. Piquet hat ein anderes Problem: In der Kur-

venorgie, vom ewigen Bremsen—Beschleunigen, wird ihm schlecht. Der Brasilianer erbricht in den Sturzhelm. „Wie eine schwangere Frau“, lächelt er gequält.
Endlich kann auch Brabham nach Herzenslust in Qualfikationsreifen wühlen wie die Michelin-Piloten: Zehn „schnelle Sätze“ stapelt Goodyear in der Brabham-Box: Die Angst im Nacken, daß Michelin im Krieg der Reifengiganten wie in Long Beach erneut triumphiert. So bestückt, rauft Lauda eine Stunde lang mit den Ferraris um die Tagesbestzeit. „Lauda 1:27,21“, flammt es in riesiger Leuchtschrift in den Häuserschluchten auf. Um 1,11 verbessert, aber doch verschlechtert: Depailler verdrängt Niki um ein Zehntel auf den vierten Startplatz. Das Ferrari-interne Trainingsduell gewinnt Scheckter um 0,07 — weil Villeneuve ein Tankleck hat und Benzin verliert. Piquet hat, wieder mit einem „Lauda-Triebwerk“, seinen zweiten Motorschaden. Worauf Scheckter schnurstracks in die Brabham-Box marschiert und Ecclestone ankeift: „Deine Autos verlieren auf der Strecke pausenlos Öl, kannst du nichts dagegen tun?“ Bernie, giftig: „Geh rüber zu Carlo Chiti, lieber Jody, und sag's ihm selber. Er behauptet nämlich, seine Motoren verlieren kein Öl . . .“
Ganz brillant: die Deutschen. Jochen Mass Achter — so weit vorn wie noch selten seit seiner McLaren-Zeit. Und Stuck ist um ein Hundertstel schneller als Andretti! Mörderischer Kampf um die Startpositionen, lebenswichtig in der monegassischen Kurvenorgie, in der jeder Überholversuch halbes Harakiri bedeutet. So staffeln sie sich, nicht in Zweierreihen, sondern schräg hintereinander: Scheckter, Villeneuve, Depailler, Lauda, Laffite. Jacques kann (wegen seiner verletzten Hand) nicht einmal das Moped ins Fahrerlager steuern, aber er verbeißt alle Schmerzen. Villeneuve hat andere Sorgen: Motorschaden im Sonntagmorgen-Training, selten genug bei Ferrari. Gilles spürt langsam, welche Karte Ferrari vor 150.000 Fans und 200 Millionen TV-Zusehern an diesem Wochenende spielen will: Scheckter. Aber Forghieri wußte schon immer: „Monte Carlo ist kein Autorennen, sondern ein Roulett.“ Mit kriegerischem Akzent, freilich.
Draußen im Meer donnert ein Kanonenboot Salut. „G'schoss'n habn's“, sagt jemand zu Lauda, der schon in totaler Startkonzentration ist: „Auf wen?“ fragt Niki.

Der nervliche Druck auf die Piloten ist in Monte Carlo dreimal so stark wie sonstwo. Scheckter übertönt die Anspannung mit Blödeln („Der 312-T ist ein fantastisches Auto, aber ich, ich bin auch verdammt gut"), Villeneuve sitzt, Visier heruntergeklappt wie ein Ritter, minutenlang kampfbereit im Auto. Scheckter nützt seine Pole-Position, aber Lauda sprengt mit einem Superstart das Ferrari-Duo, fädelt sich als Zweiter ein, jagt zwischen Scheckter und Villeneuve zum Casino hinauf. Drei Runden kann er Gilles halten, dann ist er Dritter, gefolgt vom Franzosenpaket: Depailler, Laffite, Pironi.
Aber Pironi wird an diesem Tag zum Amokläufer. Binnen sechs Runden entscheidet er das Rennen: Zuerst boxt er Laffite so kräftig, daß Jacques mit gelockertem Hinterrad an die Box muß (16. Runde), dann rempelt er Depailler in der Bahnhofskurve aus dem Weg (18. Runde), ein zeitraubender Dreher, der Patrick auf Platz 14 zurückwirft. Und schließlich greift Pironi auch Lauda an.
Nikis Situation: Er hat behutsam begonnen, das Auto geschont, seine ganze Renntaktik auf spätere Ferrari-Reifenprobleme aufgebaut. „Stimmt, ich seh eine Chance zu gewinnen." Als Niki anfängt, fester Gas zu geben, holt er gegen Scheckter/Villeneuve vier Sekunden auf: von 13 auf 9. Aber Pironi kommt seinerseits an Lauda heran und zieht Alan Jones mit sich. Übereifrige Streckenposten schwenken blaue Flaggen. Völlig sinnlos, sie zwei Piloten zu zeigen, deren Autos mit gleichem Tempo fahren — blaue Flaggen sind da, um einen langsamen, überrundeten Mann zu warnen: „Ein Schnellerer läuft auf dich auf." Aufgeheizt vom Kampf, selbstbewußt durch die gewonnenen Duelle mit den Ligier-Nationalhelden, ungeduldig wegen der blauen Flaggen, riskiert Pironi in der 23. Runde seine Wahnsinnsaktion. In der abschüssigen Passage vom Casino zur Mirabeau-Kurve, wo die Autos von 190 auf 120 km/h zusammengestaucht werden. Lauda weiß: „Dort kann man nicht überholen, weil die Straße bombiert ist."
In der Mirabeau-Kurve hat noch nie einer überholt, jedesmal (wie 1974 mit Stuck und Hunt) hat es gekracht. Folgendes passiert: Pironi verliert wegen Alan Jones (der nach rechts zieht und einen Angriff vortäuscht) die Nerven, will an Lauda vorbei — aber Niki ist schon voll in der Kurve drin. „Ich hör's hinter mir quietschen — Pironis

Bremsen — und bin sofort voll in Deckung, denn das Geräusch kenn ich schon: von Tambay in Long Beach.“ 200 Millionen TV-Zusehern stockt der Atem: Pironis Tyrrell reitet auf Nikis Brabham auf, verfängt sich oben, ein paar Zehntelsekunden fahren die Autos miteinander — Niki zieht den Kopf ein — die 15 cm, um die im BT 48 die Sitzposition vorgerückt worden ist, retten ihn. Endlich fällt der Tyrrell herunter: voll gegen die Leitplanken.

Das Wunder von Monte Carlo: Beide Piloten unverletzt, und Jones, ganz langsam, kann links vorbeiziehen. Alle Augenzeugen verdammen Pironi („Er muß verrückt gewesen sein“), aber der Tyrrell-Pilot beschuldigt zuerst Lauda: „Er hat mir die Tür zugeschmissen.“ Ken Tyrrell, ausnahmsweise diplomatisch, redet von einem „ganz normalen Rennunfall“. Lauda beherrscht sich lang — bis FISA-Präsident Balestre in die Brabham-Box kommt und Niki mit Lizenz-Entzug droht: „Weil er die blauen Flaggen mißachtet hat.“ Ecclestone schmeißt den „Formel-I-Hitler“ hochkantig hinaus. Zwei Tage später, bei Testfahrten in Dijon, kommt Pironi auf Lauda zu: „Tut mir leid, Niki, alles war komplett meine Schuld.“ Niki akzeptiert, etwas überrascht: „Selten, daß bei Formel-I-Karambolagen einer die ganze Schuld zugibt.“

Scheckter/Villeneuve sind also zwei Verfolger los. Im Gegensatz zu den Ligier-Piloten in den letzten Rennen fahren die beiden nicht direkt gegeneinander. „Weil Gilles nicht so dumm ist, etwas Verrücktes zu machen“ (Scheckter) und Villeneuve selber bereit ist, Position zu halten, „solang Jody keine Probleme hat.“ Aber Jones treibt das Ferrari-Duo zur Eile: „Ich seh deutlich: Die Michelins bauen ab. In den Haarnadeln kann Scheckter nur mit Gasstößen das Heck rumwerfen.“ Dann rutscht Jones selber in der Tabakskurve aus: rechtes Vorderrad weggebrochen.

Jetzt jagt ein anderer die Ferraris: Jochen Mass, der ein Superrennen fährt. Aber von außen nicht erkennbar, braut sich im Arrows-Cockpit längst ein Drama zusammen. Rechts vorn ist die Lufthutze weggebrochen, das heißt: Die Vorderradbremsen werden nicht mehr gekühlt, die Bremsscheiben sind bald so heiß, daß man auf ihnen Steaks braten könnte: 600 Grad. Als alles Pumpen nichts mehr hilft, muß Jochen an die Box: Bremsflüssigkeit nachschütten, neue Lufthutze montieren.

Minuten verrinnen, WM-Punkte zerbröseln, ein einziger wird übrigbleiben — für den sechsten Platz, Jochens erster WM-Punkt seit Mosport 1977.

An diesem Tag rollen alle Kugeln für Scheckter; 54. Runde: Villeneuve verschwindet aus dem Rückspiegel: Blockiertes Differential — Getriebeschaden. Und damit kriegt Jody plötzlich Plussignale auf einen anderen Monte-Carlo-Bewohner: den guten, alten Regazzoni, über den Lauda sagt: „Höchste Zeit, daß der Altvater wieder fester Gas gibt, bevor er in Pension geht."

Im Pulverdampf von 122 Grand-Prix-Rennen gehärtet, vom 16. Startplatz hat sich Regazzoni nach vorn durchgebissen, immer wieder aufgehalten durch Überholmanöver. Aus einem 15-Sekunden-Rückstand greift er jetzt Scheckter an, weitergepeitscht von tobenden Fans: der emotionelle Held, der sentimentale Favorit. Williams hat richtig eingekauft: Jones ist draußen, also macht jetzt Regazzoni die Show.

In der Ferrari- und Williams-Box: Atemlose Spannung. Clay teufelt immer näher an Jody heran. Das Finale wird ein Duell Mann gegen Mann, aber mit angeschlagenen Autos: Scheckters Michelins sind aufgebraucht, rutschen, der Ferrari untersteuert immer ärger — aber Clay fährt die letzten 18 Runden ohne zweiten Gang, dem wichtigsten in Monte Carlo. Scheckter weiß: „Solang ich keinen Fehler mach, kann mich Clay nicht überholen — auch wenn er schneller ist." Und Pamela Scheckter, grenzenlos erleichtert: „Fast hätt's nicht mehr gereicht." 0,44 Sekunden retten Scheckter, fehlen Regazzoni zum Sensationssieg. Dritter: Reutemann, trotz gebrochenem Auspuff. Vierter: Watson, ohne den ganzen Tag ein Auto überholt zu haben, Fünfter: Depailler, obwohl in der letzten Runde mit Motorschaden liegengeblieben, aber Laffite hat vergeblich gelitten: Getriebedefekt.

Scheckter erholt sich nach der Siegerehrung eine Stunde lang auf dem Schiff; bis er normal reden kann: „Jeder Sieg ist ein Sieg, egal wie." Regazzoni wird vis-à-vis auf dem Araber-Schiff stürmisch gefeiert: „Sag, und der Sieg war nicht drin?" Keine Sorge, er kommt noch früh genug.

Zunächst: Fünf Wochen Pause. Der Schweden-Grand-Prix wird abgesagt. Schon seit 1973 zigeunert der Zirkus ungern nach Anderstorp: zusehr „out of the world", zuwenig Luxus. 1979 wäre es wenigstens ein Requiem für zwei Schweden geworden: Peterson und Nilsson. Innerhalb von sechs Wochen (Herbst 1978) hat Andretti seine beiden letzten Teamkollegen verloren, hat Chapmans schwarzes Flugzeug zweimal nach Schweden müssen, jedesmal mit einem toten Fahrer an Bord. Dabei glaubte man Nilsson schon gerettet, daß er seinen einjährigen, heroischen Kampf ums Überleben gewonnen hätte — aber die Hoffnung war grausam trügerisch.

Erschütternd die letzten Berichte über den krebskranken Gunnar aus der Londoner Sterbeklinik. „Ich geb auf. Ich halt die Schmerzen nimmer aus. Nach jeder Kobaltbehandlung muß ich tagelang brechen." Als Andretti nach einem letzten Telefonanruf auflegt, weiß er, wissen beide: Das war das letzte Gespräch. Die letzten Tage seines Lebens war Gunnar rastlos, voll aktiv, lehnte alle schmerzstillenden Injektionen ab: „Ich brauch jetzt klaren Kopf, um meine Krebsforschungs-Stiftung zu organisieren." Er telefonierte, schrieb unzählige Briefe. „Solang mir noch Zeit bleibt." Am 20. Oktober schlief Gunnar ein.

„Mit Peterson und Nilsson", trauert Anderstorp-Chef Asberg, „waren wir die größte Formel-1-Nation der Welt. Jetzt sind wir nichts mehr." Jetzt dominieren die Franzosen. Wie sagt Ecclestone, der nur Österreicher und Brasilianer mag, aber die Franzosen haßt? „First Formula One, then the world." Zuerst die Formel 1, dann die Welt.

DIJON: FRANZÖSISCHE REVOLUTION

Bei Ligier löst sich das Problem des Nummer-1-Piloten auf dramatische Art: Depailler stürzt zu Pfingsten beim Drachenfliegen ab: „Ich gleite vom Puy de Dome" (seinem Hausberg bei Clermont-Ferrand), „bin 15 Minuten in der Luft, bereite schon die Landung vor — da erfaßt mich eine plötzliche Windbö und schmettert mich mit 70 km/h gegen eine Felswand." Die Beinbrüche: zahlreich, sehr kompliziert. Die Rettung ist schwierig, das Gelände unzugänglich. Patrick wird mittels Seilwinde zum Rettungshubschrauber hochgezogen, ins Spital geflogen und liegt bis 3 Uhr früh auf dem Operationstisch.

„Kein Mitleid, selber schuld, wozu muß er drachenfliegen?", fragt Lauda, 1976 selber mit gebrochenen Rippen unter dem Traktor her-

vorgekrochen. Wie gefährlich leben Rennfahrer? Jochen Rindt hat sich als Schüler beim Skifahren zweimal die Beine gebrochen, Hunt einmal auf Skiausflug die Schulter („als ich mit dem Balkon durchbrach"). Regazzoni: Arm gebrochen, als er 1972 in Zeltweg mit den Mechanikern hinter der Box Fußball spielte. Reutemann: In Ertrinkungsgefahr, als er 1973 am Strand von Guaruja trotz Sturm, meterhoher Wellen und roter Leuchtraketen unbedingt surfen mußte ... Marquis de Portago (ein spanischer Rennfahrer, Rennreiter, Bobrennfahrer) ist einmal mit dem Flugzeug unter einer Brücke durchgeflogen, um eine 1000-Dollar-Wette zu gewinnen.

Und Depailler hat sich schon 1973 die Formel-1-Chance fast vermasselt: Beinbrüche beim Motocross-Fahren. Elf-Rennchef Guiter damals am Krankenbett: „Du bist für uns erledigt, die Formel 1 kannst du vergessen, du hast ausgespielt."

Jetzt ist Depaillers Situation weit ärgerlicher. „Aber in meinem Ligier-Vertrag steht nichts, daß Drachenfliegen verboten wäre." Guy Ligier über den Absturz: „Eine stupide, blöde Sache, nicht mehr, nicht weniger." Depailler hat seine WM-Titelchance weggeschmissen, daran knabbert er hart genug: „Der einzige große Lichtblick ist ein Anruf von Laffite im Spital: Jacques ist der Einzige, der mir nicht meine Blödheit an den Kopf wirft, der mich nur aufmuntert: Daß es ganz natürlich sei, Drachen zu fliegen, wir Rennfahrer wären alle so, wir können nicht jeden zweiten Sonntag Raubtiere sein — und uns zwischen zwei Rennen in Schafwolle einwickeln und den Blumen beim Wachsen zuschauen." Bravo Laffite. Aber so rasch wie möglich, unterschreibt er seinen Ligier-Vertrag für 1980 — mit der ausdrücklichen Klausel: Alleiniger Nummer-1-Pilot. Depailler wird Monate später — als er immer noch im Spital liegt — gekündigt.

Wer aber ersetzt ihn? Marlboro ruft Hunt in Spanien an: „Wenn du willst, geben wir dich frei an Ligier und Gitanes." James schiebt seine (schon formulierten) Rücktrittserklärungen auf, ersucht Wolf um Freigabe an Ligier, aber Wolf sagt nein. „Mein größtes Glück", sagt Hunt später, „denn im Herbst hätten alle gesagt: Schuld, daß die Ligiers nicht mehr gewinnen, ist Hunt. Er hat das Team ruiniert." So steigt James zu Silverstone-Tests nochmals in den Wolf, aber bald wieder aus: „Danke, Boys, war ein netter Test, aber ich bin immer noch um eine Sekunde hinten. Und darum hör ich auf, jetzt sofort." Ab jetzt hat England keine Grand-Prix-Piloten mehr, nur noch Iren: Watson, Daly. Daly hat bei Ensign gekündigt (auf Ligier hoffend), Teammanager Ducarouge will ihn als Depailler-Ersatz, aber Sponsor Gitanes besteht aus Marktgründen auf einem französisch sprechenden Piloten. So gewinnt Jacky Ickx das Rennen ums Depailler-Cockpit. „Nicht, weil ich am besten bin, sondern am besten verfügbar. Am disponabelsten."

Jacky Ickx: Dieses Sonntagskind (wie Nelson Piquet) ist auch schon 34, „aber immer noch ein Jahr jünger als Laffite." Seine Ligier-Beziehungen sind ideell. Der einzige, der noch gegen Guy Ligier gefahren ist (Nürburgring 1967, als Ickx mit dem Formel-2-Matra mit Ballast bis auf Rang 4 vorstieß, Ligier aber einen Beinbruch erlitt). Und als Ligier-Freund Jo Schlesser 1968 in Rouen in der Feuerhölle des explodierten Honda ums Leben kam, gewann Ickx seinen allerersten Grand Prix. Später kamen die Ferrari-Doppelsiege Ickx-Regazzoni. Zumeist gewann Ickx, aber die Mechaniker trugen Regazzoni auf den Schultern im Triumph davon. Geliebt wurde Jacky Ickx während seiner diversen Formel-1-Karrieren nirgendwo — „aber Respekt, den mußte ich mir erzwingen."

Daß er den Schlüssel zu immer neuen Teams findet, ist kein Wunder: Jacky besitzt die größte Zimmerschlüsselsammlung der Welt — über 3000! In jedem Hotel nimmt er den Schlüssel mit, außer, man ist dort schon gewarnt. „Als Ickx für Lotus fuhr", erinnert sich Peter Warr, „gaben ihm alle Hotelportiers immer nur den Schlüssel mit nacktem Ring. Ohne Anhänger." Jacky bleibt wohl ewig etwas verspielt, trotz Familie (zwei Mädchen), trotz Business, trotz seines Direktorenjobs auf der neuen Spa-Rennstrecke. „Ich schenk nicht, wie andere, mein ganzes Leben, meine ganze Zeit dem Rennsport. Nur 50 Prozent. Aber innerhalb dieser Spanne ist mein Einsatz total."

Der letzte „Gentleman-Pilot" zitiert in „L'Equipe", als er zu Ligier stößt, ein englisches Sprichwort: „Der richtige Mann zur richtigen Zeit am richtigen Platz." Erstmals im französischen Grand Prix.

Dijon im Burgund: zauberhafte Gegend, weiche Landschaft, Märchenschlösser und Schloßhotels; in einem wohnen wir mit der Lotus-Truppe zusammen — „wie Gott in Frankreich", wie Colin Chapman sagt.

Fabelhafte Küche, gute Weine, Feste in einem uralten Schloßkeller; aber auch: Totales Verkehrschaos rund um die Strecke von Dijon-Prenois. Kein Wunder: erstes großes Ferienwochenende, und Rekordzuschauermengen bei der „Formel France".

Die Franzosen hoffen, mit Laffite und Ligier zu triumphieren (Ligier), aber dann kommen (endlich) die Gelben (Renault). Die Erfolge der kleinen Privattruppe stoßen dem Industriegiganten schon lange stagelgrün auf. Renault-Rennleiter Jean Sage: „Die Formel-I-Euphorie ist für uns gut und schlecht. Gut, weil sich plötzlich alles für Grand Prix interessiert. Schlecht, weil Ligier besser ist als wir. Aber die Leute haben den Unterschied zwischen einem normalen und einem Wing-Car lang nicht kapiert." Jabouille 10. in Interlagos, Arnoux 9. in Jarama: die ganze bisherige, magere Saisonausbeute. Und der Lorbeer der ersten WM-Punkte (Jabouille 4. in Watkins Glen 1978) verwelkt auch bereits.

Aber: kein anderes Team hat in knapp zwei Rennjahren (Debüt: Silverstone 1977) so zielstrebig-beharrlich, unerschütterlich fest aufs große Ziel hingearbeitet. Die Charakterstärke des alten Marcel Renault, den Ferry Porsche aus dem Gefängnis geholt hat, zieht sich als roter Faden durch die Fabrik in Boulogne-Billancourt. Die Geduld auch. 1973 begann die enge Kollaboration zweier Staatskonzerne (Renault mit der neugegründeten Benzinfirma „elf"; übrigens: ein Computerwort) mit einem V-6-2-Liter-Motor aus der Formel 2, der Jabouille 1976 im selbstentwickelten und -gebauten „elf 2" zum Europameistertitel verhalf. Fernziel: mit einer aufgeladenen 1,5-Liter-Version später ein chancenreiches Formel-1-Aggregat zu besitzen.

Für die Cooperation gibt es präzise Zahlen: Gemeinsam stecken Renault und elf pro Jahr 120 Millionen Schilling in den „totalen Rennsport" Formel 1, 2 und III, dazu Le Mans, das bis 1978 Dringlichkeitsstufe Eins hatte. Solang, bis Jean-Pierre Jaussaud/Didier Pironi mit dem Alpine-Renault A 442 beim 24-Stunden-Rennen die Sternstunde erzwangen. Renault verlängerte sie bis Weihnachten. Jaussaud chauffierte das Le-Mans-Siegerauto am Heiligen Abend als Weihnachtsmann verkleidet, durch die Straßen von Paris — da konnte man noch nicht wissen, daß 1979 Jabouille/Arnaux mit dem For-

mel-1-Turbo für die französischen Kinder Weihnachtsmann spielen müssen . . .
Nur Renault konnte es sich leisten, im Frühjahr 1979 zwei gigantische Projekte parallel voranzupeitschen: den „Flügelwagen" mit den großen Seitenrümpfen (ab Jarama) und den revolutionären Doppelturbolader (ab Monte Carlo). Die „Doppelrakete" hat nicht mehr PS, aber ein größeres Leistungsband. Der Motor ist der gleiche, aber der Turbo anders. Zwei Vorteile: Erstens geringere Verzögerung, zweitens Kraft schon ab 7000 Touren (früher ab 8000). Der Doppellader: „Ein wichtiger Schritt fürs ganze Team", freut sich Marie-Claude, „und die Heckpartie sieht jetzt gleich viel ordentlicher aus." Gut, daß man Damen im Team hat.
Renault-Rennchef Gerard Larrousse, ein stiller Typ, mag um sich „nur ruhige Leute, die denken und hart arbeiten." Menschen wie Niki Lauda, eher nicht wie der rastlose Laffite. Ein Duo Larrousse/Laffite würde nur schwerlich funktionieren. „Jacquot" wäre Larrousse zu schmetterlinghaft. Und ein ausländischer Toppilot? Die bildhübsche Marie-Claude Beaumont, früher Renn- und Rallyefahrerin, jetzt Renault-Presseoffizierin mit Küßchen rechts, Küßchen links, ist ehrlich: „Im Gegensatz zur rein französischen Ligier-Mannschaft sind wir eine internationale Company, also könnten wir uns folgendes leisten: ein internationaler Spitzenfahrer, dazu ein Franzose."
Ein langgehütetes Geheimnis: Mario Andretti war nahe dran, schon 1978 für Renault die 24 Stunden von Le Mans zu fahren. CBS hätte live übertragen, die Reklame auf dem US-Markt wäre unbezahlbar gewesen. Lotus gab Mario für Le Mans an Renault frei — aber das Sensationsprojekt scheiterte an Goodyear: „Wir können nicht riskieren, daß ein Goodyear-Pilot auf Michelin-Reifen gewinnt." Später war Niki Lauda eine Renault-Idee; eine sehr starke sogar. Weil Larrousse aber seinen Piloten nicht wehtun wollte, begann die Kette öffentlicher Dementis. Marie-Claude in Monte Carlo zum österreichischen Pressechef Kurt Nagl, händeringend: „Um Himmels willen, streit alles ab." Und Larrousse und Sage hüteten sich, etwas zuzugeben.
Getroffen hatte sich der heutige Renault-Feldherrenhügel schon 1966 — paradoxerweise im französischen NSU-Team. Larrousse/Sage hat-

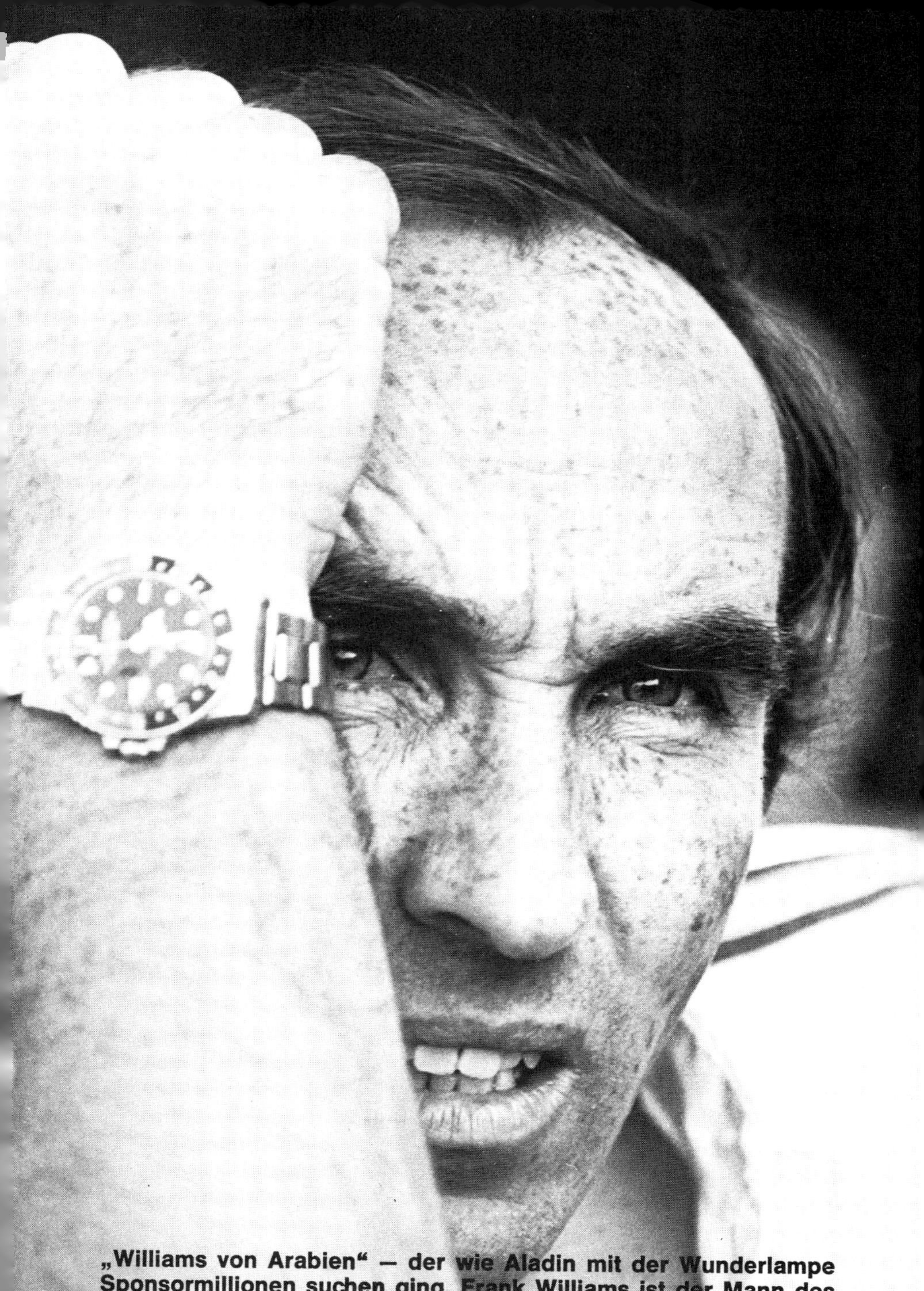

„Williams von Arabien" – der wie Aladin mit der Wunderlampe Sponsormillionen suchen ging. Frank Williams ist der Mann des Jahres

Alan Jones, Clay Regazzoni und ihr „fliegender Teppich“, das Prophetenauto aus dem Morgenland. Wert der Aufkleber: 37,5 Millionen Schilling

Kein Scharfrichter, nur Alan Jones vorm Start. Vertrauter Nachbar in der ersten Reihe: Jabouille

Das Leben beginnt mit 40: Guter, alter Regazzoni gewinnt in Silverstone das schnellste Rennen des Jahres

Plötzlich im letzten Sommer: Konstrukteur Patrick Head, Alan Jones, Frank Williams machten die Formel 1 arabisch. In Zandvoort hatte Regazzoni (28) eine Startkollision, aber Jones (27) siegte

Flügelautos sehen dich an. Formel-1-Generation 1979

Reutemanns Lotus 79 (2), Jariers Tyrrell 009 (4), Laudas Brabham-Alfa BT 48 (5), Tambays McLaren M 29 (8), Arnoux' Renault-Turbo RS 10 (16), Laffites Ligier JS 11 (26) und Mass' Arrows

Technik, Tricks, Geheimnisse: Lotus 80 von unten, Mass-Rakete von hinten, neue Federn, neue Helme, aus dem Cockpit verstellbarer Stabilisator

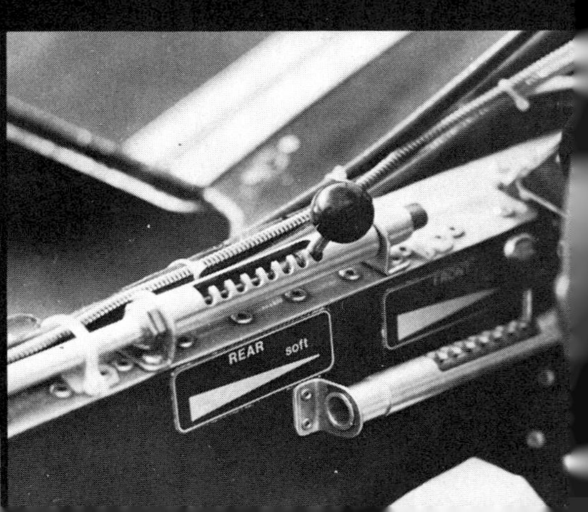

ten beim Training zur Korsika-Rallye einen bösen Unfall in den Bergen; ein paar Überschläge in finsterer Nacht, Absturz in den Fluß hinunter. Larrousse konnte sich befreien und lief 3 km, ins nächste Dorf, um Hilfe zu holen: „Jean ist immer noch im Auto." In Korsika wurde keine Verletzung gefunden, erst in Paris: ein gebrochener Wirbel.

Damit war Jean Sages aktive Karriere vorbei. Larrousse und Beaumont machten weiter, er bei Alpine, sie bei Opel — ehe sie 1975 im Schweizer 2-Liter-Team wieder zusammentreffen. Beaumont fuhr damals mit Lella Lombardi, die bald abtrünnig wurde: „Ich möcht in die Formel 1." Marie-Claude riet ihr ab, genau wie Divina Galica, die nach dem R-5-Rennen von Monte Carlo zu ihr ins Zimmer kam: „Ich will Grand-Prix-Pilotin werden."

Inzwischen hat „die Lombardi" als Ex-Grand-Prix-Pilotin viel Startgeld kassiert, träumt „die Galica" sogar von Indianapolis — aber Beaumont hat aufgegeben. Würde sie heute in Jabouilles Formel 1 steigen: Um wieviel wäre sie langsamer? „Um eine Sekunde. 0,5 kosten mich die Fliehkraftkurven, weil mir männliche Halsmuskeln fehlen — nochmals 0,5, weil ich als Frau vorsichtiger Gas geben würde."

Im Renault-Team kocht nicht Madame Beaumont, sondern ein Mann: Frankreichs bester Koch, „weil Larrousse wollte, daß die Mechaniker immer pünktlich warmes Essen kriegen." Die Burschen verdienen's: Ein Motorwechsel beim Renault RS 10 dauert bis zu sechs Stunden! Und zumeist sind es Motordefekte, die Jabouille und Arnoux bremsen.

Jean-Pierre und Rene: Das sind Pat und Patachon in der Formel 1. So enorm ist der Größenunterschied. Als ich Jabouille zum erstenmal sah, dachte ich sofort an den Filmkomiker Danny Kaye; Helmut Zwickl hat später „einen Schuß Rudi Carrell" beigemischt. Blödeln sieht man Jabouille nur selten: ein eher ernster, gewissenhafter Mensch, aufrecht, sehr standfest, nicht unbedingt der typische Pariser — obwohl er immer in der Seine-Stadt gelebt hat: in der guten, alten Rue de Rivoli, nahe dem Place de la Concorde (auf Nr. 8 residiert der Automobil-Weltverband).

Jabouille mag Paris, aber seine Ferien und wenigen freien Wochen-

enden verbringt er auf dem Land: „In Creuse, ziemlich in der Mitte von Frankreich, hab ich mir ein Bauernhaus gekauft. Zum Erholen, zum Fischen, zum Tennisspielen; meistens zusammen mit Laffite, mit dem ich befreundet bin, seit wir 15 waren."

Diesen Sommer haben Jean-Pierre und Jacques (sein Schwager) einen Windsurfer gekauft. Ihre Regatten auf dem Creuse-See sind mittlerweile so berühmt wie ihre Fischereiabenteuer; überall, in Seen, in Flüssen. Niemand weiß, daß Jabouille auch auf gefrorenem Wasser brilliert hat: „Mit 17 war ich Champion im Eisschnellaufen. Heute lauf ich nur noch im Trockenen, aber ausgiebig." Zur Dijon-Zeit kommen seine eigenen Jogging-Baumwollanzüge in den Verkauf, Markenname: „Jabouille-Training", Farbe: graugrün oder beige. Jean-Pierre ist ein Mann mit vielen Sporttalenten und vielen Interessen: „Eine Zeitlang war ich auch Kunststudent. Malen, Zeichnen hat mich fasziniert." Jabouille ist also nicht nur der nüchterne Technokrat, als der er oft hingestellt wird. Freilich: Sein Riesenhobby ist die Technik. „Ich bin kein richtiger Ingenieur. Aber sobald ich etwas sehe, das technisch ist, bin ich hingerissen." Der Renault-Pilot hat einen echten Telefon-Tick: Telefon im Auto (wie Arnoux fährt er einen 30 TX als Dienstwagen), zwei Telefonlinien zu Hause (eine privat, eine geschäftlich), dazu alle nur denkbaren Tonbandanschlüsse, Videogeräte, Filmkassetten, exklusivste Stereo-Anlage von Paris, alle verfügbaren elektronischen Fernsehspiele usw. Die Jabouille-Wohnung sieht aus wie die NASA-Zentrale.

In Ordnung gehalten wird alles von Genevieve, Jabouilles Frau, die er 1976 geheiratet hat — seither gehört ihr 14jähriger Sohn Jean-Marie (aus erster Ehe) zu Jabouille. Jean-Pierre und seine Genevieve, Jacques Laffite und seine Bernadette (die Schwester) haben einander schon seit ewig gekannt. Fast so lange kennt man Jabouille bei Renault. Als jungen Mechaniker, Renningenieur und Testfahrer. 1906 hat der ungarstämmige Francois (Ferenc) Szisz, Mechaniker, Renningenieur und Testfahrer bei Renault, den allerersten Grand Prix der Geschichte gewonnen. Auffallende Parallelen ...

Jabouille als Teampilot ist eine Perle: immer maximaler Einsatz, nie Ausflüchte. Das „Drivers excuse book" (etwa: Lexikon für Fahrer-Ausreden), das englische Piloten gern strapazieren, prallt von Jabouille

ab. Renault-Konstrukteur Gerard Castaing weiß also, wenn Jabouille testet, immer genau, woran er ist.
Nummer 2 der „French Connection“ ist Rene Arnoux. Sein Heißhunger nach Geld und Ruhm stammt aus seiner armen Kindheit. Vater Arnoux war Buchhalter einer kleinen Papierfabrik in Grenoble. Rene wuchs bettelarm auf, aber mit einer wesentlichen Liebe: zum Go-Kart, das ihm der Vater baute, als er 10 war. Beide fuhren damit Kart-Rennen, überdurchschnittlich erfolgreich, zur gleichen Zeit wie Peterson und Fittipaldi — aber ohne gute Mechaniker. Danach ging Rene zum Militär, später auf zwei Jahre als Mechaniker zum Motor-Tuner-Conrero nach Turin (daher sein gutes Italienisch).
Wieder zurück in Frankreich, suchte Arnoux Rat beim berühmten Beltoise. „Wie kann ich Rennfahrer werden?“ Antwort: „Versuch, in einer von den Rennfahrerschulen unterzukommen.“ Rene ging in die „Winfield School“ nach Magny-Cours, gewann sehr rasch ein Stipendium (einen Formel Renault), konnte aber seine ärmlichen Verhältnise lange nicht abschütteln. „Ich steckte alles Geld, das mir in die Finger kam, in die Rennfahrerei. Gelebt habe ich mit meiner Freundin Nelly (heute meine Frau) zwei Jahre in einem winzigen Wohnwagen in Magny-Cours, gleich hinter den Boxen.“
Mühsam strampelte sich Arnoux hoch, immer Renault-markentreu, bis zum Formel-2-Europameister 1977. Der Lohn: erste, zaghafte Chancen in der Formel 1. Zuerst bei Tico Martini, dem im Sommer 1978 das Geld ausging, dann bei John Surtees — der gleichfalls aus Finanzgründen zu Saisonende das Handtuch warf. „Schade, mit Rene hätte ich wieder den Durchbruch nach oben erzwingen können“, trauerte „Big John“. Arnoux war bei ihm zweimal Neunter gewesen.
Die arme Jugend, die pleitegegangenen Teams: Heute, als Renault-Grand-Prix-Pilot, muß das Leben für Arnoux phantastisch geworden sein. „Als erstes haben wir, Nelly und ich, uns gleich einen Bauernhof in Nevers gekauft. Wir lieben Tiere und haben genug zu Hause, zwei Gänse, einen Hund. Wir leben wie die Bauern und gehen fast mit den Tieren schlafen — spätestens um neun. Aber ich brauch auch 9, 10 Stunden Schlaf.“ Rene Arnoux für eine Sponsor-Party zu organisieren, ist ein echtes Problem: Meist schläft er ein . . .

Viele halten den jetzt 31jährigen Arnoux (geb. 4. 7. 1948) immer noch für einen scheuen, kleinen Buben. Aber Rene ist sehr stark, sehr hart, sehr clever. Er wußte immer, was er will und wie er's kriegen kann. Und wie er's behält. „Am Bauernhof erhol ich mich zwischen den Rennen am besten. Dort fahr ich täglich 40 km mit dem Rad. Tennis brauch ich nicht. Tanzfeste am Land machen mir Spaß, wenn sie nicht meinen Schlaf kosten."
Arnoux hat schnell gelernt, mit der Turbo-Rakete zurechtzukommen: „In schnellen Kurven ist die Turbo-Verzögerung kein Problem. Nur in den langsamen." Und im Kampfgewühl, im dichten Verkehr? „Nicht schlimm, wir können schnell die Gänge wechseln." Arnoux hat zunächst nur für ein Jahr einen Vertrag, und der 36jährige Jabouille läßt verlauten: Ich fahr auch 1980. Also muß Rene Gas geben. Man sieht immer, wenn Arnoux im Training schnell wird: Vor jeder Superrunde funkeln und glitzern seine Augen wie Sternspucker.
Als Renault die 24 Stunden von Le Mans gewann, war der Schlüssel zum Triumph ein Marathon-Test über die volle Renndauer. Nach gleichem Prinzip wird der Formel-1-Grand-Prix simuliert. Jabouille streigt drei, Arnoux eine Woche vor dem „Tag X" zum einsamen Geisterrennen in die gelbe Rakete mit dem Turbo-Doppellader. Mit vollen Tanks (190 Liter), Rennreifen, stehendem Start, laufender Stoppuhr, ohne Boxenstop, ohne Reifenwechsel. Jabouille gibt nach 60 Runden total erschöpft auf: „Das Auto hält durch, nur ich mach schlapp. Keine Chance, die 80 Runden durchzustehen. Die Fliehkräfte sind mörderisch. In der Zielkurve fürcht ich, es reißt mir den Kopf ab." Jabouille braucht keine Entschuldigung: Er hat tags zuvor 90 Runden getestet — und er fährt nachher nochmals 30. Bei der zweiten gefechtsmäßigen Übung zirkuliert Arnoux 73 Runden, ehe ein Auspuffrohr abbricht — nichts Schlimmes: Renault ist perfekt gerüstet.
Prompt fliegen die Renaults im offiziellen Training allen davon. Jabouille kommandiert das erste Training, Arnoux das zweite: Der kleine Rene heult Freudentränen. Im Mittelfeld: Die Formel-1-Heimkehrer Ickx (Ligier) und Rosberg (Wolf). Im Hinterfeld, um die Qualifikation bangend: Die neuen Arrows von Mass und Patrese.
Niki Lauda, sensationell bei Silverstone-Tests (als erster über 140

Stundenmeilen = 224 km/h), sehr schnell auch in Dijon, wird in die rauhe Wirklichkeit zurückgeholt: Wie in Zolder, ist Piquet schneller. Wird Niki sabotiert? Von Brabham nicht, „das Team will immer nur das Beste, aber dann dreht sich etwas um — und sofort schaut alles anders aus." Neue Flügelprofile, die Niki beim Testen erarbeitet hat, stimmen nicht mehr, gehen beim Zusammenschrauben der Autos verloren.

„In Dijon und Silverstone", gibt Niki zu, „ist mein Auto von der Technik her um 0,7 langsamer als jenes von Piquet. Soviel kann ich gegen den Burschen, der sehr flott autofährt, nicht aufholen." Piquet ist Niki unheimlich dankbar. „Nicht, daß er mich autofahren lehrt. Aber wenn wir zusammen testen, hör ich ihm pausenlos zu, saug alles, was er sagt, in mich auf — über Bodenhaftung, Reifen usw. Zuhören ist das Beste, um zu lernen. Und ich lern bei Brabham umsonst, ohne daß ich Lehrgeld zahlen muß. Viele kleine Sachen, für die jeder andere drei, vier Jahre benötigen würde. Ich nicht, dank Niki."

Lauda sagt zu Piquet nie: „Bravo", oder „gut gemacht". Dazu ist schon zu viel Rivalität da. Aber wenn Piquet zugibt: „Lauda ist ehrlich geblieben, hat mich nie angelogen", sagt dies alles, speziell im Vergleich mit Lotus. „Lauda war zweimal Champion", sagt Piquet, „und was bin ich dagegen? Ein Nichts, ein Niemand. Der Lehrbub, der aus der Formel 3 kommt ..." Und Piquet sagt offen: „Wenn ich schneller bin als Niki, dann nur, weil er Probleme hat."

Als ich Bernie frage: Hältst du es für möglich, daß Piquet einmal Weltmeister wird? erwidert er spontan: „Es ist unmöglich für Nelson, daß er nicht Weltmeister wird!"

Über Piquet, aber vermutlich auch über Villeneuve, Arnoux & Co hat Niki im Sommer 1979 stundenlang — und vertraulich — mit Franz Klammer diskutiert. Niki: „Es ging darum, daß in einem Sport, der so schnellebig ist wie der Ski- oder Autorennsport, von einem Moment auf den anderen neue Komponenten eintreten können. Zum Beispiel junge Leute, die diesen Sport mit ganz anderem Einsatz, ganz anderer Einstellung betreiben. Da kann's passieren, daß man von denen überfahren wird. Sie legen ganz andere Richtlinien, fahren vielleicht schneller oder mit mehr Herz — was eben einer, der etabliert ist oder schon länger fährt, nicht mehr macht. Junge Gegner riskieren mehr, legen neue Maßstäbe — die man dann selber mit Kraft auch an sich selber durchführen muß. Das kommt nicht mehr automatisch, das muß man erzwingen."

Gleichberechtigt ist Piquet längst: Lauda ist nicht mehr unumschränkte Nummer 1. Beweis: der Reifenkrieg. Zu Saisonbeginn wurden die vier Sätze „Qualifiers", die Brabham jeden ersten Trainingstag kriegt, diskussionslos am Lauda-Auto aufgesteckt — was sich bald änderte. Zuerst ein „schneller Satz" für Piquet (Ecclestone: „Wir müssen nett zu ihm sein"), in Zolder schon die Reifen „brüderlich geteilt" (und darum erstmals dicke Luft Lauda — Ecclestone).

Samstag kämpft sich Piquet sogar auf den dritten Startplatz vor. Bester Nicht-Renault: Dort wo Alan Jones hingehört hätte. Aber: Pironi ist in der 235-km/h-Zielkurve, der schlimmsten Stelle, um einen Unfall zu haben, das linke Hinterrad weggebrochen. Wie in Kyalami: fast ein Flugzeugunglück. Durch die Fangzäune, gegen die Leitplanken, der Tyrrell in zwei Teile zerbrochen; Pironi unverletzt, aber geschockt. Lauda und Reutemann stürmen zu Balestre und erzwingen den Trainingsabbruch: „Das ist lebensgefährlich. Der Tyrrell steht links außen, in der Schußlinie. Wenn dort einer aufprallt, ist er zerbröselt." In dieser Phase fährt Jones, die gelben Flaggen ignorierend, seine Superzeit — die annulliert wird.

Vom Topspeed her (15 km/h schneller als alle anderen) ist Renault nicht zu schlagen, vom Wetter kaum: Kühl genug, „Turbo-Wetter", sagen viele. „Die Pole-Position Jabouilles", doziert Sage, „hilft unserer Firma unheimlich. Aber das Rennen ist für die Fahrer, fürs französische Volk." Wenn die Renaults irgendwo gewinnen könnten, dann nur hier, in Dijon, glaubt Laffite. Sein neuer Gefährte Ickx fliegt in der Aufwärmrunde raus, weil er sich verschaltet hat. Millionen TV-Zuseher erleben mit, wie Jacky entsetzt beide Hände auf den Helm schlägt, sich ein Moped schnappt und zur Box saust, um in den Ersatzwagen zu steigen.

Auch Jabouille ist vorm Start nervös: „Wie vor der Zeugnis-Verteilung. Heute ernten wir die Früchte aller Arbeit." Arnoux, neben Jean-Pierre, ist noch nervöser: „Ich hab Angst, einen Frühstart zu produzieren, will ja keine Dummheiten machen — und verpatz den Start total." Jabouille wird von Villeneuve ausgetrickst.

Ferrari und Renault haben verschiedene Pneus montiert: Bei Villeneuve-Scheckter sind sie rasch aufgeheizt, bei Jabouille-Arnoux braucht das 10 Runden, aber auch dort hat Sage eine Doppelchance gespielt: „Ein altes Sprichwort: Tu nie alle Eier in den gleichen Korb." Prompt sind die Ferrari-Pneus nach 30 Runden am Ende. Scheckter kommt zum Reifenwechsel herein (19 Sekunden Stop) — Villeneuve bliebt draußen im Kampfgewitter: „Und glaub mir: Ich fahr mir das Herz aus dem Leib."

Lauda — laut Willi Dungl mit allen drei biorhythmischen Kurven im Minus, schlimmer noch als an jenem Nürburgring-Katastrophentag — rauft mit Laffite um Platz 8, als er auf Sand gerät und von der Strecke rutscht. „Weil ich vergaß, die elektrische Benzinpumpe einzuschalten, springt der Motor nimmer an. Mein Fehler", gibt Niki zu. Wenn man so will: Laudas erster Fahrfehler seit Zeltweg 1978. Auch Piquet verunfallt, in der Zielkurve, „weil ich Fittipaldi hinterherfahr und die Wirkung des Heckflügels verlier."

An der Spitze hat Jabouille in der 46. Runde Villeneuve niedergekämpft — von hinten kommt Arnoux, stürmisch aufholend, immer näher. Villeneuve: „Auf mich macht er pro Runde eine Sekunde gut, so sehr ich mich dagegen stemm." Drei Runden vor Schluß stellt Arnoux den Ferrari zum Kampf. Vorn fährt Jabouille seiner Sternstunde entgegen, aber der Premieren-Triumph der „Staatsrakete" geht fast unter im Nahkampfduell Villeneuve — Arnoux um Platz 2, dem heißesten Grand-Prix-Finish seit Jahren. Einsatz: rückhaltlos. Aber Villeneuve ist seit Long Beach ohne WM-Punkte, Arnoux überhaupt noch punktelos ... „Und ob 4 oder 6 WM-Punkte", denkt Gilles, „kann für die WM noch wichtig sein."

Die letzten drei Runden Villeneuve — Arnoux: entfesselter Infight, pausenloser Positionswechsel, Gerangel, Pulverdampf. Mehrmals rempeln sie einander an, wie beim Autodrom im Prater. Arnoux's Motor stottert, Villeneuve steht mit abgefahrenen Reifen kreuz und quer, verliert sein Auto dauernd aus der Kontrolle, holt es aus unmöglichen Winkeln wieder zurück. Gilles: „Immer, wenn ich mich an Rene vorbeiquetsche, blockieren zwei, drei Räder. Darum der blaue Rauch, die Gummifetzen, die mir um die Ohren fliegen. Die Reifen sind längst eckig, die Vibrationen fürchterlich — aber wenn du um

einen zweiten Platz, wichtige Punkte kämpfst, gibt keiner nach."
Beide Arme hochgerissen, läßt sich Jabouille als Sieger abwinken, das Nahkampfduell um Platz 2 gewinnt Villeneuve 0,24 vor Arnoux. „Hat uns Spaß gemacht", lachen beide lausbubenhaft — die Fetzen fliegen erst später im „Sicherheitskomitee", das über das Boxduell urteilt: „Hätten sich eure Räder verhakt, wärt ihr in die Zuschauer geflogen, und wir hätten ein zweites Le Mans (82 Tote 1955) erleben müssen!"
Siegerehrung auf französisch: Jabouille würdig, aber müde; Arnoux quietschvergnügt; und Villeneuve spritzt Balestre eine ganze Flasche Champagner ins Gesicht. Vive la France.
Der Renault-Turbo-Sieg hat Folgen: Ferrari beschleunigt die Entwicklung der eigenen Turbo-Raketen (6- und 8-Zylinder, wie Forghieri gegenüber Sage zugibt). „Einmal ist er am Prüfstand gestartet worden", erinnert sich Lauda, „aber gleich bei 7000 U/min geplatzt." Zur Lauda-Ära arbeitet Ferrari nur mit 10 Prozent Aufwand am Turbo, 1979 schon mit 50 Prozent, und Scheckter/Villeneuve wissen: „Im Herbst wird voll getestet." Die Turbo-Sensation spaltet die FOCA. Verbot des Turbo (auf dem eleganten Umweg über Tankvolumen-Verkleinerung), ja oder nein? Abstimmungsergebnis: 2:2. Ferrari und Chapman (weil er den ersten Ford-Turbo, wie 1967 den ersten Ford-V8, ein Jahr lang exklusiv bekäme?) stimmen für den Turbo — Ecclestone und Tyrrell dagegen. Bleibt Teddy Mayer (McLaren), der längst auf Brennesseln sitzt, weil er ein Marlboro-McLaren-Lauda-Sensationsprojekt aufgebaut hat — mit BMW-Turbo-Motor, der auf dem Prüfstand angeblich schon weit über 500 PS leistet! Aber dann wird alles durch die Benzinkrise zerschlagen. BMW-Motorsportchef Jochen Neerpasch gesteht mir: „Der Turbo schon ein Jahr zuvor (1978) oder der Turbo heute ohne Benzinkrise — überhaupt kein Problem! So aber müßten wir a) langfristige Programme ändern oder b) die Belegschaft vergrößern. Und das ist nicht drin." Das Sensationsprojekt um Lauda platzt durch einen BMW-Vorstandsbeschluß („kein Engagement in der Formel 1"), und Laudas unheimlich raffinertes Plädoyer für BMW und Turbo im deutschen Fernsehen — um den BMW-Vorstand noch umzustimmen — bleibt erfolglos. Auch Cosworth rechnet: Ein V8-Saugmotor kostet bereits 18.000

Pfund, ein Turbo das Doppelte, also mehr als eine Million Schilling — „wer, außer einer Staatsfabrik, kann sich das leisten?“ fragt Walter Wolf. „So geht die Formel 1 bankrott.“
Der Franzosentriumph von Dijon — mit französischen Autos, französischen Reifen, französischem Benzin, französischem Öl und, vor allem, französischen Piloten — bedeutet indirekt: Absage an Lauda, „weil in Frankreich jetzt alle überzeugt sind: wir brauchen keine Fremdhilfe. Der Druck wird stärker.“ Niki ist überzeugt, daß Jabouille/Arnoux jetzt „fahren wie die Wilden, weil sie ihre große Chance sehen.“
Ein französisches Sprichwort: „Die Tage folgen einander, aber sie gleichen einander nie.“ Auch nicht für Renault. Denn ab jetzt reißt ein anderes Außenseiterteam die Macht an sich: Williams — plötzlich im letzten Sommer.

SILVERSTONE: WILLIAMS VON ARABIEN

Ein Jahrzehnt lang war er der große Hungerleider im Grand-Prix-Zirkus, der Mann mit Arme-Leute-Geruch und dem kreisenden Pleitegeier. Schon damals, lang bevor „Jogging“ modern wurde, rannte er durch Straßen und Parks, „um fit zu bleiben“ — aber seine Neider spotteten: „Er rannte seinen Gläubigern davon.“ Nur einer, der immer eisern, felsenfest an Frank Williams geglaubt hat: Frank Williams, 1979 zweifellos zum „Mann des Jahres“ in der Formel 1 avanciert. „Williams von Arabien“: Seine unkomplizierten, weiß-grünen Saudia-Bomber — finanziert durch Petro-Dollars der arabischen Ölscheichs — rasen plötzlich von Sieg zu Sieg, werden zum großen Nahost-Problem der Formel 1. Williams „Siege“ sind mit den Millionen gepflastert. Aber sein Weg nach oben war bitter, hart genug.
„Als ich geboren wurde, ließen sich meine Eltern scheiden. Meine Mutter: Lehrerin für behinderte Kinder, ich hab sie jetzt erstmals seit 20 Jahren wieder gesehen. Den Vater kenn ich auch nicht besser. Wenn er bei einem Grand Prix auftaucht, bleibt er für mich auch nur der Mann dort drüben. The man over there.“ Ab seinem 7. Lebensjahr wurde Williams in Privatschulen gesteckt, war kaum zu Hause,

türmte mit 16 endgültig — Richtung Rennsport. Erst als Pilot („Ich flog pausenlos von der Strecke, hatte alle Schutzengel nötig, um zu überleben, aber einmal gewann ich: Knutstorp, Formel 3"). Williams war nie ein Held, höchstens einer, der mit letztem Einsatz gegen Helden kämpfte. Wie 1963 (Formel-Junior) gegen Jochen Rindt, dem er nach einem Nürburgringsturz die Hand hinstreckte: „Ab heute bin ich dein größter Fan!"

1966 machte Williams Pause („um Sponsorgelder aufzureißen"), fuhr aber nie wieder, sondern stand ab nun auf der anderen Seite der Leitplanken. Die Allanz Williams-Courage (erst mit gekauften Brabhams) war sensationell, noch heute ist Frank überzeugt: „Piers wäre Weltmeister geworden." Aber Piers verbrannte 1970 in Zandvoort. Damals weinte Rindt unterm Lorbeerkranz und Regazzoni war bei seinem Grand-Prix-Debüt erstaunlicher Vierter. Williams fing nochmals ganz von vorn an. Mit de Tomaso, March, Iso, Hesketh, mit Schenken, Pace, Ganley, Merzario, Pescarolo, Laffite ... meist baute er junge, hochbegabte Piloten auf (um sie später an Werkteams zu verlieren), erst 1979 beschäftigt er ältere Herren: Jones (32) und Regazzoni (40).

Aber der Williams von heute ist ein anderer Mensch. Immer noch voll Fanatismus für den Rennsport („weil ich nie zu mir sagen muß: Pack deine Badehose ein, flieg auf Ferien — Autorennen sind für mich Business und Holiday zugleich"). Jetzt aber auch glücklicher Familienvater. Die Kinder heißen Jonathan Piers (zur Erinnerung an Courage) und Claire, seine Frau Virginia ist Enkelin jenes Amerikaners, der das künstliche Kaminfeuer erfunden und viel Geld gemacht hat.

Williams war inzwischen von Wolf aufgekauft, dann (1976 in Watkins Glen) als Manager gekündigt worden, „aber als Public-Relation-Mann behielt ich ihn." Das Abfertigungsgeld war groß genug, daß Frank eine kleine Fabrik aufmachen und einen billigen Designer engagieren kann: Patrick Head (früher Wolf), einen bulligen, verschlagen dreinschauenden Ingenieur. Das Williams-Team, schon von der Erdoberfläche verschwunden, war wieder da: Mit einem wenig talentierten Belgier (Neve), einem schlechten Auto (March), „aber das war nur Teil meines Planes: Fabrik und Mechaniker zusammenzuspielen."

Der entscheidende Zufall: Im Frühjahr 1977 suchte eine Londoner Werbefirma für die Airline „Air Saudia" neue Werbeträger. Die Sponsor-Gelder wurden Walter Wolf angeboten, der jedoch beleidigt abwinkte: „Ich verschandel mein Auto nicht mit fremden Pickerln." Die Araber gingen zu Williams, wurden bald „die am schnellsten wachsende Fluglinie der Welt", und für Frank begann die Kettenreaktion.

Wie hat er seine sagenhaften Saudis wirklich gefunden? Bei der Falkenjagd, dem bisherigen Lieblingssport der reichen Söhne aus dem Morgenland? Beim Glücksspiel in den exklusivsten Londoner Nightclubs, wie oft erzählt wird? Zweimal nein. Da stimmt schon eher die Sage, daß Williams auf fliegendem Teppich ins Land der Araber reiste und dort wie Aladin mit der Wunderlampe nach Sponsorgeldern suchte. Oktober 1977: Charles Crichton-Stuart, ein ehemaliger Royal-Air-Force-Pilot, Hobby-Rennfahrer, Blutsbruder aus den alten Rindt-Courage-Zeiten, stellt Frankie-Boy zwei jungen Prinzen vor, die in Denver, Colorado, studieren. Weihnachten 1977 riecht Williams den Braten: „Ich flieg mit Charly nach Riad, dort treffen wir die zwei Prinzen auf Weihnachtsurlaub. Ihr Cousin ist der Besitzer der Firma Albilad: Prinz Mohamad Ibn Fahad, also der Sohn von Fahad." Frank und Charly müssen sich sehr artig benommen haben, „denn durch Prinz Mohamad, der alle seine Freunde anrief, hab ich die anderen kennengelernt."

Heute sind die FW07 vollgepflastert mit arabischen Namen und Emblemen. Für wieviel Geld wirklich? „Autosprint" veröffentlicht eine Graphik, auf der jedem Aufkleber eine Summe zugeordnet ist. Total: 37,5 Millionen Schilling. Williams rechnet um: „Kommt sehr in die Nähe", bestätigt er. „Und 1980 krieg ich 20 Prozent mehr." Williams, der den Wert vom Groschen kennengelernt hat, verliert auch bei Millionen nie die Übersicht. „Company Director" steht in seinem Paß, er besitzt 80 Prozent des Williams-Teams, 20 gehören Patrick Head, „und einen Teil meiner Aktien überschreib ich demnächst an Prinz Mohamad."

„Die Araber", sagt Williams, „sind die perfekten Sponsors, sie zahlen gern, mischen sich aber nie ein — wie früher die Mäzene von Fußballklubs." Die Rede ist nicht von jenen Arabern, die noch in der Wüste

auf Kamelen herumreiten, sondern von jenen, die sich engagieren: durchwegs junge Gentlemen, freundlich, perfekt erzogen. Ihr Plan: Sich ins moderne technische Leben voll zu integrieren — und wo ist, von der Weltraumfahrt abgesehen, die Technik spannender als in der Formel 1?

Williams steht nicht unter Erfolgszwang, muß aber im Frühsommer noch Schwachstellen ausmerzen: „Alle sagen: Williams ist ein Spitzenteam. Freundlich von den Leuten, Thank you very much, aber das stimmt nicht. Es gibt kein Pech im Rennsport, nur Unfähigkeit. Ich hab von 20 auf 42 Leute aufgestockt. Die 20 schwächsten auszuscheiden, braucht Zeit." Schnell waren die Saudia-Bomber immer, haltbar noch nicht, und Alan Jones witzelte oft: „Nächstens steck ich mir zum Rennen einen Geldschein ein oder postier Freunde auf der Strecke, damit wir uns, wenn ich wieder ausfall, etwas zu trinken kaufen können ... Keine Sorge, irgendeine Blödheit fällt dem Team schon noch ein." Defektserien sind charakterbildend, sie schweißen Jones und Patrick Head („der beste Konstrukteur den ich je erlebt hab") noch mehr zusammen.

Aber es war auch Head eine Zeitlang schwer, ehrlich zu antworten, wenn ihn Alan fragte: „Glaubst du, daß diesmal alle Räder dranbleiben?" Charlie Chrichton-Stuart, die gute Seele des Williams-Teams: „Unser Glück war, daß die anderen Teams vor ein paar Jahren nicht begriffen, wie gut Alan ist." John Surtees zum Beispiel war fest überzeugt: „Immer ein Mitläufer, unauffällig mittendrin, aber ein Gewinner wird Jones nie." Williams findet für diesen Boxertyp im Rennwagen den treffendsten Vergleich: „Alan ist wie ein Athlet, der sich mit Ach und Krach fürs Olympiateam qualifiziert, dort aber über sich hinauswächst, alle seine Leistungsgrenzen sprengt und die Goldmedaille gewinnt." Aber das dauert noch.

„Den braucht man sich nicht zu merken", hatten Champions noch hochmütig gesagt, als Alan Jones 1977 in Zeltweg (auf Shadow) seinen ersten Grand Prix gewann — was sogar Enzo Ferrari aufhorchen ließ. „Ferrari hat mich einen Vertrag unterschreiben lassen, aber später für blöd verkauft." Seit damals, Zeltweg, kämpft Jones, der „underdog", um die Bestätigung: einen weiteren GP-Sieg, „und ohne das verdammte Pech hätte ich schon 1978 ein, zwei Rennen gewinnen

müssen.“ Zumeist passieren die Jones-Defekte im Finish: „In Interlagos las ich schon: + 3 LAPS, in Kyalami + 9 LAPS.“ Nach Unfällen greift sich Alan immer an sein goldenes Halsketterl: „Mein Christophorus hat Überstunden gemacht. He was working overtime.“
Aber da kommt nie ein Vorwurf an irgendwen. Jones ist immer um gutes Betriebsklima, echten Teamgeist bemüht. Er planscht mit den Mechanikern im Hotelpool, trinkt mit ihnen nach dem Rennen (wenn keine Araber da sind) ein paar Dosen Bier: der kumpelhafte Herrenfahrer. Vielleicht ein Überbleibsel aus seinem ersten Beruf: „Früher hab ich in Melbourne Wohnmobile verkauft.“ Vermutlich nie mit marktschreierischer Verkäuferstimme, denn Alan redet gedämpft, kultiviert, gebildet; oft mit britischem Humor. Zum Beispiel, wenn er statt „Breakfast“ (Frühstück) sagt: „Brake fast“ (brems schnell).
Seine Frau Beverly erinnert mich immer an Frau Petrocelli aus der TV-Krimi-Serie: gleicher Typ, gleiches Auftreten. Die Ehe blieb lange kinderlos, „dann hatten wir beide die Idee, ein Kind zu adoptieren“; im Spätherbst 1978, einen Londoner Buben, Christian. „Wir wissen nicht genau, wer die Mutter ist, und die Mutter kennt uns nicht. So ist es am besten für uns alle.“ Seither kommt Frau Jones-Petrocelli seltener zu den Rennen. „Schwierig, wenn man ein Baby hat.“ Im Gegensatz zum kaltblütigen, coolen Jones („mir ein Rätsel, woher er soviel Ruhe hat“) spürt Beverly vorm Start immer „alle Schmetterlinge im Bauch“.
Nicht nur bei der Formel 1, auch bei der CanAm. „Ursprünglich stand in meinem Vertrag: Exklusiv Formel 1.“ Aber dann kam Masten Gregory als Abgesandter des rennfahrenden Filmstars und Le-Mans-Zweiten Paul Newman mit den Budweiser-Millionen, blitzte bei Lauda und Fittipaldi ab, offerierte auch Jones 350.000 Dollar — „und da mußte ich mit Frank nochmals über meinen Vertrag reden.“ Wie das Schicksal so spielt: Jones fuhr nicht für Newman/Gregory, sondern für Carl Haas ...
Für die Europasaison ist das Londoner Haus Basislager — sonst Palos Verdes in Kalifornien, 25 Minuten von Long Beach, ein Traumhaus am Berg, 1978 gekauft. Jones' Nachbar ist Bill Simpson, Ex-Indy-Pilot, der sich neuerdings um die Sicherheit der Formel-1-Stars kümmert. Er hat einen weißen NASA-Anzug entwickelt, mit dem man

(laut Lauda) „drei Minuten lang aus dem Feuer winken kann, aber dann muß ich mich raushauen", außerdem einen neuen Helm, mit dem Al Unser bei einem 300-km/h-Unfall gegen die Mauer klopfte und ins Koma verfiel — heute hat er den Unfall vergessen. Und nicht einmal mehr Kopfweh.

Seine Millionen macht Jones still, ohne Aufhebens, manchmal zufällig. So wollte er vorigen Sommer ein Stereogerät kaufen, traf über den Freund eines Freundes in Donington mit einem Akai-Mann zusammen, bekam den Spitzenrabatt und fragte gleich: „Wollt ihr nicht zufällig sponsern?" Zufällig ist ein Akai-Marktrivale gerade in die Formel-Atlantic eingestiegen, Geld ist genug da — also stieg man bei Jones voll ein, wie vom Simpson-Helm abzulesen ist: „Akai ist okay." Jones: „1980 beträgt des Werbebudget eine Million Pfund, davon will ich den Hauptteil." Beide Haushalte sind jetzt mit technischen Geräten vollgepfropft — „und ich bin ganz begeistert vom Filmen. Christian wird Augen machen, wenn er sich in ein paar Jahren als Baby sieht — auf dem TV-Schirm."

Von den Rennkassetten gar nicht zu reden. „Jones ist ein Weltklasse-Fahrer", trompetet Williams immer wieder. „Drei Mann stehen für mich haushoch über allen anderen: Jones, Villeneuve, Reutemann." Etwas unfreundlich gegenüber Regazzoni, „der besten Nummer 2 der Welt", aber eben doch Nummer 2, als solcher abgestempelt und bedient: immer nur mit dem Auftrag in den Rennkrieg geschickt: „Wenn Jones etwas zustößt, mußt du da sein!" Manchmal, befindet eine Schweizer Journalistin nach eingehendem Regazzoni-Studium, „schaut er drein, als stehe seine Seele im Regen". Zumeist dann, wenn er keine Qualifikationsreifen bekommt: „Hätt' ich in Zolder und Monte Carlo welche bekommen, wär' ich weit vorn gestartet und hätt' beide Rennen für Goodyear gewonnen!" ärgert sich Clay.

Williams wußte immer: „Wenn ein Ex-Grand-Prix-Sieger wie Regazzoni nichts mehr gewinnt, kann das nur zwei Ursachen haben: Entweder er muß einen Misthaufen von Auto fahren — oder er hat allen Biß, allen Kampf- und Siegeshunger verloren." Monte Carlo hat bewiesen: Im alten Haudegen Regazzoni, dem dienstältesten der Truppe, lodert immer noch genug Kampffeuer. „Auch Fangio und Graham Hill haben als 40jährige noch gewonnen."

Regazzoni wird sich nie ändern. Er zieht Frauen magnetisch an (am liebsten zweimal am Tag), läuft und sportelt, wann immer er kann, ist beim Geldverdienen eher faul, ein grundehrlicher, verläßlicher Freund, kann aber zwischen Freunden und Freunderln nicht immer unterscheiden. Woher sonst kämen immer die exklusiv angebotenen „Sensationsfotos" von stürmischen Regazzoni-Parties, dürftig bekleideten Stewardessen mit Regazzoni-Sturzhelm etc.?

Aber sein größtes Problem ist der Straßenverkehr. Wann immer Clay einen Autobahnschleicher rechts überholt oder ein Tempolimit mißachtet, stapeln sich die Anzeigen zuhauf, was den Rennfahrer restlos verbittert. Zwei Beispiele von 1979: 2000 Franken (16.000 S) Strafe, weil er bei der Stadteinfahrt Zürich, mit seinem Range-Rover, rechts überholt hat, verurteilt rein wegen Zeugenaussagen. Schlimmer noch: Die Anzeige eines 80jährigen Gebirgsbauern, der Regazzoni im Mercedes gar nicht sehen kann, „aber dieser Mafioso mit Schnauzbart kann nur er gewesen sein." Angeblich: 80 km/h, was Regazzoni abstreitet: „Die Straße ist ja nur 3 m breit." Der Polizei ist es nicht zu blöd, auf gesperrter Straße einen Mercedes viermal hin und her zu jagen, bis sie endlich stoppt: „Aha, 77 km/h, da fährt Regazzoni, der Rennfahrer, bestimmt 80." Clay ärgert schon lang, „daß jeder Schweizer Polizist spielen muß, bei mir den geringsten Fehler sucht und aufbläst. 1980 starte ich für Monaco!" Als ihm Führerscheinentzug angedroht wird, hat Regazzoni endgültig genug: In Monza überklebt er das Schweizer Kreuz auf seinem Sturzhelm mit einem Werbepickerl …

Clay, die Tessiner Frohnatur, leidet unter der Rivalität der Schweizer Sprachgruppen, ist aber ein internationaler Star. „Es ist der Typ Regazzoni, den alle mögen", skizziert der Schweizer TV-Experte Karl Erb. „Jeder Bub, der einen Rennfahrer zeichnen soll, malt Clay: verwegen, Schnauzbart, mit südländischem Gesicht."

Im arabischen Sold benimmt sich Regazzoni manierlich, stellt sich jedes zweite Wochenende brav und artig hinter Jones an. So, als wäre, unter Führung des „Williams von Arabien", Alan Jones der berühmte Kara Ben Nemsi und Regazzoni sein treuer Hadschi Halef Omar. Karl May hätt' seine Freud' gehabt.

Williams kann Alan und Clay „ewig zuhören, wenn sie über ihre

Autos diskutieren. Mein einziger Jammer: Daß ich ihnen gedanklich nicht bis zu den letzten Geheimnissen folgen kann." Und davon gibt es in Silverstone genug.
Silverstone: Brettelebene Flughafenpiste, 90 Autominuten nördlich von London und darum der Himmel schwarz von Rieseninsekten: Hubschraubern, die die Rennfahrer von ihren Londoner Nobelhotels (Wolf: „Behind Palace") zum Arbeitsplatz fliegen. Lauda verbringt 55 Minuten Angst im Nebel — der Arrows-Helicopter dreht um.
Silverstone: Schnellste Grand-Prix-Strecke der Welt mit infernalischen Kurvengeschwindigkeiten: Copse: 200 km/h; Maggotts: 235 km/h; Becketts: 160 km/h; Chapel: 200 km/h; Stowe: 230 km/h; Club: 220 km/h; Abbey: 250 km/h; Woodcote (trotz Schikane): 180 km/h. Ein Alptraum, wenn das dünne Netz reißt, etwas am Auto bricht. Immer jedoch: Der Kampf mit der Schwerkraft. Bei 2 g (doppelte Erdanziehung) verdoppeln sich alle Gewichte — ein 70-Kilo-Mann wiegt plötzlich 140 kg, der Sturzhelm drückt als 3-kg-Gewicht, der Kopf wird in den Kurven fast entwurzelt.
Starke Halsmuskeln braucht jeder GP-Pilot. Darum ist Lauda als 19jähriger regelmäßig ins Wiener Karate-Center trainieren gegangen, hat Hunt mit dem Chelsea FC Kopfballtraining geübt, hat Jody Scheckter in seinem Monte-Carlo-Wohnzimmer Gewichte und Hanteln stehen (die er auch tagsüber nie wegräumt). Und Hans Stucks spezielle Übung: mittels Kopfband ein Fünf-Kilo-Gewicht 45mal hochheben — fast täglich.
Jones spricht als erster davon, „wie mir die Schwerkraft die Beine von den Pedalen wegreißt", ist aber auch bei weitem der Schnellste. „In ganz Silverstone gibt es nur zwei Männer, die wirklich happy sind", grinst Formel-1-Frührentner James Hunt, arbeitslos in der Box: „Mich und Alan Jones. Mich, weil ich nicht mehr fahren muß, Jones, weil er alle demoliert. Aber dem ganzen Rest muß scheußlich zumute sein."
Dem offiziellen Rundenrekord (James Hunt) fliegt Jones gleich um 7,72 Sekunden davon, dem Nächstbesten, Jabouille, um 1,39. Entwicklung der Pole-Position: Jabouille 1:14,84, Piquet 1:14,44, Jones 1:14,10, Piquet 1:13,85, Jones 1:13,31, Jabouille 1:13,27, Jones 1:12,93, Jones 1:11,88 = 235 km/h Schnitt!

Beim Lauda-Auto ist wieder Bastelstunde, Ecclestone scharwenzelt um Piquet herum wie um eine Primaballerina. Erst als Nelsons Motor k. o. geht, hat Lauda wieder „full-Service".

Regazzoni reitet aus, weil vor ihm Tambay plötzlich auf die Bremse steigt, Jabouille hat Motorschaden, Arnoux geht das Benzin aus, Scheckter und Villeneuve jammern: „Keine Bodenhaftung, unsere Autos schwimmen durch die Kurven", und Laffite taucht im Mittelfeld unter. Andretti steigt nach drei Ausfällen, am Lotus 80 verzweifelnd, wieder ins Vorjahrs-Auto; gleichfalls glücklos.

Jones um 1,39 voran: „Das sind nicht nur die Qualifikations-Reifen", lächelt Alan, „wir haben uns auch einen Supertrick am Auto einfallen lassen." Williams befiehlt strengste Schweigepflicht, ruft aber Regazzoni zu: „Clay, morgen kriegst du das gleiche." Die Einheit Motor-Getriebe-Halbachsen wird an der Unterseite total verkleidet — die Luft kann jetzt optimal durchziehen. Und prompt überholt Regazzoni Lauda, der PS verliert, dem der Auspuff zerbröckelt. Jones kann nicht mehr zusetzen: Auch er klagt über PS-Schwund, Ersatzmotor ist keiner da, der Rennmotor kommt erst am Vorabend der Schlacht: „Warum muß Cosworth auch jedes Jahr ausgerechnet zur englischen Grand-Prix-Zeit Werksferien machen?" Jones ist nicht zuversichtlich: Zu unheimlich scheint ihm sein Vorsprung.

Jones/Jabouille, Piquet/Regazzoni, Arnoux/Lauda: Auf den Mann am vierten Startplatz wettet Dieter Stappert (heute BMW-Rennleiter-Assistent) schnell noch ein paar hundert Pfund. Kurs: 12:1. „Aber gleich nach mir haben sie die Tafel abgewischt, die Odds auf 8:1 gesenkt."

Der englische Grand Prix beginnt wie erwartet: Jones vor Jabouille und Regazzoni — dahinter verstümmelt Piquet sein Auto in der Schikane. Lauda kämpft wieder mit Laffite, wieder um Platz 8, dann ereilt ihn der am meisten gefürchtete Silverstone-Defekt: Keine Bremswirkung. Kochende Bremsflüssigkeit, schäumende Luftblasen, „und bei 250 Grad kannst nur noch aussteigen und sagen: ‚Ciao, good by'", sagt Cuoghi — dabei sollen die „Concorde"-Bremsen bis zu 700 Grad aushalten. Niki verläßt die Silverstone-Arena fast sprachlos.

Jabouille schlittert in einen Teufelskreis: Irrtümlich zu weiche Reifen — chaotischer Boxenstop — rechter Bugspoiler von einem Kabel abgerissen — neuerlicher Boxenstop; und dann das Ende. Damit: erstmals Doppelführung für Williams, Jones vor Regazzoni, 22 Sekunden Abstand. In Clays Rückspiegel muckt kurz einmal Arnoux auf, kommt auf 2,2 Sekunden heran, aber sein Tempoforcing verbraucht zu viel Bremsen — außerdem hat Arnoux zu harte Pneus.
Alles scheint gelaufen. Und dann, kurz nach Halbzeit (38. Runde) die dramatische Wende: Jones steigt aus einem rauchenden Auto — ein Dichtungsring der Wasserpumpe ist gebrochen. Fieberhaft kramt die Williams-Box nach einem „Langsamer-Signal" für Regazzoni, aber der alte Rennfuchs weiß, was zu tun ist. „Der Rest ist einfach. Ich nütz den Williams nur zu 80 Prozent aus, bin gerollt wie ein Taxichauffeur." Clay hat im Cockpit sogar Zeit, Gedankenfetzen zu ordnen: „Bei Ferrari hatte ich jahrelang gute Motoren, phantastische Getriebe, aber oft ein schwer fahrbares Chassis. Der Williams jedoch ist ein Superauto!" Regazzoni, Abenteurer, Frauenheld, Ex-Ferrari-Werkpilot, deklassiert alle: Arnoux, Jarier, Watson (im neuen M-29) und Scheckter — der trotz völlig zerschlissener Reifen draußen im Kampfgewitter bleibt, lange Dritter ist, bis ihn im Finish Jarier und Watson überrollen. Tapfer kämpft Jody um wenigstens zwei WM-Punkte — ohnehin (wie in Jarama) — Streichergebnis. Villeneuve kann nicht anders als Reifen wechseln, später bleibt der Benzindruck weg: Pausenlos wird der Kopf des Piloten vor- und zurückgeworfen — bis Gilles mit stotterndem Motor aufgibt. Den Boxenstop schiebt Michelin auf Ferrari („Wir haben nur sicherheitshalber alle Reifen umgesteckt"), das Ferrari-Management entblödet sich nicht, auf die Telex-Anfrage eines englischen Rennmagazins: „Warum der Boxenstop von Villeneuve?" zu antworten: „Dazu war eigentlich kein Grund . . ."
Die letzten Runden sind für Regazzoni eine Triumphfahrt: „Alles ist so glatt und mühelos, fast zu leicht. Schau mich an: Ich schwitz ja nicht einmal." Regazzoni gewinnt nach drei Jahren (Long Beach 1976) wieder einen Grand Prix — ein weltweit populärer Sieger. 24,28 Sekunden später kommt Arnoux, unbeachtet, überrundet bereits Jarier. Die zwei Franzosen verspritzen auf dem Siegespodest wie verrückt

literweise Champagner, Sieger Regazzoni aber trinkt nur Ananas-Saft. Das alkoholfreie Bild kommt in alle Zeitungen. „Clay mit dem Fruchtsaft“, sagen die arabischen Abstinenzler tags darauf zu Frank Williams, „hat uns mehr begeistert als der Sieg.“ Regazzonis fünfter Sieg, aber Williams' erster. Frank muß mit Alan trauern, mit Clay feiern — aber Konstrukteur Patrick Head bleibt ungewöhnlich sachlich: Es wäre das Rennen von Alan Jones gewesen.
„Clay wird 40, ich bin 34“, lächelt Jacky Ickx, der Sechste, der erstmals seit Barcelona 1975 wieder einen WM-Punkt ergattert hat. „Also habe ich Hoffnung, daß ich in den nächsten sechs Jahren auch wieder einen Grand Prix gewinn.“
Regazzoni fliegt noch am Samstagabend mit dem Hubschrauber nach Monte Carlo. „Die ganze Woche wird gefeiert, überall wartet Champagner, immer frag ich nach der Rechnung — aber erst am Donnerstag lassen mich die Oberkellner zahlen.“ Clay spürt: „Die Leute freuen sich mehr als früher über die Ferrari-Siege.“
Beweis: Berge von Glückwünschen. Was Regazzoni am meisten freut: ein Gratulationstelegramm von Enzo Ferrari. Was ihn am meisten fuchst: Kein einziges Telegramm aus dem Tessin — nur neuerliche Strafmandate.

HOCKENHEIM: ENDLICH ALAN JONES

Williams und Renault, die schnellsten Autos des Sommers, neutralisieren quasi die WM-Titeljagd. Ing. Forghieri (Ferrari), bevor die Formel 1 Turbo-französisch bzw. arabisch wird: „6 Siege sind unser Saisonziel, 7 gut, 8 sehr gut, 9 fantastisch.“ Er hält immer noch bei 4. Die Probleme in Dijon und Silverstone hat er vorausgesagt: Hockenheim wird Ferrari zu schnell. Jody Scheckter über den hektischen, von Zweifeln geplagten Ferrari-Sommer: „Irgendwie war der Grip plötzlich weg, die Bodenhaftung.“ Forghieri: „Nicht wir sind schlechter geworden, sondern die Konkurrenz hat aufgeholt.“ Und Manager Brittan: „Die WM-Punkte, die Jody im Sommer für Ferrari holte, hätte kein anderer erkämpft.“ Scheckter fürchtet für die WM weniger Villeneuve als Laffite, „und der ist gefährlich genug.“

Laffite dagegen kann — immer noch — die erste Saisonhälfte nicht vergessen: „Patrick hat mir Punkte weggenommen und jetzt, wo er mir helfen hätte sollen, gegen die Giganten Fiat und Ferrari, ist er nicht da.“ Jacky Ickx kann nicht viel für Laffite tun, „weil ich nie mehr als einen halben Satz Qualifikationsreifen krieg. Ich bin hinten in der Startaufstellung festgenagelt. Bis ich mich halbwegs nach vorn kämpf, sind 30 Runden weg. Und 30 Sekunden.“ Überall — auch beim deutschen Grand Prix.

Hockenheim: Fröhliche Menschen; guter Platz für Spargelesser; nette Weinlokale in Heidelberg; der Luxus, über die Autobahn ins Motodrom zu fahren, vor allem aber über die Rennstrecke (Ostkurve) wieder abzuhauen; Racing-Souvenir-Buden ohne Ende; Fußball-Ländermatch-Atmosphäre im Motodrom (mit den steil aufragenden Tribünen); draußen „die langen Geraden und dieser unheimliche Wald“ (so Jimmy Clarks Vater), unterbrochen durch zwei Schikanen. Bremskurven, sagen die Deutschen.

Hockenheim beginnt wie viele Große Preise (mit den im Rennleiterbüro geldzählenden „Eigenveranstaltern“ Ecclestone/Mossley), aber nicht wie alle: Mit der „Playboy-Grand-Prix-Party“ in der Frankfurter Flughafen-Disco. Dort handelt jeder nach seinem Naturell. Als erster kommt Wilson Fittipaldi — schon einen Tag vorher. Als letzter geht Mario Andretti — um sechs Uhr früh. Am fleißigsten tanzt Regazzoni — mit mehreren Damen gleichzeitig. Die Rennfahrer-Party ist ein zuckendes, lärmendes, flimmerndes Vorspiel zum Millionengeschäft Grand Prix. Stars wie Andretti bekommen sogar einen 6.9-Liter-Mercedes mit Telefon nach Brüssel vorausgeschickt. Ein schüchterner Watson, der mit seinem irischen Vater anreist, kneift: „Da trau ich mich nicht rein.“ Ein dennoch fast komplettes Formel-1-Feld, garniert durch 150 Fotomodelle, über 1000 Prominente und Adabeis, verputzt ein 20 Meter langes Buffet. Und 1000 Flaschen Champagner.

Der Katzenjammer bleibt aus — auch für Hans Joachim Stuck und das deutsche ATS-Team; obwohl man oft genug Grund zum Jammer hat.

Die Allianz Stuck-ATS beginnt mit einem kleinen Feuer in Buenos Aires (gebrochenes Titangelenk, abgerissene Benzinleitung) und endet mit einem Erfolg, an den kaum mehr jemand glaubt: WM-Punkte in Watkins Glen. Der Schweizer Reporter Roger Benoit hat mit Schmid eine saisonlange 4000-Dollar-Wette (später erhöht auf 10.000) laufen: daß der ATS nie unter die ersten sechs kommt. Stuck rauft zwar liebend gern im Clinch, aber das Problem sind 1979 weniger Karambolagen, über die „Strietzel“ zumeist sagt: „Zu 60 . . . 70 . . . 80 . . . 90 Prozent meine Schuld“, sondern viel eher Defekte. Wegbrechende Räder (Monaco), einmal sogar ein gebrochenes Lenkrad (Brasilien). Englische Auguren fürchten lange Zeit: „In diesem ATS wird sich einmal einer böse weh tun.“ Stuck bleibt unerschüttert: „Wir können nur durchs Fahren lernen, weiterentwickeln, mit Herumstehen wird's nicht besser.“ Und: „Mein Vorbild ist Ronnie Peterson. Der hat sich auch immer in Autos reingesetzt, von denen er wußte, daß sie brechen.“

Stuck, der unbeugsame Optimist. Denn das hätte auch keiner vermutet: Daß seine Ehe mit dem defektanfälligen, wenngleich alle 14 Tage im Windkanal getesteten ATS seine Ehe mit der Lufthansa-Starhosteß Bärbel (beinahe) überdauert. Während sich „Strietzel“ in Zolder mit dem ATS plagte, reichte daheim seine Frau (wegen einer angeblichen südamerikanischen Romanze des Rennfahrers) die Scheidung ein — zumindest stand es so in Riesenschlagzeilen. Ein „Frühstart“, der Bärbel später leid tat, zumal die gleiche Boulevardzeitung zu wissen glaubte: „Selbstmordabsichten von Stuck!“ Doch ausgerechnet da fuhr der Deutsche sein bestes Europarennen: Trotz Reifenwechsels Achter in Zolder. Später einigten sich „Strietzel“ und seine Bärbel auf ein halbes Jahr „Ehe auf Probe“.

Es ging bei ATS nie ohne Krach. Zumeist wegen der Reifen — wie woanders auch. Paradebeispiel: Wie sich Andretti in Kyalami dagegen wehrte, daß sein Lotus-Kollege Reutemann eine Extragarnitur „qualifiers“ bekommt. In Dijon verdiente sich Stuck einen Satz schnelle Pneus, bekam ihn auch, aber Goodyear zog einen Vorderreifen von ATS wieder ab: „Wir brauchen ihn für Brabham.“ Im Tauschweg bekam Stuck einen Reifen mit 400 Gramm Auswuchtstücken. „Je ein Halbkreis. Soviel, daß nicht einmal die Bremszangen griffen“, tobte Schmid und beschloß mit Stuck aus Protest den Rückzug: „Entweder ist das Sport oder Affenzirkus. Wenn Affenzirkus, will ich nichts mehr

damit zu tun haben. Ich hör auf", drohte der Felgenfabrikant mit dem Bahamas-Hotel Arawak. Hoffentlich, keiften die Goodyear-Strategen Leo Mehl und Paul Lauritzen zurück. Und die Karikatur, auf der Schmid für Stuck Holzreifen mit halben Ästen drauf montierte („Sorry, Strietzel, wir kriegen nichts Besseres") wurde viel belacht.
Reden wir vom „schwarzen Gold": Goodyear kostet Entwicklung und Produktion der Formel-1-Rennreifen — eine vertrauliche, richtige Zahl — pro Jahr fünf Millionen Dollar (= 70 Millionen Schilling).
Zur Reifentechnik: Die Idealtemperatur der Rennreifen ist 100 bis 110 Grad Celsius. Die Goodyear-Pneus haben klarerweise eine rundere Oberfläche als die Radialreifen von Michelin, die flacher sind, mit ihrer gesamten Oberfläche am Boden haften, immer aufliegen — wogegen die Goodyear-Reifen durchs Rutschen auf ihre richtige Betriebstemperatur kommen. Daraus zwei logische Folgen: Goodyear ist (Faustregel) bei kaltem Wetter besser — aber Michelin kann sich's (wegen der geringeren Reibungshitze) erlauben, oft weicheren Gummi in den Reifenkrieg zu werfen. Die Vergrößerung der Goodyear-Reifenumfänge (vorn 23, hinten 28 Zoll) ist die Antwort auf Michelin — und die leise Drohung, 1980 nur noch zwei, drei Spitzenteams (Ligier, Williams, vielleicht noch Lotus) optimal auszurüsten, die Reaktion auf die Ferrari- und Renault-Erfolge. Und auf Michelins Griff nach dem ersten WM-Titel.
Am „Reifenkrieg" von Dijon entzündet sich der letzte, entscheidende Krach zwischen Günther Schmid und seinem Teammanager Fred Opert (weil dieser den Reifen zurückgab). Kein anderer Formel-1-Boß verheizt soviele Teammanager und Konstrukteure wie Schmid, noch dazu zu so horrenden Jahresgagen wie 100.000 DM, aber Opert — der immer aussieht, als wäre er direkt aus der „Muppets"-Show gesprungen und der auch jedermann genauso angrinst — war längst fällig. „Ein Abenteurer, der nur schön am Strand liegen will, keine gerade Linie hat, jeden Monat selbstständig Gehälter erhöht und seine Privatrechnungen mit ATS-Kreditkarten bezahlt", schimpft ihm Schmid nach, „wir sehen uns beim Anwalt wieder!"
Den Scherbenhaufen kittete zum Glück — nach Hockenheim — der neue Teammanager: Vic Elford, Ex-Rennfahrer, der 1969 auf dem Nürburgring seinen letzten Grand Prix bestritten hatte („vor mir

flogen Andretti die Räder weg, ich stürzte über die Trümmer und brach mir die Schulter"), 1973 als GT-Sieger in Le Mans abgetreten war und danach ein Import-Export-Business in Brüssel aufzog, „aber das ist mir fad geworden." Mit Elford ging's bei ATS endlich aufwärts: „Weil er das, was ich sagen will, für unseren Konstrukteur Nigel Stroud perfekt umsetzen kann", freut sich Stuck.

Der lange Bayer ist — durch leidenschaftliche Formel-2-Schlachten — der Liebling der Fans im Motodrom. Aber näher an Hockenheim lebt Keke Rosberg, der „fliegende Finne": zweite Heimat Heidelberg. „Kurt Bergmann war gut zu mir", schwärmt er heute noch von seinem Wiener Formel-Vau-Chef, aber bei Walter Wolf geht's Rosberg als Hunt-Nachfolger auch nicht schlecht. Walter sagt zwar: „Ich zahl ihm 1500 Dollar pro Rennen", aber Keke protestiert: „Ich verdien viel weniger". Der Finne schaut aufs Geld. Darum fährt er 1979 — nach drei Jahren mit deutscher Lizenz — wieder mit finnischer Startgenehmigung: „Die ONS will von mir 333 DM Lizenzgebühr, warum soll ich's zahlen, wenn sie mir Finnland umsonst schickt?" Rosberg hat nicht die fast allen Finnen eigene brennende Liebe zum Skilanglauf („sieben Monate Militärdienst auf Skiern waren lang genug, aber Schnee ist schön") — wohl aber deren Hang zur Einsamkeit. Er leidet unter der wöchentlichen Hetzjagd über den Atlantik (CanAm-Serie) und wieder zurück (Formel 1), die 1972 Stewart Magengeschwüre eingetragen hat. „Die ewigen Zeitumstellungen machen mich mürrisch und gereizt." Und darum träumt Rosberg immer öfter von einer stillen Insel im Mittelmeer. Gibt's einen größeren Gegensatz als zum randvoll gefüllten Motodrom von Hockenheim?

Einer fehlt: Jean-Pierre Jarier, plötzlich an Gelbsucht erkrankt. Für ihn setzt Tyrrell den Engländer Geoff Lees ins Cockpit. Manager: Peter Gethin, der „schnellste Monza-Sieger aller Zeiten" (1971), „aber sag besser: der Blödeste. Welcher normale Mensch fährt 242 km/h Siegerschnitt?".

In Hockenheim haben die Renault-Turbos auf der Geraden 30 km/h Geschwindigkeitsüberschuß — Jabouille und Arnoux können es sich sogar leisten, die Heckflügel steil anzuwinkeln (zwecks mehr Bodendruck im Innenfeld). Die Jabouille-Rakete zerbombt Freitag alle: 1,46 Sekunden Vorsprung auf Jones. Die gleiche Differenz, die vom

2. bis zum 12. (Villeneuve) die Weltklasse aufsplittert. Die 30 Grad Hitze stören nicht: „Seit Dijon haben wir keine thermischen Probleme mehr."
Die wüste Tempobolzerei (bei großen Sturzräumen) frißt Opfer. Jabouille reitet zweimal aus, Piquet dreht sich in der Zielkurve (seine Unfälle häufen sich). Und beide Ferrari-Piloten, nervös und irritiert, fliegen von der Piste. Villeneuve schlittert seitlich raus, „weil die Reifen nicht griffen." Scheckter zerknittert die Schnauze. Nur 10. und 12. Platz für die roten Renner aus Marnello, dafür Auferstehung für einen anderen „vergessenen WM-Favoriten", Laffite (mit neuen Bolzen an der Vorderradaufhängung, jetzt härterer Wagenfront) ist Dritter.
Im Abschlußtraining bleibt die Reihung gleich, aber Jones schiebt sich um 0,27, Laffite um 0,95 an Jabouille heran. Piquet ist Vierter, Lauda Siebenter. Den Crash des Tages, im hitzeglühenden Motodrom, baut Reutemann: Lauda liegt 100 Meter hinter Carlos, als der Lotus mitten in der Ostkurve, bei 250 km/h, plötzlich wild zu kreiseln anfängt und wie eine Bombe einschlägt. Niki: „Nur Staub und Dreck ... Ich hab nichts gesehen, nur gebremst ... und geschaut, ob Carlos von allein aussteigen kann. Dann bin ich weiter." In den Boxen aber springt Chapman in panischer Eile ins Rennleiterauto, Richtung Unfallkurve. Damit er als erster sehen kann, was gebrochen ist, sagen die Zyniker. „Nichts ist gebrochen. Ich hab den Lotus ganz plötzlich verloren", gibt Reutemann zu. Tief atmet Chapman aus. Peitschenschlag, Schwindel, leichte Gehirnerschütterung: Reutemann dürfte gar nicht starten, erhält aber kein Startverbot.
„Ich fahr so hart ich kann ... und so lang ich kann", kündigt mir Alan Jones an. Der Mann weiß, daß seine ewige Pechserie einmal abreißen muß. Fast logisch, daß Jones die Turbo-Rakete am Start austrickst. Dahinter: Laffite, Scheckter, Regazzoni, Piquet, Lauda. Stucks Heimat-Grand-Prix ist kurz, aber bedrohlich: Eingangs Motodrom, beim Anbremsen kippt das linke Vorderrad weg — „Ich hab mich wahnsinnig geärgert". Die Pfiffe und Buh-Rufe tausender Fans treffen einen unschuldigen Stuck: „Naja, die haben gehofft, sie kriegen ihr Spektakel."
Reutemann erlebt einen 200-km/h-Sturzflug in der Schikane, an dem

er Patrese alle Schuld gibt, nicht seiner angeknacksten Gesundheit: „Mimicha hat schon hohes Fieber, ein böser Virus — und mich hat er am Hockenheim-Wochenende auch schon erwischt." Vorläufig zeigt Carlos minutenlang fuchsteufelswild aufs weggebrochene Lotus-Rad. Zwei Weltmeister auf Fußmarsch an die Boxen (Andretti, Fittipaldi) kondolieren. Ein anderer Weltmeister fährt länger als sonst — Lauda.

Ungeduldig Jabouille, der versucht, Jones in der langsamen Sachs-Kurve auszubremsen — der Bremsfehler reißt die Turbo-Rakete von der Piste, ins Gras, Tete-a-queue, der Motor ist nicht mehr zu starten. Jabouille ist verärgert, aber stets ehrlich. „Sag ruhig: Blockierte Bremsen", schlägt ihm die Propaganda vor, aber Jean-Pierre wehrt ab: „Nein, nein, meine Blödheit."

Weil Regazzoni Laffite und Scheckter überholt, ist das Bild bald das gleiche wie in Silverstone: Zwei Williams, dann lange nichts. Aber eine pikante Aktion: Lauda überholt seinen Ferrari-Nachfolger Villeneuve mühelos, holt sogar auf WM-Leader Scheckter auf, ist Fünfter, in den Punkten — bis blitzartig, ohne Vorwarnung, der Motor platzt. Genau wie bei Piquet — zwei Runden vor Schluß.

Aber plötzlich wird dieser Grand Prix noch spannend: Jones, bereits 23,3 Sekunden vor Regazzoni, wird immer langsamer. „20 Runden vor Schluß: Fehlzündungen in Kurvenausgängen. 15 Runden vor Schluß: ein schleichender Patschen rechts hinten." Erwischt ihn das Pech auch diesmal noch beim Rockzipfel? Seine Rundenschnitte sinken parallel zum Reifendruck: Von 1,2 auf 0,2 Atü. Damit humpelt kein PKW weiter als zur nächsten Tankstelle. Regazzoni kommt immer näher. Jones: „Ich hab keine Ahnung: Läßt mich Clay gewinnen oder läßt er mich nicht?" Regazzoni weiß, „daß Alan ein Problem haben muß", lauert aber vergeblich auf Boxensignale — freie Fahrt wird ihm nie gezeigt. Freundlich von Regazzoni, nachher zu sagen: „Mir ist der Benzindruck weggeblieben."

Das spannende Finish ist keine Show. Jones schleicht förmlich dem Sieg entgegen und Regazzoni, der Temposünder und Rechtsüberholer, bleibt brav hinter ihm, beherzigt den Nichtangriffspakt. Clay akzeptiert die Niederlage, und Jones hat seine erste Sternstunde im Williams. 2,9 Sekunden trennen die beiden Saudia-Bomber auf dem

Zielstrich, abgeschlagen kommen Laffite, Scheckter, Watson und Mass.
„Endlich! Aber mir ist mein ganzes Leben nichts leicht gefallen. Ich hab mir alles erkämpfen müssen“, sagt Jones. Keiner neidet ihm den Sieg. Und das Williams-Team schwört: „Wir gewinnen weiter!“ Aber selbst wenn die „Propheten-Autos aus dem Morgenland“ bis ans Saisonende jedes Rennen gewinnen: Weltmeister kann weder Jones noch Regazzoni werden: Der Schweizer kann (auf Grund der schwachen ersten Saisonhälfte maximal 42 Punkte totalisieren, Jones höchstens 40. Aber Scheckter, der seine Punkte wie ein Eichhörnchen zusammenklaubt, hat schon 35. „Eine Shit-Regel von Mr. Ecclestone“, grollen Jones und Regazzoni, doch Williams bremst seine Piloten: „Regt euch nicht auf: Mein Plan ist, erst 1980 die Weltmeisterschaft zu gewinnen . . .“
Freilich, in stillen Stunden gibt Williams zu: „Ich hab mitgekriegt, wie Tyrrell und Chapman fluchten, als Walter Wolf ihnen die Siege wegschnappte. Jetzt bin's ich. Ich weiß, wie allen zu Mute ist. Aber auch, daß ich in vier Monaten wieder unten sein kann — wenn uns ein anderer überrollt. Weiß der Teufel, vielleicht ATS?“ Die Gefahr ist klein.
Immerhin, Stuck feiert Alan bis Mitternacht im Fahrerlager: Grillparty bei ATS. „Ich war der erste draußen, du der erste im Ziel.“ Und das bleibt vorläufig so. Andere Frage: Bleibt Lauda bei Brabham?

ZELTWEG: DAS BRABHAM-RÄTSEL

Ecclestone und Lauda: Das wird im Sommer der klassische „Clash of Personalities“, der Aufeinanderprall zweier Persönlichkeiten, die soviel miteinander wollten — und jetzt enttäuscht sind. Bernie: hunderte Gesichter, tausende Geschäfte. Wofür die Engländer ein schönes Sprichwort kennen: „Making his honest penny“, auf gut Deutsch: Er rennt jedem nackerten Schilling nach. Charles Bernhard Ecclestone (wie er wirklich heißt) scheint eine erotische Beziehung zum Geldverdienen zu haben — tatsächlich fasziniert den kleinen „Napoleon“ aber eher die Macht, die vom Geldbesitz ausgeht. Man

kann ihn sich gut vorstellen, „Eierstein", wie ein Krake an seinen drei Telefonen hängend, andere zappelnlassend.
Sein Sternzeichen ist Skorpion, und in einem hebräischen Buch hat er sein vorgezeichnetes Schicksal nachgeschlagen: Macht und Geld. Seine erste Frau ist bei Bernies raketenhaftem Aufstieg nicht mitgekommen, seine jetzige Lebensgefährtin, eine asiatische Schönheit, vor zehn Jahren ihrem US-Fotomillionär durchgebrannt — mit Bernie. Lange davor, gleich nach dem Krieg, fuhr Ecclestone Motorradrennen, muß also etwa 1930 geboren worden sein, legt aber großen Wert auf folgendes Geburtsjahr: 1937. Vielleicht, weil da die Sterne günstiger standen.
Ecclestone wird immer als „Pate" des Grand-Prix-Zirkus bezeichnet, von mißliebigen als „Mafia-Boß". In Wahrheit ist seine Familie der Formel-1-Zirkus, und dort bin ich mir nicht sicher, ob er nicht versucht, alle auszutricksen — „auch wenn seine Schecks mit unheimlicher Pünktlichkeit jeden Montagmorgen eintreffen" (sagen Teamchefs). Nur manchmal jammert er: „Sieben Jahre meines Lebens hab ich für die FOCA aufgewendet, mehr als für jedes andere Geschäft. Und noch immer klappt nicht alles perfekt." An „Eiersteins" Seite steht, als FOCA-Anwalt, der englische Faschistenführersohn Max Mosley. Die „unheilige Allianz Ecclestone-Mosley" (so der langjährige Motorsportfunktionär Martin Pfundner) hat schon drei Große Preise aufgekauft, um sie in Eigenregie zu veranstalten (Brasilien, bis 17 Millionen S, Spanien, Deutschland), aber Bernie korrigiert: „Wir kaufen nichts. Wir übernehmen nur das kommerzielle Risiko."
Von den anderen GP-Organisatoren verlangt Ecclestone von Jahr zu Jahr mehr Geld, von 1978 auf 1979 aber nicht: „Zahlt das gleiche, aber gebt mir die Fernsehrechte." Alle geben — die Österreichring-GmbH verkauft die Rechte aber doppelt: Einmal an Bernie, einmal an den ORF (dessen gültiger Vertrag zu spät gekündigt wird). Bernies Fernsehspiele werden schon längst mißtrauisch beäugt. Von den Piloten, die fragen: „Wohin kommen die TV-Gelder, wer steckt sie ein?" Bernie sagt, er habe 6 Millionen S für einen Ü-Wagen angezahlt, dazu kaufte er noch sechs Kameras, „und wenn ihr mir zuerst beim Vorfinanzieren helft, beteilig ich euch gern an den Einnahmen". Worauf die Stars sehr schnell den Retourgang einlegen.

Inzwischen verschachert Bernie seine TV-Rechte weiter, für Argentinien zum Beispiel für 10.000 Dollar an Reutemann, der sie für 20.000 Dollar dem argentinischen TV verkauft — und von der Eurovision will er pro Rennen 65.000 Dollar. Die Komödie wiederholt sich jede zweite Woche: Bernie verlangt besagte Summe, die Eurovision läßt sich nicht erpressen, am Mittwoch vorm Rennen ist fast jede TV-Übertragung abgesagt, was die Sponsoren verbittert, weil sie ja ihre Millionen nicht fürs Heimkino investieren, auch wenn Bernie betont: „Ich laß mich nicht pushen, von niemandem" — und manchmal, wie in Dijon, klingelt Bernie um Mitternacht die TV-Direktoren aus dem Bett: „Also gut, ihr kriegt den Grand Prix für 20.000 Dollar." Wie im berühmten Hazy-Osterwald-Schlager: Also gut, ich verkaufe umsonst und verdiene immer noch die Hälfte.

Pannen passieren 1979 genug. Vom Argentinien-GP (bei dem Lauda den ORF-Preis bei Ecclestone herunterhandelt) gibt es nach Wien nur eine Bild-, aber keine Tonleitung; beim Long-Beach-Rennen auf meinem Übertragungsplatz (im 9. Stock eines Hochhauses) das ganze Rennen hindurch keine Rennautos auf allen Monitoren, sondern den alten Korea-Kriegsfilm „Die Brücken von Toko Ri" usw. Das alte Eurovisionsgesetz, daß „mit Drittpersonen nicht verhandelt wird" (und Ecclestone ist eine) tritt bald in Kraft — und der Fernsehkrieg eskaliert in Österreich, weil sich dort die Sollbruchstelle aufgetan hat: zwei Verträge. Der ORF, als Eurovisionsvorposten, muß die Live-Übertragung platzen lassen, weil Bernie auf seine Überseerechte nicht verzichtet — und auf die Bitte eines Fotoreporters: „Gehn's, Herr Podgorski, stemmen's bitte den Ecclestone einmal in die Höh", lacht keiner von beiden sehr laut. Bernies Lösung: Mit einer Schweizer TV-Company — die er als Regisseur dirigiert — zeichnet er den Österreich-GP auf und überspielt ihn tags darauf nach Südamerika.

Was freilich Europa betrifft, wird Zeltweg für Ecclestone der Wendepunkt im Fernsehkrieg. Ab jetzt diktiert wieder die Eurovision die Spielregeln. Und bei Brabham?

„Früher, bei Ferrari, ist Lauda jede Woche zweimal nach Italien geflogen", stellt Ecclestone fest, „in meiner Fabrik war er die ganzen zwei Jahre bloß zweimal." Im Gegensatz zu Piquet, der täglich

kommt, plaudert, mithilft, überall gern anpackt — aber Nelson wohnt auch nur 4 km von der Brabham-Fabrik, in Chesington, ist ehrgeizig, hungrig nach Erfolg. Situationen ändern sich. Früher, da waren im Haus Lauda die letzten zwei Stunden vorm Abflug zum Grand Prix heilig, jedes laute Wort verboten, der Hausherr ging leise herum, Arme ausgebreitet, seine typischen Propellerbewegungen; zumeist telefonierte er noch mit Forghieri. Dann, nach der Ankunft: sofort zur Strecke, erst später ins Hotel, dort Abendessen mit Forghieri. Und jeden Tag nach dem Training: Zwei Stunden im Zimmer eingeschlossen, allein mit den Trainingstabellen. Lauda hat sein Auto geistig total durchgedacht, mit sechstem Sinn überlegt, was brechen könnte — und dann mit Forghieri und Cuoghi geredet.

Das war früher. Aber (gesamthaft) 115 Grand Prix, 17 Siege, zwei WM-Titel geben eine Menge Lockerheit — das Haus, die Fluglinie, die Marlene, den Lucas sollte man da nicht ins Spiel bringen. Ecclestone sagt: „Ich versteh's ja: Seit Jahren immer die gleichen Rennstrecken, der gleiche Zirkus, es wird langweilig, man ist saturiert. Aber ich geb Niki keine Schuld: das Beste, das er tun kann, ist seine Zukunft aufzubauen, seine Airline — den er lebt nach der Rennerei ja noch lang." Aber unter der „Lauda-Air" hat doch Nikis Einsatz im Rennwagen nicht gelitten? „Ich weiß nicht . . ."

Seit Lucas da ist, kommt Marlene Lauda zu keinem Rennen mehr, wartet aber nach jedem Training ungeduldig auf den erlösenden Telefonanruf: Niki auf Platz x, nichts passiert. Als sie letztmals in Monza war, zündete sie in der Box gedankenverloren eine Zigarette an. Der Aufpasser befiehlt: „Rauchverbot, sofort ausdrücken." Marlene entschuldigt sich. Nach ein paar Minuten ist er wieder da, zehnmal so freundlich: „Scusi, Signora, hab nicht gewußt, daß Sie Frau Lauda sind. Natürlich dürfen Sie rauchen." Jetzt regt sich in Marlene der Gerechtigkeitssinn: Sie beschimpft den Italiener: „Ich hab Sie geachtet, als Mann mit Prinzipien. Jetzt weiß ich: Sie verdienen keinen Respekt."

Und was macht Marlene zuhause, während Niki Rennen fährt? „Ganz einfach", grinst Niki, „meine Frau demoliert Küchenkasteln. Als ich nach der Monte-Carlo-Karambolage mit Pironi heimkam, waren in der Küche ein Kastl und die Tür komplett abgerissen. Sind da

die Hunde angerannt? hab ich Marlene gefragt. Nein, sagt sie, das hab ich zusammengetreten, vor Wut, nachdem ich den Unfall im Fernsehen gesehen hab ...“
Im Lauda-Haushalt passiert täglich Aufregendes. Einmal fällt der Hund „Baghira“ die von Marlene so heißgeliebte Ziege „Clementine“ an, beißt sie in den Hals — erst Hausherr Lauda kann den Hund wegreißen. Worauf Marlene die zerzauste Geiß so leidtut, daß sie „Clementine“ in den Range-Rover steckt und mit ihr 50 km fährt, bis zu einem Ziegenbock, „damit die Clementine auch eine Freud hat“. Die Geiß wird aus-, bald jedoch wieder aufgeladen, weil die Aktion schiefläuft: Der Ziegenbock wollte nicht.
Einmal, als Hans Klettner im Lauda-Haus gerade ein Ö-3-Interview aufnimmt, bellt der Hund. Sofort schaltet der Radiomann das Gerät aus: „Jessas na, jetzt müssen wir neu anfangen.“ Bis ihn Niki überzeugt: „Laß den Baghira doch bellen. Klingt viel mehr live. Die Leut' wollen das.“ Klettner akzeptiert: „Hast recht“, schaltet wieder ein und läuft dem Baghira mit dem Mikrofon durchs ganze Haus nach. Aber der Hund bellt nicht mehr.
„Weihnachtsgeschenke? Der Hund kriegt a Wurscht, die Frau a Bussl“, hat Niki immer unterspielt, als gäb's für ihn keine Feste. Weihnachten 1978 hat er für die Brabham-Mechaniker 20 sündteure Cartier-Feuerzeuge gekauft. Niemand darf sagen, das Team sei ihm wurscht.
Niki war sich klar darüber, „daß ich im ersten Brabham-Jahr noch nicht Weltmeister werden kann, bestenfalls Zweiter oder Dritter“ (er wurde WM-Vierter). 1979 war nicht unbedingt Siegzwang da, aber gewiß mehr Druck. Stewart prophezeite: „Niki ist technisch so gut, daß er aus dem BT 48 noch ein Siegerauto macht!“ Auch wenn Lauda Jackies Kritik oft ablehnt — hören wir Stewarts Meinung über das Brabham-Team: „Es arbeitet nicht in die richtige Richtung, kommt mir nicht ganz kompakt vor. Ecclestone hat zu viele andere Dinge im Kopf — Herbie Blash ist gut, aber kein Chapman oder Tyrrell — Gordon Murray ist ein sehr guter Designer, aber Team-Manager ist nicht seine Aufgabe. Also frag ich: Wer ist eigentlich der Team-Manager von Brabham? Und der Mann, der dem Team seinen Namen gab (Jack Brabham) rechnet mir vor: „1970 hatten wir ein Jahres-

budget von 150.000 Pfund und 25 Leute für alles, auch Formel 2 und Formel 3 — aber Bernie hat heute 100 Mann nur für die Formel 1!"". Brabham war einer der allerersten fliegenden Rennfahrer.
Lauda und die Fliegerei ... Schon 1970 hat mir Niki anvertraut: „Meine Eltern nehmen mich erst voll, wenn ich nicht mehr auf der Sportseite der Presse stehe, sondern im Wirtschaftsteil." Das passiert, als er für 5 Millionen S die Hinteregger-Lizenz für ein Cargo-Unternehmen erwirbt („die Leut' reden vielleicht mit mir, weil ich der Lauda bin, aber beim Verhandeln zählt nur noch die Leistung: besseres Service, niedrigere Preise") und 1500 DC-8-Flugstunden sammelt — aber das Cargo-Unternehmen stellt Niki gegen die Passagierfliegerei zurück. Und dort ist er zu jeder Kooperation bereit: Die Schlagzeile vom Fast-Zusammenstoß eines Lauda-Piloten mit einer AUA-Maschine erregt Aufsehen, eine spätere Karambolage beim Service auf dem Boden nicht minder — aber die genaue Untersuchung entlastet den Lauda-Piloten. Niki steckt alle Tief- und Nackenschläge weg, arbeitet mit Besessenheit und Hingabe am Aufbau seiner „Lauda-Air".
Beim Eröffnungsflug Wien—Salzburg bin ich dabei. Kaum ist „Lauda-Air" gelandet, wird Niki dringend ans Telefon geholt: Ob's stimmt, daß seine Maschine abgestürzt sei. Neider sind überall. Lauda aber erkennt Marktlücken (wie Düsseldorf—Klagenfurt oder Wien—Klagenfurt—Venedig) und prescht schonungslos vor. Bald denkt er an eine zweite Fokker, die erste hat ihm die „Erste" durch Kredit finanziert, die Bank, die Lauda mit zwei Millionen S pro Jahr sponsert. Gratis ist das Sonderservice des Werbeagenten Rausch: Er bemalt alle Schuhe, die ihm unterkommen, mit farbenfrohen Ornamenten. Auch Nikis Gehwerkzeuge, nur nicht die Rennschuhe.
Einmal packte Lauda alle Freunde und Bauern der Umgebung, vom Bertl bis zum Wastl, in eine Maschine und flog sie zum belgischen GP. Die vielen Ausfälle hatten ein einziges Gutes: Niki gerät vorm Heimflug nur selten in ein Verkehrschaos. Normal wird der Rückflug — schon Freitag — perfekt organisiert, wie ein Bankraub: Du läßt auftanken, du versorgst das Gepäck, du das Auto. Dr. Helmut Marko, der öfter mitfliegt, grinst verwundert: „Da geht's um jede Minute — und dann fährt von Salzburg erst keiner nach Hause,

dann wird stundenlang in der Salzburger Flughafenkantine getratscht. Wenn ich sag: ‚Ich fahr jetzt weiter nach Graz' — schauen alle nur verständnislos."

Nur eine von tausend Stories des Fliegers Niki Lauda: Abflug vom kleinen Flugplatz Le Castellet, der Kontrollturm redet nicht Englisch, nur Französisch, laut den dort gültigen Regeln sind Funkwechsel auch nicht nötig — also rollt Lauda los zum Start. Plötzlich: Rote Leuchtraketen, das dringlichste Signal, sofortiger Stop. Der Grund? „Sie haben nicht ‚Guten Morgen' gesagt — dafür drehen Sie jetzt um. Start nach der anderen Seite, die Runway wechseln." Lauda bleibt cool: „Geht nicht — Runway on fire!" Wirklich brannte das Gras neben der Startbahn: von der Leuchtrakete.

Wenn er nicht will, kann Lauda extrem stur sein. Beispiel: St. Moritz, ein Luxushotel. Auf einmal kostet das gleiche Zimmer mit Balkon, für das er immer 80 Franken bezahlt hat, 350 Franken. „Es ist schon gemütlich, aber nicht gemütlich genug für 350 Franken am Tag." Also: Auszug von Lauda und Marlene mit Hund, und als beim Wegfahren der Hotelfotograf das Prominentenbild knipsen will, sucht Niki, Kopf gesenkt, plötzlich wichtige Dinge auf dem Fußboden. Luxusrestaurants haßt er sowieso, am liebsten ißt er im „Coffee shop" der Hotels, extrem vorsichtig, „seit ich mich mit einer Melone in Brasilien fast vergiftet hab". Muscheln riskiert er überhaupt nur auf einem Platz: „Chez Martelli" in Le Castellet.

„Die Crew ist eingeladen", ist ein alter Spruch des fliegenden Rennfahrers Lauda, wenn er zum Abendessen Platz nimmt — gern akzeptiert. Für andere Restaurantanlässe hat Lauda mit dem KTM-Verkäufer Bertl ein unfehlbares System ausgetüftelt, wie man sich um's Bezahlen drückt. Man nennt es „Simulieren". Kaum liegt die Gesamtrechnung auf dem Tisch, streiten, ja prügeln sich Niki und Bertl förmlich darum, wer sie bezahlen darf — aber nur so lange, bis einer der Mitesser nach der Rechnung greift. Die bleibt ihm dann auch überlassen ...

Ähnlich taktiert Lauda, wenn's um neue Verträge geht. Die Zeiten, da Rindt und Stewart die Jahresgagen über die 3-Millionen-S-Grenze jagten (1969), da Peterson als erster mehr als 100.000 Pfund (damals, 1973, noch 7 Millionen S) per Anno kassierte, sind vorbei.

ht immer in die gleiche Richtung: Lauda, Piquet und Brabham-
nstrukteur Gordon Murray

Alfa-Chef Ing. Chiti und der ungeliebte V 12. Bei den winterlichen Tests fuhr der BT 48, wie konzipiert, noch ohne Flügel

Für Ecclestone „ein neuer Niki“: Nelson Piquet (6) war die Entdeckung des Jahres

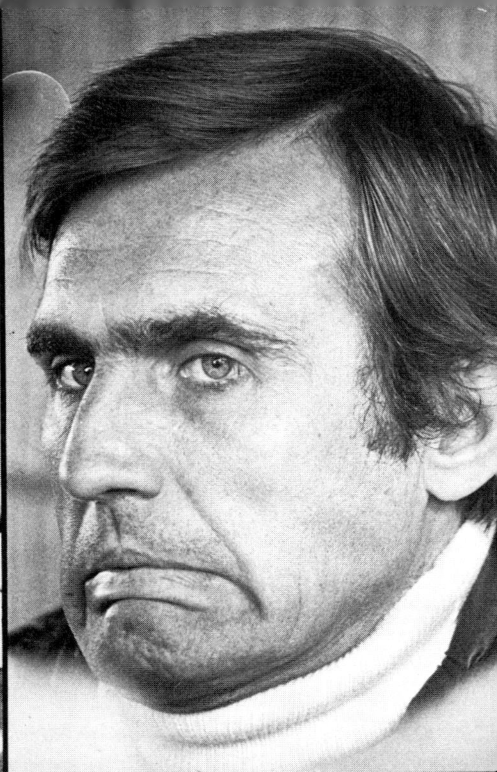

Wenig zum Lachen: Lotus-Team Andretti, Reutemann. Der Weltmeister (1) beim Beschleunigungsduell mit Rosberg

Kein Reifenmangel für Riccardo Patrese. Um die superschnellen „Qualifiers“ gab es Streit genug

Manchmal im Clinch: Hans-Joachim Stuck. Oben mit exotischem ATS-Werbeträger, unten im hautnahen Duell mit Watson

Zwei Formel-1-Greenhorns: Lammers und de Angelis. Zwei Heimkehrer: Rosberg sprang für Hunt ein, Ickx für Depailler

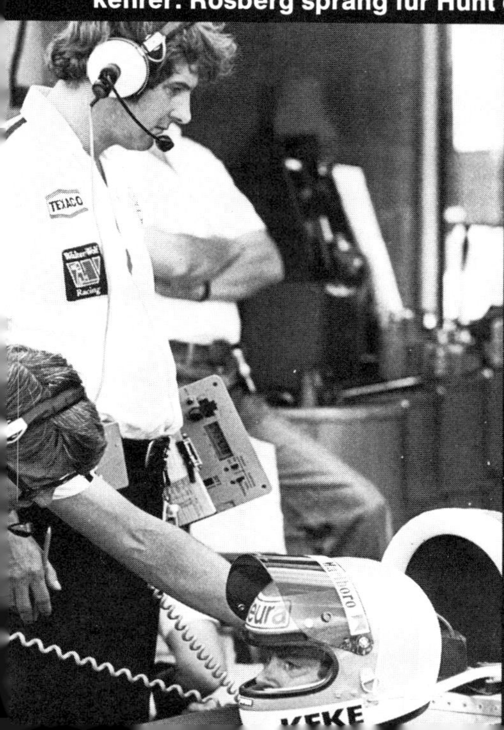

Imola, Niki Lauda: Letztes Rennen, letzter Sieg

„Eine Million Dollar", weiß Helmut Marko, „reicht längst nicht mehr." Bernie flüstert: „Lauda will für eine Vertragsverlängerung zwei Millionen Dollar. Aber für mich ist kein Rennfahrer mehr wert als 150.000 Dollar." „Natürlich", giftet Lauda, „Hauptsache, die Teamchefs verdienen Millionen. Denn sie sind's ja, die soviel riskieren: in der Boxengasse oder wenn sie hinter die Box gehen, zum Wohnmobil, Kaffee trinken."

Gewiß, es gibt andere Exweltmeister, auch andere, die momentan mehr gewinnen, aber Ken Tyrrell zum Beispiel fragt mich: „Wer ist Fittipaldi? Wer kennt Scheckter? Alan Jones? Na also. Aber Lauda ist der bestbekannte Rennfahrer der Welt." Der Mann mit der Kappe ist allen ein Begriff, brutal formuliert: Der Unfall hat seinen Marktwert gesteigert. Jedes Weltprodukt kann seinen Namen an Lauda dranhängen, mit Lauda kriegt Ecclestone (oder wer immer) fast jeden Sponsor. Das hat seinen Preis. Als Gegenwert will Niki nur wenig: „Das gleiche Auto wie der Kollege, keinen technischen Nachteil, den Rest mach ich mir selber."

Bernie aber hat's immer genossen, seine Piloten in gnadenlose Stallduelle zu hetzen. Früher Reutemann und Pace. Oder in Monza 1978 Lauda und Watson. Jetzt ist Piquet sein Liebling. „Oder für wen sonst würde dein Herz schlagen?" fragt Herbie Blash. „Für den Fahrer, der wahrscheinlich weggeht, oder für den, der bleibt?"

„Wennst du gewinnst, hast eine Million Freunde auf der Welt. Wennst verlierst, nur 100, und die auch nur, weil sie glauben, daß du beim nächstenmal wieder gewinnst." Lauda illusionslos im Sommer 1979: „Vielleicht hab ich noch drei Freund', mehr nicht."

Nach Zeltweg kommen 90.000 am Renntag, 145.000 am ganzen Wochenende. Zeltweg: Die Show verlagert sich immer mehr nach Süden: Autokorso in Velden, noble Rennfahrerzimmer im „Schloß Seefels", Ferientage am Wörther See; 1975 bis 1978 immer ein Schlechtwetter-Grand-Prix am Ö-Ring. 1979 hat Goodyear vorgesorgt: Zeitgerechter Regentest in Zeltweg. „Alle Startnummern in einen Hut, einer muß raus auf die Strecke, und das Los habe ich gezogen", lächelt Ickx, einer der „vier Musketiere" von 1970, auch Regazzoni, Andretti, Fittipaldi waren schon bei der WM-Premiere am Start. Zeltweg 1979 beginnt auf nasser Bahn im inoffiziellen ersten Training. Piquet dreht sich in der schlüpfrigen Bosch-Kurve, ein „Streifschuß“ an den Leitplanken. Zwei Michelin-Asse sind vorn: Jabouille vor Villeneuve. Mittags ist das Regengespenst verjagt: blauer Himmel, Sonne, Sommer, auftrocknende Bahn, Rosberg kommt als erster unter 1:40, Jones endet als Schnellster: 1:34,30, Lauda ist Fünfter: Ohne den Favoritendruck früher Ferrari-Jahre recht locker, dabei messerscharf konzentriert. „Noch nie“, seufzt „Eierstein“, „hätt ich mir so gewünscht, daß Niki einen Grand Prix gewinnt.“ Dann hetzen beide zum Hubschrauber.

Die Ferrari-Stars bleiben in Zeltweg: Agip-Abendessen im Werkshotel. Forghieri, trotz Trainingsdebakels bester Laune, fängt zu blödeln an: „Lauda hat mich am Hockenheimring gefragt: ‚Wo soll ich hingehen?‘ Ich schlug ihm vor: ‚Komm zu uns zurück . . .‘ Oh, entschuldige, Jody, ich hab nicht gesehen, daß du auch schon da bist.“ Dazu Scheckter: „Ich hab immer geglaubt, Niki geht zu Renault. Aber jetzt läuft wohl alles auf McLaren hinaus.“ Was hat die Spaghetti-Presse nicht alles in den letzten Wochen geklatscht: „Zerbrochene Liebe zwischen Scheckter und Forghieri: Zusammenbruch der Kommunikationen zwischen den beiden.“ Stimmt nicht. Aber: Unruhe kommt auf, wie immer, wenn die Ferraris in den Ergebnislisten zurückrutschen. Jemand wirft die unvermeidliche Frage nach der Stallorder auf: Standardantwort von Marco Piccinini: „Wir respektieren die Wettkampffähigkeit unserer beiden Piloten!“ Und: „Wenn man Elfter und Zwölfter ist, muß man nicht von Stallorder quatschen.“

Aber noch bleibt der Samstag — der abenteuerlich beginnt. Alan Jones steigt in den Ersatz-FW 07, den er in der Heller-S-Schikane zerstümmelt, „weil er urplötzlich nach links statt rechts abgebogen ist“ — Aufhängungsbruch. Jabouille kollidiert im Bergauf-Stück nach der Glatz-Kurve mit Daly (Tyrrells zweiter Ersatzmann), „weil der Kerl nicht in den Rückspiegel schaut und mich ins Gras drückt“. Laffite ist Schnellster am Vormittag, „aber mir klopft das Herz bis zum Hals: Plötzlich versagen die Bremsen“. Der WM-Aspirant zwingt den Ligier in einen wilden Dreher, schafft es, ihn dadurch abzubremsen: Stillstand, ohne anzuschlagen. Die Inspektion ergibt: Bremshauptzylinder kaputt.

Nachmittags kommt ein Villeneuve-Dreher dazu: In der Texaco-Schikane rutscht der Ferrari in den Dreck. „Meine Schuld — zu schnell — Ölfleck war keiner.“ Dafür unterbricht ein Fittipaldi-Motorplatzer das Abschlußtraining auf eine halbe Stunde — die Bosch-Kurve ist ölüberschwemmt. Als es weitergeht, zettelt Rene Arnoux die Jagd an: Er schlägt die Jones-Freitag-Zeit um 0,21: Erste Pole-Position für Rene! Im Renault-Wohnbus klebt das Foto: Der stämmige Jones faßt dem kleinen Arnoux spaßhalber an die Gurgel. Darunter steht: „Der Frosch hat’s gewagt, den Ochsen zu überspringen.“ Goodyear spielt die letzten Karten aus: Übriggebliebene „Qualifiers“ von Hockenheim. Lauda arbeitet sich mit der eisernen Ration vom 9. auf den 4. Platz vor. Positiv, weil sich Niki gegen sein bitteres Saisonschicksal aufbäumt. Im 11. von 15. Läufen hat sich Niki wieder dorthin zurückgekämpft, wo er schon im 3. und 7. Lauf war. Nikis Fans und Freunde, wie die Ski-Champions Klammer und Grissmann vor allem, gratulieren stürmisch. Niki dämpft die Euphorie: „Erwartet bitte nichts: Am Start bin ich vielleicht Dritter, dann fahren mir alle anderen vor, weil ich mit vollen Tanks 50 kg Gewichtshandicap hab (23 kg der Motor, 30 Liter mehr Benzin). Nach 10 Runden bin ich 10., ab Halbzeit komme ich, wenn’s Auto hält, vielleicht wieder vor, aber Platz 4 wär das Maximum — wie immer.“ Villeneuve gelingt ein Raketenstart aus der dritten Reihe, Lauda ist hinter Jones anfangs Dritter, wird in der 2. Runde aber von Arnoux überholt, in der 3. von Jabouille und Regazzoni, in der 4. von Scheckter, in der 5. von Laffite. Vorn ist Villeneuve nach langer Zeit der erste, der Jones den Auspuff zeigt. Aber nur bis zur 4. Runde. Alan wartet auf den geringsten Fehler des Ferrari-Piloten: Rindt-Kurve nicht ideal erwischt, zu wenig Speed hinauf zur Schikane — „dort brems ich ihn glatt aus“.

Ab jetzt wird Zeltweg die einsame Solo-Show von Alan Jones. Villeneuve muß auch Jabouille vorbeilassen — aber Jean-Pierre (Kupplung am Start durchgebrannt) muß die Gänge durchreißen, bis das Getriebe k. o. geht. Auch die zweite Turbo-Rakete verbläst Villeneuve: Arnoux. Scheckter fightet über eine Stunde mit Laffite, Regazzoni hält mühsam das Tempo, dahinter ein Schauspiel, das Bernie Ecclestone ergötzt: Lauda gegen Piquet.

Nelson ist mit vollen Tanks etwas schneller als Niki, prompt überholt er. Fahren die zwei gegeneinander? „Was sonst", grinst Bernie verschmitzt. „Glaubst du, Niki hätte ihn freiwillig vorbeigelassen?" Lauda sagt später: Gut, daß Piquet da war, „sonst wäre mir fad gewesen". 21. Runde: Lauda überholt Piquet auf der Geraden. „Jetzt erteilt er Piquet Fahrunterricht", schwärmt „Eierstein". „Paß auf: Nelson lernt so viel, so schnell, daß er Niki gleich wieder zurück überholt." Das passiert in der 27. Runde. Fünf Runden später ist Piquet an der Box: faustgroßes Loch im Alfa-Motor, der Pilot schweißüberströmt, erschöpft, mit irr-flackernden Augen — fast wäre er beim Aussteigen hingefallen. Ecclestone kommandiert den Brasilo: „Setz dich ins hinterste Winkel, ruh dich aus, bevor du redest." Die Wahrheit über die Positionswechsel: So knapp am Heck des Vordermanns, ohne Kühlung, wird das Öl sehr heiß — darum löst man sich ab, wie beim Radrennen. Piquet ist weg, und Lauda wird fad: Seine rechtsseitigen Skirts bleiben oben stecken, kaum mehr Bodenhaftung — worauf Pironi immer näher kommt. Kaum ist der Franzose vorbei, bricht Laudas Ölkreislauf zusammen: Kein Öldruck.
Drei Runden vor Schluß stottert Arnoux an die Box zum Nachtanken. 210 Liter — zu wenig? Erst die Demontage im Werk klärt auf: Defekter Schaum im Tank — denn die Mechaniker pumpen noch 45 Liter aus dem Renault. Arnoux rettet gerade noch Platz 6.
So erbt Villeneuve zum zweitenmal Platz 2. „Wenn ich die Chance seh, Weltmeister zu werden, brems ich ganz bestimmt nicht. Verlaß dich drauf!" hat mir Gilles angekündigt. Über eine Stunde, von der 12. bis 52. Runde, sind Villeneuve/Scheckter durch kein anderes Auto getrennt. Aber ganz klar, daß keine Stallbefehle aus der Ferrari-Box kommen. Ein hartes Rennen für Jody: Villeneuve 10 Sekunden vor sich — und Laffite im Nacken. Jacques Einsatz ist sehenswert: „Übersteuern, ein Drehzahlbegrenzer, der zu früh einsetzt und abriegelt — was ich auf der Geraden verlier, kann ich nur in den Kurven wettmachen." Und wie: In der letzten Runde bremst Laffite Scheckter in der Schikane aus. Zweimal Feindberührung, aber Jody gibt ganz wenig nach: „Ich wollte kein Box-Match — bei dem wir nur beide rausfliegen." So wird Laffite Dritter. „Ein Punkt mehr für mich, einer weniger für Jody." Und Jody war „am Limit überall".

Das Fernsehen hat nichts versäumt: Langweiliger Rennverlauf, aber ein netter Kerl als Sieger: Jones 36,05 vor Villeneuve — der überlegenste Sieger 1979! „Bitte keinen Champagner — ein Bier nachher wär mir lieber." Als ihm Balestre teigig die Hand drückt, grinst Alan Jones: „Sorry, Monsieur, daß ich kein Franzose bin."

Die WM 1979 ist noch nicht aus: Villeneuve hat das am Anfang des Rennens bewiesen, Laffite am Ende. Und Scheckter wird von der Spaghetti-Presse vergattert: „Du wurdest im Finish pro Runde um ein Zehntel langsamer, was war schuld?" WM-Favoriten bei Ferrari haben kein leichtes Leben.

Abonnement-Sieger auch nicht. Wer zu oft gewinnt, erregt Neid und macht sich verdächtig. Die Sportkommissäre Ing. Herbert Schmitz (BRD) und Curt Schild (Schweiz) veranlassen: Der Siegerwagen wird aufgemacht! Um zu zeigen, daß wir auch vor Cosworth keine Angst haben. Weniger die Williams-Siegesserie hat den Formel-1-Zirkus stutzig gemacht, mehr noch die Bombenvorsprünge: 22 Sekunden in Zolder, 23,2 in Silverstone, 19 in Hockenheim bis zum Patschen, 40 in Zeltweg (auf Villeneuve). Die Ausliterung des Motors ergibt zweifelsfrei: Die Williams gewinnen korrekt.

Aber das Warum, sorgt bei der Konkurrenz für schlaflose Nächte. „Wäre höchste Zeit, statt uns Fahrern, die Konstrukteure fürstlich zu bezahlen!" schlägt Reutemann vor. „Männer wie Patrick Head kriegen vielleicht 8000 Pfund im Jahr — aber ihre Autos spielen Millionen ein." Technisch ist über den FW-07 zu sagen:

Er ist bildschön, kompakt und relativ unkompliziert. Ein „Bodeneffektauto", das auf Anhieb funktionierte — wie der Ligier JS11, der Tyrrell 009. Geheimwaffen mit Anfangsproblemen sind in der schnellebigen Formel-1-Zeit Rohrkrepierer — wie der BT49, der Lotus 80, der Arows A2. „Wir wußten schon im Juli, daß unser Auto eine Fehlkonstruktion ist", sagt Arrows-Boß Jackie Oliver, „aber wer gibt das schon gern zu?" Und Colin Chapman: „Ich hab mit dem Lotus 80 zu schnell einen zu großen Sprung nach vorn riskiert." Andretti weiß, daß Chapman „immer riesig gewinnt oder riesig verliert", donnert aber: „Alle anderen Konstrukteure müßten Colins Fußspuren küssen, den Boden, auf dem er gegangen ist." Head gesteht, daß er 1977/78 „gar nicht kapiert hat, wie der Flügel-Lotus eigentlich funktioniert." Aber zum FW07 fiel ihm genug ein. Zum Beispiel: Wärmeaustausch. Der Ölkühler führt Hitze ans Wasserkühlsytsem des Motors ab — Erfolg: kleinere Kühler, dadurch weniger Gewicht, günstigere aerodynamische Werte. Aber Villeneuve sagt mir: „Ich glaub nicht, daß die Aerodynamik die große Zauberei am FW07 ist, sondern die Radaufhängung. Erinner dich: Alle Superautos, die der Konkurrenz eine Sekunde abnahmen, hatten neue Aufhängungssysteme: der Lotus 80, der M23." Was Keke Rosberg bestätigt: „Unheimlich, wie der FW07 in die Kurven einlenken kann. Und dazu winkt Jones oft noch freundlich — der einzige von den Spitzenleuten, der sich bedankt, wenn man ihm beim Überrunden Platz macht."

Für Details sind Spione zuständig. In Zeltweg platzt ein Skandal: Der Lotus-Mechaniker Peter Collins verkriecht sich — während der totalen Startaufregung, als alle anderen abgelenkt sind — hinter den Boxen unterm Ersatz-Williams. Mit Bleistift, Notizblock, Maßband, vermutlich sogar Knopflochkamera. Der Grand-Prix-James-Bond wird in flagranti erwischt, hervorgezogen, die Empörung ist riesengroß — scheinheilig oder echt. Acht Tage später ruft Lotus-Assistent Nigel Bennett bei Ensign-Boß Mo Nunn an: „Ich hab die Zeichnungen!" Man hörte schon längst, daß Bennett 1980 zu Ensign überwechselt, und der millionenschwere Hongkong-Chinese Teddy Yip, der Ensign zu einem Drittel sponsert (ein weiteres Drittel: Chuck Jones) hatte etwa gleichzeitig Dieter Quester verraten: „Ich bau für 1980 eine 100prozentig genaue Kopie des Williams!" Jetzt weiß man auch, woher.

Die Story vom „ach so armen Mo Nunn", der mit wenig Geld, aber um so leidenschaftlicher gegen die Millionärs-Rennställe kämpft, klingt gut, ist aber nicht ganz wahr. Ins Formel-1-Geschäft eingestiegen ist er 1973 mit den Rikki-von-Opel-Millionen, und erst heuer hat er auf seinem Landsitz bei Birmingham einen Tennisplatz errichtet und seiner 11jährigen Tochter ein Pony gekauft. Derjenige, der Nunn beim Geldanlegen berät, ist einer seiner Ex-Piloten: Clay Regazzoni, jetzt Williams. Formel-1-Poker mit gezinkten Karten.

ZANDVOORT: LOTUS — EIN JAHR DANACH

Zandvoort: Die Formel-1-Variante von Theodor Storms „Schimmelreiter", wenn Frank Williams, der Jogger, durch die Dünen trabt; deutsche Urlauber, die bei eisigem Wind im Pullover am Strand liegen; genug unter ihnen, die auf Regen hoffen, „damit die Jungs zeigen müssen, was sie können"; orientalisches Basar-Geflüster im „Bouwes Palace"-Hotel, wenn hinter jeder Säule irgendein Teamchef mit irgendeinem Fahrer flüstert (schließlich ist Transferzeit); Profi-Veranstalter, eine Rennstrecke mit Atmosphäre; und ein Formel-1-Pilot, der vis-à-vis von der Polizeistation wohnt: Jan Lammers. „Ich muß nie weit gehen, meine Strafmandate zu bezahlen."

So jung wie Lammers, den die Holländer „Jantje" nennen, hat keiner angefangen (erst 12jährig), so hart aber auch keiner. Rob Slotemaker, der Chef der berühmten „Schleuderschule" von Zandvoort, mußte ihm jede Menge Sitzpolster unterschieben, damit Lammers das Lenkrad erreichen kann. Bald war Jan zum Instruktor avanciert, wurde aber selber hart trainiert. Geld von zuhause hatte er keines („mein Vater ist pensionierter Gießereiarbeiter"), also schuftete er Tag und Nacht bei Slotemaker, mußte sogar Kaffee für die Kunden kochen, die Toiletten putzen, den Boden aufwischen. Aber die spartanische Erziehung lohnte sich. Erstes Tourenwagenrennen, 16jährig: erster Sieg. Erstes Formel-3-Rennen: mehrere Salti, weil er wegen eines idiotischen Zuschauers, der die Piste überquerte, von der Strecke flog. Aber 1978 war Lammers Formel-3-Europameister.

Wie sich dieses kleine, zähe Fliegengewicht 1979 in die Formel 1 einkaufte, war „Lauda-Stil" — und Niki selber sagt: „Würde ich nochmals vor der Situation stehen wie 1968 und das wissen, was ich heute weiß — dann würde ich es nicht mehr machen. Das Risiko bzw. die Möglichkeit, im Rennsport Erfolg zu haben, ist mit jedem anderen Beruf fast nicht zu vergleichen. Das heißt: Die Chancen, zu erreichen, was ich erreicht hab, sind sehr gering. Dazu gehört sehr viel Glück und harte Arbeit. Und von diesem Glück möchte ich nicht nochmals abhängig sein."

Lammers vielleicht auch nicht — auf alle Fälle nahm er einen 200.000-Dollar-Bankkredit auf (für den Slotemaker bürgte): nur die erste

Rate, um sich bei Shadow einzukaufen. „Mein Glück", gesteht „Jantje", „daß mein Formel-1-Vertrag in Holland eine Bomben-Publicity hatte und nach einem Monat ein Sponsor kam: Samson Shag. Die Tabakleute übernahmen nicht nur die 200.000 Dollar, sondern gleich die ganze Sponsorsumme: 750.000 Dollar zahlten sie an Don Nichols."
In seinem ersten Grand-Prix-Jahr hat Lammers (fast) die Lauda-Erfolge von 1972: irgendwo gegen Ende der Startaufstellung und wenn er durchkommt, Zehnter bis Zwölfter. „Aber ich sag immer die Probleme und versuch sie zu lösen", vergleicht Lammers, „während mein Teamkollege de Angelis immer so schnell fährt wie er nur kann."
De Angelis, den sein reicher römischer Vater mit 300.000 Dollar eingekauft hat, erleidet anfangs seine Unfälle eher im Rennen, Lammers eher im Training. Als ihm ein riesengroßer Löwenkopf (Symbol des Sponsors) kunstvoll und farbenfreudig auf die Karosserie gepinselt wird, beten die Shadow-Mechaniker: „Hoffentlich reitet Lammers nicht aus ... der arme Maler!"
Lammers und de Angelis, mit 22 bzw. 21 die Jüngsten im Feld, bewegen mit viel Herz hoffnungslos veraltete, 80 kg übergewichtige (!) Shadow DN9B, bei denen allein eine Hinterradaufhängungs-Modifikation Monate dauert. Aber noch vor Beginn der Europa-Saison hat Don Nichols de Angelis zu einem Drei-Jahres-Vertrag gezwungen, den Elio auch unterschreibt — „weil ich an Lauda denken muß: Auch er hat sich aus einem Drei-Jahres-Vertrag mit BRM rausgewunden, als ihn Ferrari wollte." Niki war clever genug, damals (1977) im Hotel de Paris von Monte Carlo, auf ausländischem Boden, seine Unterschrift auf einen wertlosen Zettel hinzukritzeln — nach englischem Gesetz nicht rechtsgültig. De Angelis war, soviel ich weiß, genauso clever ...
Er hat weiter seinen römischen Vater als Rückendeckung, Lammers aber im Herbst seinen großen Förderer verloren: Slotemaker, 50jährig, starb bei einem Tourenwagenrennen in Zandvoort, auf der Strecke, auf der er jeden Zentimeter kannte — er rutschte bei einem Feuerunfall auf einer Ölspur seitlich in ein Sicherheitsstaffelauto. Lammers war erschüttert: „Die Schleuderschule war Slotemakers ganzer Lebensinhalt. Ich glaube, ich müßte sie übernehmen und weiterführen — also in Zandvoort bleiben."

April-Wetter am ersten Trainingstag, Regen und Sonnenschein durcheinander, und Wirbel wegen der neuen Schikane, die Scheckter konstruiert hat, um die superschnelle Kurve vor dem Tunnel Ost (mit den Gedenksteinen für Piers Courage, 1970, und Roger Williamson, 1973) zu entschärfen. Bislang schossen die Autos dort mit 250 km/h durch: Voll im 5. Gang. Scheckter hat verlangt: „Entweder eine Schikane — oder gar kein Rennen." Dagegen Regazzoni: „Wem eine 250-km/h-Kurve zu schnell ist, der muß zu Hause bleiben." Jetzt fluchen die Rivalen: „Jody kann ja ganz gut rennfahren, aber Architekt ist er keiner." Regazzoni schimpft am lautesten: „Eine Kurve für Selbstmörder, echt gefährlich und kriminell. Du siehst nicht, wo du einlenken mußt. Wenn du mit einem Rad auf den Randstein gerätst, gnade dir Gott. Dann steigst du fünf Meter in die Luft . . ."

Im inoffiziellen Training läßt Lotus aufhorchen: Zweitbeste Zeit für Andretti. Ein Fingerzeig, daß man sich das ganze Jahr in die falsche Richtung verrannt hat: Chassis zu wenig steif — es muß sich im Trockenen verwinden. Zandvoort ist für Lotus ein Jahrestag: Hier hat Lotus (Andretti, von Peterson beschützt) im August 1978 zum letztenmal gewonnen.

Aber „der Mann, der den Wind besiegt" (deutsche Chapman-Lobpreisung) gerät 1979 in kalte Zugluft. Jackie Stewart fiel als erstem auf: „Wenn Colins Autos gewinnen, ist er immer schlank, drahtig, wie eine gespannte Feder. Aber wenn sie verlieren, wird er behäbig, setzt um die Hüften Speck an." Das ist „Mr. Lotus" Anno 1979: etwas dicker, sehr gemütlich. Übrigens nährt er sich gern von Löwenzahnhonig, von der steirischen Soboth — als Kraftspender. Weniger gern hört Chapman momentan von der Ferieninsel Ibiza, auf der er vor 15 Jahren — beim Fliegen verfranst und notgelandet — für lächerliche 2000 Pfund ein Riesengrundstück gekauft hat. Auch der Palast, den Chapman darauf hinstellte, war spottbillig, aber jetzt wird er, wann immer unbenützt, von einem Einbrecher heimgesucht: einem Ibiza-Hippie, einem abgeblitzten Verehrer seiner älteren Tochter.

Im April kauft Chapman einen gebrauchten Hubschrauber (Bell-Jet-Ranger), den er selber fliegt. „Was mich am Leben fasziniert, ist die Technik. Die Politik überlaß ich Bernie." Und doch scheitert Chap-

man 1979 zum Teil an der eigenen Lotus-Politik. Der Typenstreit spaltet das Team. Andretti probierte schon den Lotus 80, als Reutemann noch gar nicht wußte, wie der überhaupt aussieht — und da hatte Colin bereits den „Lotus 81" im Kopf! Die Folgen: Reutemann beharrte auf dem Lotus 79, sein Betreuer Bennett konnte den Lotus 80 „nie ausstehen. Er wird nie funktionieren. Ein Auto zum Wegschmeißen." Am alten Auto wurde nichts mehr weiter entwickelt — das neue warf Probleme auf, „wahrscheinlich zu viel Bodendruck", vermutet Andretti, „aber nicht an den richtigen Punkten". Eine Szene von Dijon: Marios Wagen wird im Morgengrauen abgestimmt, Mario schläft noch, keiner der Mechaniker weiß sein Gewicht. Also wetten die Boys. Einsatz: Je 5 Francs. Der gewinnt, heißt Phil: 67,5 Kilo. Die Kollegen bezichtigen ihn: „Du hast mit Mario halbe-halbe gemacht." Andretti dementiert: „Ich mach nie fifty-fifty, ich bin billig, Boys. Außerdem sag ich immer die Wahrheit — fast immer." Er ist kein „Yes-Man", der zu allem, was Chapman ausheckt, Ja und Amen sagt — aber immer willens, Lösungen zu erarbeiten. Oder handfest zusammenzustreiten.

„Andere Championate der Sportwelt, wie hart immer sie erkämpft sein mögen, sind rasch vergessen. Aber der Formel-1-Weltmeistertitel, der ist immer bei dir!" So heroisch sieht Andretti den Wert seines Titelgewinns von 1978 — ein Jahr später vergilben seine Siege bereits in der Statistik. Rätselhaft, was aus der Mario-Lotus-Show des Vorjahrs geworden ist. Noch in Watkins Glen hat sich Lauda geärgert: „Ich fuhr im Training wie ein Henker, ganz dicht hinter mir Andretti, im luftleeren Raum, so knapp, daß er die Wirkung des Heckflügels verlieren mußte — und trotzdem fuhr er mir mühelos nach. Mit einer Hand!"

Mario hat Niki (anders als Hunt, Laffite oder Reutemann) im Zweikampf immer voll und ganz vertraut: „Ich fühl mich auch bei 300 km/h zehn Zentimeter neben Lauda sicher." Freilich: Als Mario 1978 in Anderstorp nach Laudas „Staubsauger"-Sieg öffentlich gefragt wurde: „Hattest du je in deiner Karriere das Gefühl, daß dich jemand mit gleichen Waffen fair und ordentlich besiegt hat?", erwiderte Mario: „Darauf möcht ich keine Antwort geben."

Ansprechbar ist er, in Sieg oder Niederlage, immer. Kein Zufall, daß ihm die Rennjournalisten zweimal hintereinander den „Prix Orange“ verliehen haben: für den öffentlichkeitsfreudigsten Formel-1-Piloten. Typisch, was der englische Reporter Jeff Hutchinson erlebte. Mario sagte ihm zu, einen seitenlangen Rennreport aus dem Chaos des Argentinien-GP nach New York mitzunehmen — wenn die Story zeitgerecht am Flugplatz ist. Jeff hämmerte wie der Teufel, trieb einen Taxichauffeur auf, wollte aber nicht riskieren, daß die Story im nächsten argentinischen Papierkübel landet. Also: „Hier ist der Boxenausweis, bring ihn von Andretti unterschrieben zurück, sonst gibt's kein Geld.“ Nach Stunden war der Taxifahrer wieder da, mit der Bitte: „Kann ich Andrettis Autogramm behalten — statt dem Geld?“

Vergangenheit und Gegenwart rennen dem Italo-Amerikaner immer nach. Bei einem holländischen Botschaftsempfang redete man vom „Rennfahrer Andreotti“. In Zeltweg zeigte ein Mann aus Triest voll Stolz seinen Paß her: „Mario Andretti“ (wirklich war er ein entfernter Verwandter). Mario hat viel Familiengefühl. Seine Frau Dee-Ann (Typ: italienische Mamma) schiebt er auf amerikanischen Parties stolz vor sich her („my wife“) — und wenn Zeitungsfotos aus Europa kommen, Mario mit irgendwelchen Hasen, lächelt Mrs. Andretti: „Das gehört zum Beruf, zur Publicity.“ Im Sommer kann's passieren, daß Andretti mit Sohn Mike und Neffen Jeff unangemeldet am Salzburgring auftaucht — für einen Tag Go-Kart-Training. Und als er einer deutschen TV-Einladung nicht nachkommen kann, schickt er Mike ins Studio: „Er mag das.“

Daheim in Nazareth, Pennsylvania, trägt jedes Geschirrstück die Initialen „MA“. Und am Finger trägt Andretti immer dicke, leicht protzige Goldringe: NASCAR-Champion, USAC-Held, Indianapolis-Sieger — Beweise von Glanz und Glorie des Flüchtlingskindes aus Montona bei Triest. 1979 streicht Andretti (zum erstenmal seit 1963!) zugunsten der Formel 1 die 500 Meilen von Indianapolis aus seinem Rennkalender — „ein großer Schritt für mich.“ Um so bitterer treffen Mario die Enttäuschungen dieser Saison. Und Zandvoort ist der absolute Tiefpunkt: 17. Trainingsplatz.

Die von Lauda angekündigte Saisonjagd: „Sobald wir den Lotus auf 2, 3 Zehntel nahekommen, oder noch schneller werden, werden die Burschen nervös, dann brechen die Lotus auseinander", erübrigt sich. Die Lotus fahren bald hinterher, schon im Training: „Unsere Qualifikationsreifen", verrät Mario, der unheimlich viel von Pneus versteht, „ziehen fast sofort Blasen. Sie halten nicht einmal 3 Runden. Fast auf allen Strecken." Aber Andretti klagt nicht an: „Ich sag nicht: Goodyear arbeitet gegen Lotus. Aber die Reifen spielen mit den Williams und Ligiers viel besser zusammen." Und beim Lotus? „Da raufen Aerodynamik und Mechanik miteinander. Du siehst, was rauskommt. Das Team probiert ja vieles — aber ohne richtigen Plan." Und, wie gesagt, in zwei Richtungen.

Damit sind wir bei der Rolle, die Carlos Reutemann im Lotus-Team spielt.

„Er spürt keinen Druck: genau die Position, in der er happy ist", glaubt Ecclestone, der den sensiblen „Indianer" so gut wie auswendig kennt. Tatsächlich fuhrwerkt Lotus (wie 1978) praktisch mit zwei getrennten Teams. „Chapman ist hart und streng", sagt mir Carlos nach seinen ersten Lotus-Rennen, „wir reden nicht viel miteinander. Aber du kennst mich ja: Ich red nie viel. Was nötig ist, sag ich zu Nigel Bennett. Ich hab gute Mechaniker, krieg gute Motoren, gute Reifen — also was?" Und sein Verhältnis zu Andretti? Frostig bis nicht existent. „Ach was, jeder macht seinen Job so gut er kann." Der treffendste Vergleich ist von Mario Rall: „Reutemann und Andretti sind wie zwei Schachspieler. Jeder macht seine Züge, geredet wird so wenig wie möglich, dann gehen sie auseinander." Oft genug auch in verschiedene Hotels — wo sich Reutemann auf seinem Zimmer verkriecht und dort still abendißt.

Als die Ferrari gewinnen, die Lotus verlieren, frage ich Carlos: Bereust du deinen Transfer? „Ein bißchen, ja", gibt er zu. „Im Lotus-Team steckt kein Herz." Wir überlegen, wo eins steckt. „Brabham? No. McLaren? Vielleicht . . . aber ich glaub, die Teamchefs sind alle gleich, die schneiden dir die Schnur ab wie einer Marionette — alle mit der gleichen Schere." Und dazu grinst er. Manchmal amüsiert ihn die Formel I. Eine spätere unglückliche Schweizer Schlagzeile über ein Andretti-Interview („Reutemann muß weg") trifft den sensiblen Carlos ins Herz.

Noch eine Scheidung wird ihm angedichtet: Von seiner Frau Mini-

cha — angeblich wegen des Filmstars Elsa Martinelli. Das berüchtigte Magazin „Autosprint“ klatscht: „Carlos' Musterehe wird geschieden.“ Keine Rede davon — Carlos konzentriert sich nur so messerscharf auf seine Lotus-Einsätze, daß er seine Minicha (die gern in Nachtklubs geht) 1979 lieber zu Hause läßt. Einmal fand Reutemann in seinem Hotelfach eine Ansichtskarte aus Frankreich: „Bin Skilaufen mit den Kindern — freu mich, wenn du Montag zurück bist — alles Liebe Minicha.“ Das klingt nicht nach Familiendrama.

Als Carlos einer Tafelrunde im „Sheraton“ von Buenos Aires einen sonnverbrannten, muskulösen Argentinier vorstellt, hätte er nicht sagen müssen: „Mein Bruder, er ist Bauer in Santa Fe.“ Auch Carlos ist, im Grund genommen, „der ganz einfache, liebe, nette Bauernsohn geblieben, der sich über die kleinen Dinge noch freuen kann“, sagt der Tissot-Chef. Grund: Andretti und Chapman tragen ihre goldene Tissot mit Diamanten (Wert: 10.000 Franken) voll Stolz, aber Reutemann hat erschrocken reagiert: „Die ist mir zu teuer, die leg ich gleich in den Tresor.“

Erfahrungsschätze hortet er im Hirn. Reutemann weiß auswendig, welche Motornummer wann wo gewonnen hat — entsprechend kann er jeden Motorwechsel der Konkurrenz deuten: „Bloody good engine, Nr. 289.“

Carlos war nie ein Schlechtwetterpilot. Regen, Wind und Nebel (wie in Zandvoort) tun ihm fast körperlich weh. Nachmittags, auf abgetrockneter Bahn, fährt Regazzoni (auf meiner Lieblings-Rennstrecke) Bestzeit, gefolgt von Jabouille, Jones, Villeneuve.

In der Scheckter-Schikane bleibt Regazzoni auf dem Boden, dafür geht Lauda in die Luft: Im Pro-Car-Aufwärmtraining will Niki testen, ob diese Rechtskurve „voll im 4. Gang geht“. Niki, nachdem der BMW schräg auf der Böschung landete, von Stuck als Autostopper zurück an die Box gebracht: „Sie geht nicht voll.“ Selbstbekenntnis: „Ich war zu schnell.“ Vier Fangzäune durchgerissen, das Lenkrad aus der Hand gewirbelt, Knochen angebrochen: Aber das weiß Lauda erst Tage später, vorläufig hat er nur Schmerzen.

Rene Arnoux dreht sich in der „Hundskurve“ hinter den Boxen, aber danach teufelt er, wie in Zeltweg, zur Pole-Position. Seltsam: „Ingenieur“ Jabouille bestreitet mit der Turbo-Rakete alle Testfahrten,

Arnoux kommt nur zum Grand Prix — und ist genauso schnell, jetzt sogar schneller. „Aber er findet auch alles perfekt vorbereitet", meint Jean Sage.
Trotzdem ist den Turbo-Piloten am Sonntag klar: „Unmöglich, auch mit gutem Start, mit Jones mitzufahren. Aber Alan hat im Warm-Up Motorprobleme („vielleicht ist das Gemisch zu fett, wegen der vielen Wetterstürze") und steigt, zur Sicherheit, ins Ersatzauto. Laffite tut das gleiche, stellt aber den Heckflügel viel zu steil. Der WM-Stand läßt alles offen.
Der Start ist turbulent. Regazzoni und Arnoux kommen im Flaschenhals nach dem Start nur 100 m weit. Clay: „Sein Turbo war am Start fast stehengeblieben, dann plötzlich losgezischt" — und drückt den rechts außen vorgestürmten Regazzoni schräg gegen die Boxenmauer. Das linke Williams-Vorderrad klatscht dem Rosberg-Wolf auf die Schnauze. „So hart hab ich im Training gearbeitet ... nur für diese 100 Meter", sagt Arnoux traurig. Zusätzliche Verwirrung, weil Scheckter am Start die Kupplung durchbrennt — hinter ihm kracht Reutemann gegen Formel-1-Heimkehrer Jarier, Stuck bekommt gleichzeitig von vorn und hinten Tritte.
Jones führt vor Villeneuve — und Scheckter biegt erst als letzter in die Tarzan-Kurve, mit schleifender Kupplung — die aber langsam zurückkommt. Scheckter beginnt eine furiose Aufholjagd (19. nach der 1. Runde), während im Brabham-Alfa Nr. 5 ausnahmsweise nicht der Motor, sondern der Pilot ausfällt: Niki Lauda kann vor Schmerz nicht mehr das Lenkrad halten und gibt auf: „Für einen achten Platz ruinier ich mir nicht die Hand. Wenn's um den ersten Platz geht, fahr ich bis mir die Hand abbricht, sonst nicht."
Platz 1 erkämpft sich Villeneuve in der 11. Runde: Außen geht er an Jones in der Tarzan-Kurve vorbei. Scheckter, durchs ganze Feld vorgestürmt, ist ab der 27. Runde bereits Dritter, hinter ihm geigt Rosberg in vierter Position und gibt unheimlich Gas — bis der Motor k. o. geht. Villeneuve führt bis zur 47. Runde, die letzten drei Runden aber schon mit Herzklopfen bis zum Hals. „Ein schleichender Patschen links hinten, ausströmende Luft, dazu Jones im Nacken und Scheckter schon auf Platz 3" — zuviel für den Kanadier, der verzweifelt um seine Titelchance kämpft.

Jones wartet cool auf seine Stunde: „Als ich Villeneuve folge, fällt mir auf, daß Scheckter zeitmäßig immer mehr an Boden verliert. Warum, beschäftigt mich ein paar Runden. Dann ist mir klar: Villeneuve muß weichere Reifen haben als Scheckter, also brauch ich nur abzuwarten, bis er ernsthaft Reifenprobleme kriegt. Denn daß er mit seinen Bremsen raufen muß, seh ich schon lang."
47. Runde, und die Scheckter-Falle schnappt zu. Gilles dreht sich in der von Jody konstruierten Schikane, fängt bei 200 km/h den kreiselnden Ferrari akrobatisch ein, wird von Jones überholt, fährt aber nicht an die Box, sondern weiter — obwohl er fast eine halbe Minute vor Scheckter liegt. In der Tarzan-Kurve platzt der Reifen, aber Villeneuve gibt nicht auf: Im Wahnsinnstempo fährt er eine ganze Runde: Dreirädrig, weil Felge und Radträger bei dieser Irrsinnsfahrt brechen müssen — sogar zweirädrig, weil das rechte Vorderrad hochkippt.
„Idiotisch, was Villeneuve aufführt: Das Rad hätte eine tödliche Gefahr für jeden von uns sein können", kritisiert Jones den Kanadier. Aber Villeneuve, jäh aus der Hitze des Titelkampfes gerissen, schüttelt den Kopf: „Was hätt ich tun sollen, den Ferrari draußen stehen lassen?"
Ein weidwundes Auto so rasch wie möglich an die Box zu schleppen, ist ein Rennfahrer-Urinstinkt. Das richtige Tempo zu finden, nicht leicht. „Villeneuve kann nichts gesehen haben", nimmt Lauda Gilles in Schutz. Eine ähnliche Harakiri-Boxenfahrt hat Patrese 1978 in Brands Hatch hingelegt — im Gegensatz dazu hat Lauda 1975 (nach Reifenschaden) seinen Ferrari 8 km, auf der Felge rollend, an die Box gebracht (er wurde noch Dritter). In Zandvoort hat Villeneuve zwar wieder Millionen TV-Fans die große Show geboten, ist aber unbelohnt geblieben.
Jones ist nach dem Villeneuve-Drama ohne Gegner, kann sich's leisten, seinen 45-Sekunden-Vorsprung auf 21 abzubremsen. Alan und Allah scheinen unschlagbar. Nichts kann den „fliegenden Teppich" der Formel 1, den Williams NR 27, bremsen. Immer dasselbe: Wer sich im Grand-Prix-Roulett in der Glücksspirale dreht, dem können Defekte nichts mehr anhaben. Nach dem „schleichenden Patschen" von Hockenheim stört Alan auch ein nahezu totales Getriebe-K.-o.

nicht: „25 Runden vor Schluß fängt der zweite Gang an, rauszuspringen. Und 15 Runden vor Schluß meldet sich der dritte Gang ab." Im vierten Gang kurvt Jones dennoch zum Bombensieg: „Ich komm mir vor wie einer, für den nach langem Regenwetter nur noch die Sonne scheint."

Scheckter ist ein überglücklicher Zweiter, Laffite ein aufgedrehter Dritter. Und zweierlei paßt haargenau in diese kuriose Formel-1-Saison: Daß Jones an jenem Tag, an dem er als Erster 1979 drei große Preise gewinnt, auch den letzten theoretischen Funken Chance verliert, Weltmeister zu werden (40:44 gegen Scheckter) — und daß Brabham-Alfa ausgerechnet im ausfallsreichsten Rennen des Jahres (nur 7 von 24 im Ziel) die ersten Europapunkte 1979 holt: Piquet wird Vierter vor Ickx und Mass — dessen Arrows-Kamerad Patrese wegen totalem Bremsdefekt in der Tarzan-Kurve geradeaus durch die Fangzäune donnert. „Mit dem alten Arrows wär ich jetzt vermutlich tot . . ."

Zandvoort, Sonntag abend: Scheckter ist abgehauen, ohne zu ahnen, welches Gewitter sich über seinem neu verkleideten T-4 zusammenbraut: Heckflügel auf einer Seite 1,5 cm zu hoch. Ligier-Teammanager Ducarouge steht mit Sphinx-Gesicht bei der Nachkontrolle: Nicht protestierend, aber gespannt. Die Nachmessung ergibt: Minus auf der anderen Seite, das arithmetische Mittel rettet Scheckter den Kopf und die überlegene WM-Führung.

Villeneuve kauft sich auf dem Amsterdamer Flugplatz Schiphol einen zollfreien Stereo-Lautsprecher, der Verkäufer spielt ihm gleich die Video-Aufzeichnung seiner abenteuerlichen Dreiradfahrt vor. Gilles lacht herzlich: „Gute Show, mir gefällt's."

Draußen, über den Dünen, kreisen die Möwen. Michelin-Ingenieure suchen die Strecke nach Villeneuve-Reifenfetzen ab — finden aber keinen einzigen. „Wenn ihr etwas findet, bitte an uns zurückgeben", wird die Goodyear-Konkurrenz ersucht — erfolglos. So wird Villeneuve nie wissen, was ihn (vielleicht) den WM-Titel gekostet hat: Ein spitzer Stein, ein rostiger Nagel oder ein Glasscherben.

MONZA: SPIEL, SATZ UND SIEG

Wenn Jones auch in Monza gewinnt, egalisiert er die Saisonrekorde von Jack Brabham 1966 und Jochen Rindt 1970: vier Siege en suite. Fünfmal hintereinander haben nur gewonnen: Brabham 1959, Jim Clark 1965. Aber Jones hat keine Chance. Dafür: erster Matchball für Scheckter. Wenn Jody gewinnt und Laffite nicht Zweiter wird, ist Jody bereits Weltmeister — aber er rechnet kaum.

Monza, das heißt alljährlich: Zur Hölle und zurück, 1979 mit besseren Chancen, weil man aus der Ronnie-Peterson-Tragödie gelernt hat: verbreiterte Zufahrt zur ersten Schikane, mehr Sturzraum in Lesmo (wo vor genau 25 Jahren, am 11. September 1954, Österreichs erster und einziger Motorradweltmeister, Rupert Hollaus, auf einer 125er NSU, von Carlo Ubbiali auf einer 150er MV-Agusta ins Verderben gehetzt, verunglückt ist). Schwülstige Heldenatmosphäre findet man im „Hotel de la Ville", abendessende Rennfahrer beim „Fossati" — wo Alberto Ascari 1955 (Augenzeuge: Carlo Abarth) ein opulentes Mittagessen verzehrte, also mit vollem Magen ins Autodrom zurückfuhr und beim Sportwagenfest zu Tode stürzte. Bevorzugte Luxusherberge von heute: die „Villa d'Este" am Como-See, Sponsor-Hubschrauber fliegen die Piloten vom Luxus zur Arbeit. Monza, das heißt: ein gräßlicher Tunnel zwischen Boxen und Tribünen (scheppernde Konservendosen, Gestank), oft gesperrt, wenn drin Kinder zu erstikken drohen. Draußen lauern die Bluthunde (nicht versichert!), die unter anderem Tambay in den Oberarm beißen. 50. Gran Premio d'Italia: für die Italiener wirklich ein „Monza d'Oro" (goldenes Monza), wenn die Sonne über die Boxendächer kriecht, sich das Autodrom rasch zur Gluthitze aufheizt und der Streckensprecher seine Heldenepen plärrt: von Ferrari, Alfa und Merzario.

Wie lange sich's Merzario noch leisten kann, sich nicht zu qualifizieren (1979 nur in Buenos Aires und Long Beach am Start, sonst immer hängengeblieben), fragen sich längst alle. Merzario war schon zu seinen besten Ferrari-Zeiten einer, der immer nur mit Brillantfeuerwerken und ein paar schnellen Runden glänzen wollte — nie der richtige Mann, um ein Team aufzubauen. Vielleicht plagt er sich darum so sehr mit dem eigenen. Der Wiener Carlo Abarth skizziert mir seinen Ex-Werkspiloten Merzario am besten: „Mein Lieblingsfahrer ... und doch eine traurige Geschichte. Merzario war unpünktlich, verlogen, falsch — aber am Lenkrad ein Künstler. Bei mir mußte er jeden Tag die Zeit stempeln, an der Stechuhr. Denn wenn Merzario seine Freiheit hatte, war's aus mit ihm." (So wie jetzt.)

Jack Brabham, Dan Gurney, Bruce McLaren, John Surtees, die mit ihren Eigenkonstruktionen WM-Titel, GP-Sieg, Can-Am-Triumph, gute Ergebnisse herausgefahren haben, bleiben für Merzario unerreichbare Leitbilder — weit weg wie der Abendstern. Eher paßt der Vergleich mit Chris Amon, der sich längst als Bauer nach Neuseeland zurückgezogen hat: „Mein zuckerlblauer Eigenbaurennwagen ist der einzige, der nie einen Groschen Preisgeld gewonnen hat." Merzarios kleiner, flacher, früher rotweiß, jetzt gelb lackierter Renner hat erst eine einzige Zielflagge gesehen — Anderstorp 1978, jedoch wegen zuwenig Runden nicht gewertet.

„Flor-Bath" (Badezusätze), eine Tochterfirma von Parmalat, ist Hauptsponsor, den Rest schießt Merzario selber zu. „Die Familie hat nichts dagegen." Das knappe 5-Millionen-S-Budget ist „zum Leben zuwenig, zum Sterben zuviel". So kommt Arturo in Monza auf den makabersten Sponsor, den je ein Grand-Prix-Pilot aufgerissen hat: weißes Kreuz auf schwarzem Ring, die Bestattungsfirma „La Varesina". Arturo: „Mir egal, für wen ich werbe, mich interessiert nur das Geld." Dazu ein Rennfahrer mit schwarzem Humor: „Vielleicht sichert sich Merzario schon jetzt einen Rabatt ..." Vittorio Brambilla, vor Jahresfrist von den gleichen Ärzten, die Peterson auf dem Gewissen hatten, fast zu Tode narkotisiert, brüllt Merzario, bös und wütend, quer durchs ganze Fahrerlager zu, was er vom Bestattungs-Sponsor hält.

Richtig: Der Monza-Gorilla ist wieder da: unerschrocken wie eh und je, nur mit Gedächtnislücken. „An dem Samstag/Sonntag von Monza 1978 kann ich mich überhaupt nicht erinnern", gesteht er mir. „Besser so." Seit April fährt Vittorio Alfa-Alfa-Testfahrten, jetzt endlich wieder ein Rennen. „Meine Frau, meine drei Bambini, alle haben mir zugeredet: Papa, fahr wieder! Jetzt sitzen alle in der Box. Und freuen sich mit mir." Brambilla ist selig über sein Comeback, der alte Alfa-Alfa stört ihn nicht. Mit dem neuen Flügelwagen hat Giacomelli Ge-

triebeprobleme. Ing. Chiti sieht man nicht mehr in der Brabham-Box. Brabham und Alfa: Die „Scheidung auf italienisch" ist schon aktenkundig.

Zuviele Streitereien: Brabham jammert über Alfa-Motorschäden, Ing. Chiti gibt die Schuld daran Brabham, „weil Murray die Ölkühler so schlecht konstruiert hat, daß die Fliehkraft das Öl aus dem Motor rausziehen muß." Und dann platzte dem reinrassigen Alfa-Alfa bei Monza-Testfahrten schon nach 9 Runden der Motor — worauf die wütenden Tifosi dem Kleeblatt-Piloten Paradeiser ins Cockpit schmissen.

Erinnern wir uns: Auch Jochen Rindt hatte in seinem Brabham-Jahr (1968) endlose Serien von Motorschäden, weil die Repco-Triebwerke reihenweise k.o. gingen, und der Ruf vom „Motorenmörder" wurde Jochen völlig zu Unrecht angedichtet — sein Teamkollege Jack Brabham, „der beste Mechaniker der Welt", kam in 12 Rennen nur einmal an, Rindt wenigstens zweimal (jeweils Dritter in Kyalami und am Nürburgring). Noch eine Parallele: Als Brabham 1969 auf Ford-Cosworth-Motoren umrüstete, war Rindt nicht mehr bei Brabham . . .

Den Brabham-Ford BT49 — geheime Kommandosache wie 1978 der „Staubsauger" — bastelt Murray ab dem Zeltweg-Wochenende binnen drei Wochen. Doch die Existenz dieses Autos (Ecclestone: „Nur ein Versuchsmodell, zum Vergleichen von Beschleunigungswerten") wird solang abgestritten, bis Alfa Romeo offiziell verlautbart: „Der Vertrag mit Brabham wird gelöst." Ein Weltkonzern soll nicht beleidigt werden. Aber kaum ist's offiziell, jagt Piquet den BT49 durch erste Tests in Silverstone (auf Anhieb gleich schnell mit den Arrows) und Thruxton (5 Sekunden schneller, als dort je ein Formel-1-Auto war). Rennpremiere hat der Brabham-Ford nicht in Monza: „Das können wir den Italienern nicht antun . . . sie hätten uns glatt erschlagen", fürchtet Blash.

Lauda setzt dem Formel-1-Transferklatsch noch eine Krone auf: „Ich fahr 1980 für zehn Millionen Dollar den Alfa-Alfa. Eine Million krieg ich fürs Fahren, neun Millionen als Schmerzensgeld." Auch andere Sätze verwirren manche: „Ich weiß schon, wohin ich 1980 geh, darf's aber noch nicht sagen." Und: „Nicht einmal für fünf Millionen Dollar bleib ich bei Brabham . . ." Fast sieht's schon so aus, als könnte

Niki seine zwei Millionensponsors Parmalat und Marlboro koordinieren, aber dann seufzt er: „Die Zigaretten vertragen sich nicht mit der Milch."

Das erste Training verzögert sich minutenlang: keine Ärzte da — schon zum viertenmal 1979. Reutemann grinst Lauda an (ein wissendes Grinsen), Andretti breitet kampfhungrig die Arme aus. Dann rollen Brambilla, Merzario, Giacomelli vor zur Boxenausfahrt, und blitzschnell springt das Ampellicht von rot auf grün: Formel 1 auf italienisch. Andretti dreht sich auf dem Absatz um, Lauda setzt den Helm auf, mit schnellem Seitenblick zu Ferrari: „Wieviel Autos hat Ferrari da? Vier? Sehr gut, das gibt noch mehr Konfusion und Chaos." Wirklich: diese Auto-Lotterie verwirrt Scheckter total. „Ich weiß nimmer, welcher Wagen besser, welcher schlechter ist", wird Jody Forghieri noch anjammern. „Bitte, such du mir aus, was ich fahren soll."

Bestzeit hält eine Stunde lang Alan Jones — bis ihn Tambay von der Strecke boxt. „Dieser verdammte Idiot", ärgert sich Alan. „Ich war im Windschatten von Reutemann. Wir laufen auf Tambay auf. Und sofort macht er Platz, aber nur für Carlos, denn kaum ist er vorbei, rutscht Tambay wieder rüber — und knallt mir voll in die Seite. Sehr stupid. Formel-Ford-Methoden." Eine Schilderung, die Reutemann völlig verblüfft: „Wieso ich? Ich war gut 2 km entfernt. Was Jones gesehen hat, war Fittipaldis Auto . . ."

Geisterwagen oder nicht, der Saudia-Bomber, Siegerwagen von Hokkenheim und Zeltweg, ist schrottreif; und im Ersatz-Williams sitzt schon Regazzoni. Wehrlos muß Jones von der Boxenmauer zusehen, wie ihn Monza-Neuling Rene Arnoux um 0,278 unterbietet. Lauda stolpert an der Schikane, muß den BT 48 neu vermessen lassen. Hinter je zwei Renault, Williams, Ferrari ist Niki Siebenter, lang nicht so gut bewacht wie sein Chef: Ecclestone hat, wie immer in Italien, zwei Leibwächter — echte Gorillas in schmutziggrünem Partisanen-Dreß. Auch das Williams-Team weiß, warum es seine Ölprinzen durch eine Bodyguard gegen Kidnapping schützt. Und Walter Wolf rennt, wie stets in Monza, mit der Pistole im Hosensack herum.

Samstag in Monza: noch mehr Chaos, noch mehr Bluthunde, patrouillierend wie in einem Laufkäfig für Tiger, dahinter hängen die Tifosi meterhoch auf Gittern, als hätte sie Franz Kafka dort placiert: Visionen, die beängstigen. Dafür teils erfreulich, was im Brabham-Team passiert. Chronologie einer BT-48-Trainingskomödie: Samstag früh: Motorschaden bei Piquet, Motorwechsel, Nelson steigt fürs Abschlußtraining in den Muletto und ist um genau 1,50 schneller als Lauda, der klagt: „Ich fahr wie ein Wilder, komm aber nur auf 1,37. Der Motor dreht nur 11.500. Wozu soll ich da lang weiterfahren?" Darauf Diskussionen Lauda—Ecclestone, Piquet wird an die Box geholt, steigt aus, Pedale und Sitz werden für Lauda umgebaut. Eine nette Geste? Ein Indiz, daß Niki vielleicht doch bleibt? „In unserem Sport geht's nicht darum, nett oder nicht nett zu sein. Ich find's normal, daß ich das Ersatzauto krieg."

Aber leider: trotz 45 Minuten Zeit kommt Lauda überhaupt nicht zum Fahren. Was immer Cuoghi & Co. tun, der V 12 springt nicht an: überhitzte Benzinpumpe. Dafür prescht plötzlich Piquet — trotzig, mit wilden Gasstößen — mit seinem reparierten Auto wieder hinaus ins Training. Jeder andere wäre vor Zorn und Ungeduld zerplatzt. Lauda bleibt stoisch ruhig, als er auf den 9. Startplatz abrutscht; hinter Piquet.

Jabouille schlägt Arnoux' Bestzeit um einen Wimpernschlag (0,124), schon nach 10 Minuten — bis er zu Fuß zurückkommt: Renault in der ersten Schikane verstümmelt. Fürs Rennen muß Jean-Pierre in jene Turbo-Rakete, die er nie hat leiden können: „Mysteriöses Untersteuern seit zwei Rennen, und keiner weiß, warum." Ein Auto, das beim Einlenken in die drei Schikanen über die Vorderachse hinwegschiebt, ist das letzte, das sich ein Pilot in Monza wünscht. Ein harter Job, Jabouille.

Vorne also die zwei Renault-Raketen, dahinter Scheckter-Jones, Villeneuve-Regazzoni, Laffite-Piquet, Lauda-Andretti. Altbekannte Formationen, aber ein neuer Starter: Der weißhaarige Restelli, dem 1978 viele die Schuld an der Katastrophe anlasteten, wurde zwangspensioniert — jetzt schickt Maffezzoli (67), ein früherer Mailänder Verkehrspolizist, den 24-Wagen-Pulk mittels Knopfdruck auf die auf 50 Runden verkürzte Jagd. Er sollte sich mit Lichtampeln auskennen ... Und er droht drakonische Strafen an: „Es gibt keine Strafminuten mehr! Wer einen rollenden Start provoziert oder die weiße

Sperrlinie rechts überfährt, kriegt die schwarze Flagge gezeigt: sofortige Disqualifikation.“ Und genug Leute beten: Hoffentlich kommen die Renault-Turbos diesmal gut weg.

Sie kommen, Arnoux besser als Jabouille. Aber Jones verpatzt den Start total (leere Batterie), Andretti muß nach links verreißen, drängt Lauda auf die Wiese — Niki muß, auf den 12. Platz zurückgeboxt, so gut wie neu anfangen. Sein Freund, Rennarzt Dr. Martin, überholt im Rennleiterauto in der Schikane Jochen Mass (gebrochenes Unibalgelenk) — und als er aus der Startrunde aufatmend an die Box zurückkommt, hört er über Funk: Schwerer Unfall von Piquet.

2. Runde, Curva Grande, Tempo 250, Piquet (Siebenter) attackiert Regazzoni; die „Entdeckung des Jahres“ legt sich an mit dem zweifachen Monza-Sieger (1970/75), der erst Mittwoch seinen 40. Geburtstag gefeiert hat. Piquet glaubt zu erkennen: „Regazzoni verschaltet sich ausgangs Schikane, er verlangsamt.“ Nelson will vorbei, aber Clay drängt ihn aufs Gras ab. Ganz Unschuldsengel: „Wir haben uns nicht einmal berührt ... ich seh nur plötzlich im Rückspiegel, daß er rausfliegt.“ Lauda, Augenzeuge: „Nelson kracht mit 280 km/h verkehrt gegen die Leitplanken ... Motorblock abgerissen, fliegt 200 Meter durch die Luft ... da mußte mir klar sein: ein ganz schwerer Unfall.“ Lauda bremst, will anhalten und helfen — aber da ist Piquet schon heraußen und voll Panik vom Auto weggerannt. Millionen TV-Zuschauern stockt der Atem, als die Hubschrauberkamera den in zwei Teile zerbrochenen Brabham-Alfa zeigt: links das Cockpit, quer über der Straße der Motorblock, aber keine Spur vom Piloten. Piquet unauffindbar: Das beunruhigt die anderen (vor allem Scheckter, der Piquet für tot hält), als sie eine Runde später (Arnoux hat Scheckter von Platz 1 verdrängt) erneut die Curva Grande passieren — aber nicht die Box, die einen Motorschaden wittert.

Erst der Wiener Reporter Josef Metzger bringt die Unfallnachricht zu Ecclestone — worauf Alarm ausbricht. Lange später kommt Piquet, zu Fuß, durch die Hintertür. Blaß, leicht zitternd, „sowohl zornig als auch glücklich. Zornig über die Frechheit von Regazzoni, weil er mir brutal zugemacht hat; glücklich, daß ich noch leb. Genauso könnte ich tot sein.“ Ein späterer Piquet-Protest gegen Regazzoni („aus prinzipiellen Gründen“) wird abgelehnt.

Der Unfall hat, wie oft in Monza, den Pulk aufgesplittert: Vorne die Fünfergruppe Arnoux-Scheckter-Villeneuve-Laffite-Jabouille, dann solo Regazzoni, gefolgt von Lauda (der Pironi, Jarier, Andretti überholt hat). Rene Arnoux: der kleine Franzose führt zum erstenmal in einem Grand Prix, noch dazu beim ersten Monza-Start, die Ferrari im Nacken, aber seine grandiose Vorstellung dauert nur bis zur 13. Runde: elektrischer Defekt, langsam rollt der Turbo an die Box, still und wortlos, den Tränen nahe, verkriecht sich Arnoux im Renault-Zelt. „Die Beifallsstürme der Italiener treffen mich wie Ohrfeigen."
1. Scheckter, 2. Villeneuve, 3. Laffite: Bei diesem Stand ist Jody bereits Weltmeister. Gilles wehrt sich gegen Laffite, der ständig angreift. Und einmal täuscht er, mehr fürs Fernsehen, einen Überholversuch gegen Scheckter vor — als wollte er dem alten Commendatore demonstrieren: Ich könnt's genauso, Ingeniere. Jabouille fällt zurück, wird von Regazzoni geschluckt. Und Lauda hat plötzlich nicht mehr Andretti hinter sich, sondern ein rotes Auto: „Aha, ein Ferrari, der überrunden will. Ich laß ihn vorbei." Bis Niki registriert — kein Ferrari, sondern Giacomelli, der Alfa-Alfa! „Jetzt hab ich den Scherben auf." Sofort erhöht Lauda die Drehzahl um 1000 U/min, fährt Giacomelli zehntelsekundenweise davon, „und dann hat er sich eh in der Schikane verbremst." Der Reinrassige steckt im Sand.
Scheckter rast zum Sieg, weil ein Rivale nicht gewinnen darf (Villeneuve) und der andere ausfällt (Laffite). Ein blödsinniger Defekt, der Jacques seine letzte WM-Chance kostet: Kurz nach Halbzeit verbiegt sich das Leitblech links am Bremspedal (das ein Abrutschen verhindern soll). Das heißt: Wann immer Laffite auf die Bremse steigt, drückt er das Kupplungspedal mit nieder. Der Motor kann also nicht mehr mitbremsen. Zu schnell wächst die Schikane aus dem Boden. Laffite würgt den zweiten Gang hinein, der Motor jault auf, wird abgestochen. Die Ventile scheppern. Ab jetzt fällt Laffite pro Runde um eine Sekunde zurück. In der 42. ist das Ende da. Adieu, Championnat du monde. „Dann eben 1980!" tröstet sich Laffite.
Auch Scheckter hat kein sorgloses Rennen: ein Bremspedal, das er mehrmals pumpen muß, ein schleichender Patschen rechts hinten, aber Villeneuve als Geleitschutz. „I took it easy: ich hab's leicht genommen." Aus einem 20-Sekunden-Rückstand kommt Regazzoni den

Ferraris näher: „Stell dir vor", grinst er hinterm Helm, „ich fang sie beide in der letzten Kurve noch ab." Benzinmangel bremst Clays Aufholjagd: Die letzten zwei Runden stottert der Motor. Volle Tanks (171 Liter) waren zuwenig.
0,46 trennen die zwei Ferrari auf dem Zielstrich. 4,78 später kommt Regazzoni, 54,40 zurück Lauda, erstmals seit Kyalami wieder im Ziel, aber ohne Euphorie: „Fad war's."
In der Auslaufrunde bleiben beide Williams ohne Benzin liegen. Scheckter/Villeneuve fahren durch ein Spalier trampelnder Begeisterung, die alle Grenzen niederreißt. Unbeschreiblich, was sich abspielt. Vor den Boxen prallt Jody gegen einen Pflock, zerschlägt die Felge links hinten, Leute trampeln ihm Löcher in die Karosserie. Grauslich, wie das Weltmeisterauto ausschaut. Flackernde Augen, totale Hysterie: Wer kann, rettet sich mit Hubschraubern aus der Hölle von Monza — wie Ecclestone, den Panik ergreift: „Nur raus hier!" Bluthunde bellen und beißen Scheckter/Villeneuve den Weg zur Siegerehrung frei.
Erster Ferrari-Doppelsieg in Monza seit 1966 (Scarfiotti/Parkes), für Scheckter Spiel, Satz und Sieg. In Monza haben sich schon viele zum Weltmeister gekrönt, mit einem Sieg jedoch nur Stewart (1969) und Fittipaldi (1972). Aber all das kalkuliert Jody nicht: „Villeneuve ist immer noch da", wehrt er ab, als alle gratulieren. Und dann, nur mühsam überzeugt: „Also gut — dann laß ich Gilles in Kanada gewinnen. Aber in Watkins Glen bin wieder ich dran!" Begreifen und ermessen kann Jody den WM-Titel in Monza noch nicht: „Das kommt erst morgen . . ." Aber dann weiß er: „Ich bin jetzt sieben Jahre jünger geworden: Seit 1972 hab ich für die WM gearbeitet."
Per Hubschrauber ins RAI-Studio. Weltmeister-Pressekonferenz vor 30 Italienern — alle mit Mikrofonen. Ferraris siebenter Weltmeister — nach Ascari, Fangio, Hawthorn, Phil Hill, Surtees und Lauda — kommt weder zum Atemholen geschweige denn zum Feiern. „Ein guter Weltmeister, echt schnell, der Bursche", lobt ihn Lauda tags darauf im Fernsehen, ehe er mit Fangio Ferrari-Erinnerungen austauscht. Nicht nur Niki, auch der legendäre Juan Manuel ist im Streit von Ferrari weggegangen — auch er als Weltmeister. „Bei Ferrari zu fahren, war auch für Champions nie ganz einfach. Poco difficile."

Höhepunkt der Ferrari-Feierwoche: Das Nicht-WM-Rennen im Autodrom „Dino Ferrari“ (zum Gedenken an Enzo Ferraris einzigen ehelichen Sohn, der 1956, 27jährig, an Leukämie gestorben ist) von Imola. Villeneuve holt zwar Pole, aber einer verpatzt dem Ferrari-Team die Demonstration — Niki Lauda, der Mann am 4. Startplatz. Zuerst kämpft er Reutemann nieder, dann Scheckter und schließlich, im Zweikampf Rad an Rad verkrallt, mit Feindberührung, Villeneuve.

Erstmals nach über einem Jahr gewinnt Lauda wieder ein Formel-1-Rennen: Zweiter Reutemann, Dritter Scheckter. Und erstmals muß er an diesem Tag nicht die Frage hören, ob's ihm nicht leidtut, daß er damals von Ferrari weggegangen ist.

Niemand, auch nicht Niki Lauda, ahnt an diesem Tag: Das war sein letztes Rennen, sein letzter Sieg. Der legendäre Juan Manuel Fangio hat mit einem 4. Platz aufgehört (1958 in Reims), der Grand-Prix-Rekordgewinner Jackie Stewart mit einem 5. Platz (1973 in Mosport), James Hunt mit einem Halbachsenbruch in Monte Carlo — Lauda jedoch als Sieger. „Aber das“, bagatellisiert er später den Imola-Erfolg, nachdem ihn erst Pfeifkonzerte des Publikums zur Siegerehrung zurückholen konnten, „ist für mich vollkommen witzlos. Ob ich als Weltmeister aufhör oder als Hausmeister, ist mir vollkommen wurscht ...“

KANADA: DAS VOLLGAS-DUELL

Nach Scheckters WM-Titelgewinn und Laudas Rücktritt ist in Montreal die Luft aus dem Grand-Prix-Zirkus entwichen — „eigentlich“, gibt Jody zu, „war nach Monza alles gesagt, getan und gelaufen.“ Hat sich als Weltmeister dein Leben verändert? „Nein, ich hab nur viel mehr Arbeit.“ Und mehr Geld? „10.000 Dollar pro Tag, aber dafür muß ich hart arbeiten.“

Jody bemüht sich redlich, als Nummer-1-Botschafter seines Sports aufzutreten. Aber seinen neuesten Job erledigt er gratis: Präsident der wiederbelebten Grand-Prix-Fahrer-Gewerkschaft. Im Vorstand sitzen: Fittipaldi, Piquet, Jarier, Jabouille; je zwei Brasilianer und

Franzosen. Die erste Abstimmung: Schafft die idiotische Regel mit den Streichresultaten sofort wieder ab. Die zweite Abstimmung: „Patrese war an der Monza-Katastrophe 1978 schuldlos" (Unterschrift: 29 Piloten, auch solche, die den Peterson-Unfall höchstens im TV miterlebt haben können). Aufpassen, Jody: die GPDA war immer ein Glatteis.

„Jetzt weiß ich, warum mich Niki im Stich gelassen hat und abgehaut ist", blödelt Scheckter, „nur damit er die Sicherheits-Streiterei jetzt mir zuschanzt." Aber Jody ist der Erste, der zugibt: „Niki wird mir fehlen. Sorry, daß er aufgehört hat. Nur wenige hatten soviel Fahrgefühl wie er." Ferrari-Kollege Villeneuve: „Warum hört Lauda mit einem künftigen Superauto auf, wenn Fittipaldi mit einem so miserablen Wagen beharrlich weitermacht?" Außerdem ist Gilles überzeugt: „Jetzt beginnt endgültig die neue Ära — so wie damals, als Jackie Stewart aufgehört hat." Mario Andretti reagiert „schockiert und traurig. Niki war der größte Gegner, den ich in 20 Jahren Rennsport hatte, ohne ihn sind Autorennen nie wieder die selben. Ich mag den jungen Stars nichts abstreiten: Aber Siege über sie (oder zweite Plätze hinter ihnen) sind jetzt weniger wert."

Reihen wir ein paar Pilotenaussagen aneinander — weil der Formel-1-Zirkus an diesem Freitag von Montreal nur ein Thema kennt. Jakky Ickx: „Lauda hatte wohl Probleme mit Ecclestone." Jacques Laffite: „Es gibt momentan eben zuviele Schwierigkeiten in der Formel 1, besonders in punkto Sicherheit." Hans-Joachim Stuck: „Niki war derjenige, mit dem ein neues Zeitalter begonnen hat: das pausenlose Testen, in großem Ausmaß." Nürburgring-Lebensretter Merzario: „Es war sehr richtig für Niki, jetzt wegzugehen, und sehr mutig." Wogegen der langjährige BRM- und Ferrari-Waffengefährte Regazzoni glaubt: „Niki kann kein Rennfahrer aus echter Leidenschaft gewesen sein. Er hat zwei Titel gewonnen, viel Geld gemacht und jetzt eben aufgehört." „Aber wenigstens", ergänzt Frank Williams, „beschmutzt er nicht den Sport und packt jetzt aus über uns alle."

Der Misthaufen ist weg, fühlt sich ein französischer Journalist zu meckern bemüßigt — jahrelang hat man Lauda seine überstürzten Abflüge von Grand-Prix-Siegen übelgenommen. „Seht euch nur Alan Jones an: Der hat immer bis Mitternacht Zeit." Welche Verpflichtun-

gen hätte Lauda sonst noch? Dem Publikum gegenüber hat er sich nie verpflichtet gefühlt (nicht nur demjenigen, das nach der Feuerunfall-Lautsprecherdurchsage am Nürburgring Beifall gestrampelt hat), mit Team und Sponsoren ist alles geregelt. Und während zuhause Marlene Lauda alle Wirtshäuser der Umgebung anruft („Wein, Schnaps und Bier für alle — auf meine Rechnung"), nickt Reutemann in Montreal: „In Kalifornien sitzt ein sehr glücklicher Mann. A very happy man."
Als ich den (von aller Welt gejagten) Niki in seinem Beverly-Hills-Hotel anrufe, kommt die erfrischende Frage der Hoteltelefonistin: „Can you spell the name? Können Sie buchstabieren?" L-a-u-d-a. Der frühere Weltsportler Nr. 1, der durch Wolken hindurchstoßend zu Grand-Prix-Rennen anflog, der mit dem Hubschrauber „göttergleich vom Himmel schwebte" (Yörn Pugmeister) verwandelt sich nur zu gern zurück zum Normalbürger. Entziehungserscheinungen? „Nicht die geringsten, mir fehlt nichts, ich komm mir vor wie auf Ferien." Weil Lauda einmal Ecclestone anruft und sich vom Training erzählen läßt, vermuten viele: Den Niki kribbelt's wieder. Aber den Niki kribbelt nichts.
„Da drüben sind die Lauda-Klamotten. Nimm seinen Helm, seinen Overall und steig ein", befiehlt Ecclestone den rothaarigen Zunino ins Auto mit der Nr. 5. Für den Argentinier kein leichtes Erbe. „Ich bin nur hergeflogen, um mir den Grand Prix anzusehen" (sagt er), „und dann find ich mich in der Mitte des Riesenwirbels. Alles ist neu: Ich, das Auto, die Strecke. Und ich merk, wie mich alle angaffen, nur darauf warten, daß ich einen Fehler mach", gesteht mir Zunino, der seit 1977 schon Formel-1-Erfahrung hat und in der englischen Aurora-Serie munter mitmischt.
Seine Eltern: schwerreich, Bankaktionäre. Seine Sponsors: Levis-Jeans (wie 1972 für Lauda) und eine Ölfirma, „aber Öl fürs Kochen, nicht für den Motor." Landsmann Reutemann lächelt versonnen: „Es muß schön sein, soviel Geld zu haben wie Zunino. Der kann jeden Tag solang schlafen, bis er von allein aufwacht." Für 1980 möchte sich Zunino gern bei Brabham einkaufen — mit einer Million Dollar, wird geflüstert. Und Montreal ist seine Grand-Prix-Premiere.
Montreal: Der olympische Spruch, dabeizusein wäre wichtiger als das Siegen, gilt in der Olympiastadt 1976 allenfalls noch für Zunino,

sonst nicht mehr. Die Stadt: sehr charmant, besonders „Vieux Montreal"; saftige Steaks beim „Barnsider", Pinacolada und andere Karibik-Getränke beim benachbarten Bahamesen. Unzählige Sport- und Fitneßklubs, nahe der Rennstrecke auf dem Expo-Gelände „Notre Dame" sogar eine Mammut-Tennisanlage mit 300 Plätzen.

Aufschlag hat, wie schon seit Sommer, Alan Jones. Der Williams-Pilot beherrscht beide Trainings. Villeneuve ist Zweiter, Piquet mit dem BT 49 auf Anhieb Dritter. Und Zunino rutscht als 19. problemlos ins Rennen. Aber das Herz der 100.000 Kanadier schlägt nur für ihren Gilles. „Bist du auch im Villeneuve-Fieber?" heißt der Slogan auf Pickerln, Ansteckknöpfen, Transparenten. „I cool it down", bleibt Jones ungerührt, „ich krieg das Fieber schon runter." Vor dem Start muß die kanadische Post Überstunden machen: 35.000 Goodluck-Telegramme für Villeneuve flattern auf die Rennstrecke, aufgegeben hat sie der „Villeneuve-Fan-Club", ein Fußballstadion voll glühender Race-Fans. „Wir wissen nicht ganz genau, wer dahintersteckt", klärt mich Joanne Villeneuve auf, „aber Gilles hat einmal zu seinen Fans gesprochen."

Die Ferrari haben extragroße Bremsen, wie sie Villeneuve schon in Monza bekommen hatte — damit er hinter Jody auch wirklich brav bremst. Aber Scheckter hat sein Versprechen, in Kanada Villeneuve gewinnen zu lassen, schon vergessen: „Ach was, wir haben uns das ganze Jahr keine Siege geschenkt, nur aufgepaßt, daß wir uns nicht gegenseitig rausboxen." Folglich riskiert Jody superweiche Reifen — die ihm die Michelin-Techniker mit Gewalt ausreden wollen. Aber Jody beharrt darauf, nicht kalkulierend, daß es noch recht heiß wird. Größte Sorge in allen Ställen: Reicht das Benzin? Den Renaults werden 220 Liter in die Tanks geschüttet, den Ferrari 180, den Ford-Autos 160 Liter.

„Oh, Canada", singt eine rosabekleidete Lady (zarter Sopran) über Lautsprecher — und Villeneuve sorgt dafür, daß das Nationalgefühl nach der Hymne nicht gleich abstirbt: Er schlägt Jones im Beschleunigungsduell und übernimmt die Spitze. Dahinter kämpft Piquet Regazzoni nieder — glücklicher als in Monza — und ist Dritter. Zunino im Lauda-Auto und mit dem Lauda-Overall rührt im Mittelfeld gewaltig um, fährt mit viel Herz, bremst in den Haarnadeln Leute wie Watson, Tambay, Patrese usw respektlos aus — bis ein Bolzen der Schaltung bricht. Der Boxenstop dauert knapp 4 Minuten, aber Zunino kommt wieder vor, weil sich das Feld lichtet: Laffite platzt der Motor, Reutemann steht nach seinem neunten Lotus-Radaufhängungsbruch mit versteinertem Gesicht, steinernem Herz in der Box, Stuck kollidiert mit Arnoux. Scheckter bereut sein Reifen-Risiko, kommt in der 15. Runde an die Box, läßt ummontieren und beginnt vom 17. Platz — wie so oft 1979 — eine atemberaubende Aufholjagd. Seltsam, aber wahr: Die besten Scheckter-Rennen 1979 sind jene, die er gar nicht gewonnen hat . . .

An der Spitze bekämpfen einander Villeneuve und Jones wie mit Messern: ein Vollgas-Duell von Flagge zu Flagge. „Zum erstenmal“, gibt Gilles zu, „muß ich ein ganzes Rennen voll am Limit fahren.“ Und auch Alan gibt zu: „So arg hab ich mich das ganze Jahr nicht geplagt.“ Fast entscheidet ein Nachzügler das Duell: „Lammers drückt mich beim Überrunden mit zwei Rädern aufs Gras“, beklagt sich Jones — wovon der Holländer nichts hören mag: „Jones hätte sehen müssen, daß ich keine Bremsen hatte, daß ich deswegen viermal von der Strecke flog. Er hat ja früher selber mit dem Shadow herumgewixt. Warum vergessen die Leute so schnell?“

Den heißen Atem von Jones im Nacken wird Villeneuve nie los — und nach 51 Runden schlägt Alan zu: Er trickst den Ferrari in der Haarnadel mit einem Gewaltmanöver aus. „Ein weißer Hai“, stöhnt Villeneuve, „schießt plötzlich an mir vorbei. Unsere Räder krachen aneinander. Aber die Aktion ist sauber.“ Und der Williams-Expreß, in Monza gestoppt gewesen, wieder auf Siegeskurs: Alan schlägt Gilles um 1,08 Sekunden und macht gleich zwei Industriegiganten happy: 125. Sieg für Goodyear, 125. Sieg für Ford.

Weil Piquet 11 Runden vor Schluß das Getriebe zusammenbricht, erbt Regazzoni den dritten Platz vor Scheckter, Pironi, Watson — und Siebenter schon Zunino, der seinen ersten WM-Punkt nur knapp verpaßt. Ecclestone kann wieder lachen. „Niki“, sagt er mir, „hätte das Rennen gewonnen. Und wahrscheinlich auch die Weltmeisterschaft 1980.“ Aber „if“ und „when“ zählen im Rennsport nicht, auch nicht für Andretti, der sich nur im 1. und 4. Gang weiterquälte, dem aber fünf Runden vor Schluß das Benzin ausgeht. Tough shit, Mario.

WATKINS GLEN: SUPERSPEKTAKEL ZUM FINALE

Der Lauda-Rücktritt wirbelt die Formel-1-Schachfiguren nochmals kräftig durcheinander: zuviele leere Cockpits, zuwenig Spitzenpiloten. „Hätte ich geahnt, daß Nikis Platz frei wird, hätte ich nie im Leben meinen Arrows-Vertrag verlängert", ärgert sich Patrese. Und Villeneuve, nägelbeißend: „Warum nur hab ich schon am 22. Mai wieder für Ferrari unterschrieben? Jetzt, da die Preise raketenhaft steigen?" Dabei ist Villeneuve im Sommer im Lotus-Werk gesichtet worden, aber Gilles streitet ab: „Das war ein englischer Fotoreporter, der mir ähnlich sieht" — während Chapman ein fast klassisches Dementi findet: „Mein Gott, soviele gute Leute gehen bei mir ein und aus, ich kann mich ehrlich nicht erinnern." Aber Villeneuve leidet genauso wenig wie Scheckter unter den Ferrari-Vertragsfesseln — ganz im Gegensatz zu den Lotus-Piloten: Andretti bereut bitter, „daß ich mich an Chapman zum erstenmal in meinem Leben länger als ein Jahr gebunden hab, sogar unter Verzicht auf Indianapolis, erstmals seit 15 Jahren, und was ist dabei rausgekommen?" Chapman, der überrollte „Ground-effect-car"-Erfinder, gaukelt seinen Piloten einen „Lotus 81" fürs nächste Jahr vor, will sie unbedingt halten — aber Marlboro tut alles, um Andretti aus seinem Lotus-Vertrag auszukaufen und (statt Lauda) in einen McLaren zu setzen. Aber Mario ist vor allem Formel-1-müde. Und Reutemann gibt zu: „Ich kann nicht bei Lotus bleiben. Zuviel Spannung mit Andretti."

Wieder einmal ist der „Indianer" die Königsfigur im Transfer-Schach. Frank Williams, aber auch Ensign-Chef Mo Nunn, sind hinter Carlos her wie der Teufel. Ein dreckiges Spiel, das Williams seit Sommer mit Regazzoni treibt. Er vertröstet ihn seit Wochen: Morgen sag ich dir Bescheid — übermorgen — oder nie. So sehr jeder dem Williams-Team die Anfangserfolge gegönnt hat: Diese Truppe wird von ihren Siegen überrumpelt. Niederlagen, heißt es im Autorennsport, wären charakterbildend — Siege offensichtlich nicht. „Die anderen Teams", sagt Charlie Chrichton-Stuart, „hassen uns mehr, als sie uns mögen. Weil die Araber die Ölpreise hochjagen, uns aber mit Millionen finanzieren. Ich hab's in den Ländern mit jüdischem Einfluß gemerkt, wie man uns wegen unserer Siege haßt."

Die Formel 1 war noch nie ein Glaubenskrieg. Und lange glaubte man, Williams halte Regazzoni nur zum Schein hin, nach außen, „weil er's unheimlich genießt, wenn ihn jeden Tag irgendein Spitzenpilot anruft: Kann ich 1980 bei dir fahren?" Williams, das war früher die Bowery, die letzte Zuflucht. Man ging dorthin, wenn man nirgendwo anders mehr Unterschlupf fand. Jetzt nicht mehr. Aber die neue, fremde Vornehmheit tut dem Team nicht gut. Denn plötzlich muß sich Regazzoni ein Sündenregister an den Kopf werfen lassen, muß sich verteidigen, warum er manche Rennen nicht gewonnen hat. „Du scheißt im Training zuviel herum, darum verpaßt du immer um ein paar Hundertstel die erste Startreihe", klagt Williams an — von den Qualifikationsreifen, die sich in der Jones-Box türmen, spricht er nicht. Zweiter Anklagepunkt: „Du startest meist gut, schläfst aber dann 10, 15 Runden und wachst erst im Finish auf."

Recht schäbig die Reaktion auf den Silverstone-Sieg Regazzonis: Zwei Tage darauf setzte man Jones (im Rennen ausgefallen) auf der gleichen Strecke in Regazzonis Siegerauto, änderte nur die Pedale, tauschte den Sitz — und ließ Alan auf Zeit fahren: Er war um zwei Sekunden schneller als Regazzoni. „Aber was hätte ich denn mehr tun sollen als gewinnen?" fragt Clay. „Du hast zwei Siege verschlafen: In Monte Carlo und in Monza, weil du zu spät Tempo gemacht hast." Solche Vorwürfe hat Regazzoni nicht einmal bei Ferrari hören müssen. Und Williams sagt ihm: „Ich will nicht die beste Nummer 2, sondern die schnellste Nummer 2."

Als Williams, Head, Jones und Reutemann an einem Tisch zusammensitzen, fordert Alan: „Ich will, daß Clay bleibt. Entweder ein glückliches Team — oder wir brechen auseinander. Aber wer immer statt Clay in mein Team kommt: Ich verlange, daß er als Nr. 2 eingekauft, als Nr. 2 verlautbart, als Nr. 2 behandelt wird. Denn sonst", sagt mir Jones, „bin ich weg." Derweil ist Williams bereit, auf Reutemann zu warten, „und wenn's sein muß, bis zum jüngsten Tag."

Was Williams 1979 geschafft hat, trauen 1980 viele dem kleinen Mo Nunn zu. „British Leyland" sponsert Ensign (über die Ersatzteilfirma „Unipart") mit einer halben Million Pfund = 15 Millionen Schilling. „Wir wollen keinen technischen Einfluß, nur Werbung und die Garantie, daß ein Spitzenpilot im Auto sitzt!" Dieser Anruf kam aus dem

Nichts, wie aus dem Himmel, und ein überglücklicher Nunn fing an, zu ködern: Regazzoni, Reutemann, als Notlösung Tambay, dem McLaren gesagt hat: „Du kannst dir einen Platz suchen, wenn du wo einen findest, aber wahrscheinlich müssen wir dich ohnehin behalten." Pironi will unbedingt weg von Tyrrell (Chapman hält sich den Franzosen warm); Jarier sagt: „Tyrrell hat auf mich eine Option, wenn er mich nimmer will, geh ich zu Ligier." Dort wurde — fast logisch in einem Sportgeschäft, das keine Pensionsrechte kennt — Patrick Depailler noch im Spital gekündigt. Er unterschrieb für Alfa-Alfa — aber das durfte erst am letzten GP-Wochenende 1979 publik werden. Was sich bald abzeichnete: ein Shadow-Alfa-Team mit de Angelis/Brambilla. Dagegen verliert sowohl Fittipaldi (Copersucar) als auch Wolf (Olympus) seinen Sponsor. Sollten sich diese beiden Teams zusammenschließen? Wenn Wolf weitermacht, bleibt auch Rosberg — dem aber ATS-Boss Schmid schöne Augen macht. Der Konkurrenzkampf spiegelt sich bald in diversen Aussagen wider. „Der Rosberg", sagt Stuck, „fährt wie eine Sau. Da gibt's keinen Randstein, über den er nicht drüberfährt. Reines Glück, daß er auf der Straße bleibt . . ." Von derlei Sorgen unbeeindruckt, fliegt Walter Wolf zwischen dem Kanada- und dem USA-Grand-Prix tausende Kilometer und setzt im Ölgeschäft binnen vier Tagen 250 Millionen Dollar um. Binnen vier Tagen — an denen der Grand-Prix-Zirkus im „Glen Motor Inn" seinen Benzintratsch abhält.

Watkins Glen: Golfplatz, Glasfabrik, die Cornill-Uni (an der Teddy Mayer studiert hat) und die „Finger Lakes". Viele kleine Seen, hügelig, bei Sonnenschein fast so schöne Herbstwälder wie in Österreich. Aber bei Schlechtwetter: der letzte Platz der Welt. „Ein Ort, an dem du dir's zehnmal überlegst, deinen Sponsor mitzubringen", sagt Andretti ein paar Wahrheiten. „Sogar in Monza haben sie neue Klosette gebaut, aber hier?" Bei Regen verwandelt sich das Innenfeld in ein grauenhaftes, unorganisiertes Chaos, in dem Autos stundenlang feststecken (falls sie nicht bereits im Dreck versinken). Dazu kommen die Streckenprobleme: Strenge Winter — daher Frostaufbrüche — und eine von Jahr zu Jahr holprigere Piste.

Alan Jones berichtet Schauermärchen von den Testfahrten: „Ich mußte die Lenksäule und meine Beine mit Schaumgummi umwickeln,

sonst hätte ich mir auf voller Fahrt die Knochen gebrochen.“ Verständlich der Kriegsruf der Piloten: „Nie wieder Watkins Glen!“
Donnerstag macht Jones das Tempo. Freitag kommt die Sintflut. Villeneuve pflügt wie mit einem Amphibienfahrzeug durch den Regen, meterhohe Wasserfontänen aufwirbelnd, volle 10 Sekunden schneller als Scheckter. Brambilla hat in einer Runde gleich zwei Dreher (den zweiten bremst die Leitplanke) und kommt mit zerknittertem Alfa-Alfa an die Box — der Heckflügel wird später vom Kranwagen nachserviert. Ing. Chiti läuft tomatenrot an, ballt die Fäuste, brüllt, ganz tragische Opernfigur, „Brambilla!“ (mit vielen „r“ und „l“), schüttelt den Kopf und geht weg. Vittorio reißt den Helm vom Kopf, stürzt seinem Chef dienstfertig, geknechtet, aber im Unschuldigen-Stil nach: „Ingeniere“, fleht Brambilla, „acuaplaning.“ Als auch noch Arnoux gegen die Leitplanken kracht, wird das Training abgebrochen.

Samstag, auf trockener Bahn, holt erneut Jones Pole-Position, aber neben ihn schiebt sich — erstmals 1979 ein Brabham in der ersten Startreihe! — Nelson Piquet. Zunino hält Platz 7, bis er in der 220-km/h-Zielkurve geradeaus fährt. „Da war etwas Öl ... ich hatte noch kalte Reifen ... und etwas zu spät gebremst.“ Blaß schält sich der Lauda-Ersatz aus dem Trümmerhaufen, weiß nicht so recht, wohin er gehen soll und setzt sich, vis-à-vis der Brabham-Box, auf die Treppe.

„Sag, James: Reagieren alle Rennfahrer so auf Stürze?“ fragt Ecclestone seinen Boxengast James Hunt, der als BBC-Kommentator und Prominentenrennen-Teilnehmer angeheuert worden ist. Hunt zuckt die Achseln. Murray grinste: „Zunino soll nur drübenbleiben — mein Ersatzauto geb ich ihm nicht.“ Worauf Bernie zu kichern anfängt: „Zunino soll auf den Galgen des Rennleiterturms klettern und zu uns rüberspringen — wie ein Turmspringer.“ Gut, daß der nette Ricardo das alles nicht hört: Damit er keine Formel-1-Illusionen verlieren kann.

An einen Strohhalm klammert sich Laffite: Er kann noch Vizeweltmeister werden, wenn, aber nur wenn er Watkins Glen gewinnt — sonst fällt der zweite WM-Platz an Villeneuve.

Entsprechend Jacques' Einsatz, jedoch von Schreck begleitet: Am

Vormittag Rad weggebrochen in der Schikane — nachmittags Motorschaden — und der Ersatz-Ligier fängt wegen einer undichten Benzinleitung auf offener Strecke Feuer. „Ich seh im Rückspiegel, wie's brennt", schildert mir Laffite, „will sofort den nächsten Feuerlöschposten ansteuern, find aber zu meinem Schreck keinen. Also fang ich an, selber zu löschen, muß rufen und winken, bis endlich einer über die Leitplanken kommt ... Wenn einer von uns im Rennen brennt: Gnade Gott."

Feuer und Wasser, das Motto von Watkins Glen. Der Regen kommt kurz vorm Start, gerade, als Villeneuves Motorwechsel fertig ist und Andretti seinen Sohn Mike getröstet hat: Der Junior ist beim großen GP-Kart-Rennen auf der Grand-Prix-Strecke, in Führung, ausgefallen. Andretti (17. Startplatz) und Piquet (2.) lassen sich zu einem gefährlichen Poker hinreißen: mit Slicks ins Regenrennen, darauf hoffend, daß die Bahn (wie in Kyalami) bald auftrocknet. Aber Watkins Glen ist 25 Grad kälter. Und schon die Aufwärmrunde ein Fanal: Jody Scheckter kreiselt (auf Regenreifen) in der Schikane zweimal, 720 Grad also, ohne anzuschlagen.

Jody (nur am 9. Startplatz) rutscht auch in der ersten Kurve nach dem Start leicht aus: „Für mich ein Wunder, daß ich nicht alle mitgerissen hab." Villeneuve—Jones, Rad an Rad, kämpfen um die bei Regenrennen unbezahlbare Führung, weil der Erste mit seinem Spray alle Verfolger duscht — und Gilles gewinnt mit Herzklopfen: „Fast wär' ich rausgeflogen." Das Rennen beginnt mit Gänsehaut: Giacomelli kracht schon in der 1. Runde gegen die Leitplanken; Stuck dreht sich mitten im Pulk; Ickx kommt (dank der weichen Regenabstimmung) aus der letzten Reihe binnen 3 Runden auf Platz 12 vor, „aber dann berühr ich ganz leicht den Tyrrell von Daly und flieg aus der Zielkurve."

Eine Runde später: Laffite sieht in der Kurve, daß Ickx' Zwillings-Ligier an der Leitplanke pickt. „Meine Konzentration ist kurz weg — mein Auto sowieso zu hart gefedert — und schon kracht's." Laffites Vizeweltmeister-Traum ist ausgeträumt. Als nächster kommt Reutemann zu Fuß, Helm abgenommen wie ein Frontsoldat, nach dem blödesten Unfall des Jahres: „Die Vibrationen haben Batterie und Bordfeuerlöscher losgerissen, beides verklemmt sich zwischen

meinen Füßen und den Pedalen. Ein Alptraum, als ich auf die Bremse steig. Dann häng ich schon im Fangzaun", berichtet Carlos.
„Fuji-Wetter", aber länger als befürchtet. Regenrennen dauern — aus der Sicht der Rennfahrer — ewig, weil sie jeden Zeitbegriff verlieren: „Im Trockenen kann ich mich voll auf die nächste Runde konzentrieren. Im Regen immer nur auf die nächsten paar Meter." Dazu beschlagen sich pausenlos die Rückspiegel: Das ist der Grund, warum es in Regenrennen öfter zu Karambolagen kommt als sonst — in Watkins Glen sogar zwischen Teamkollegen: Daly schießt Jarier glatt ab. Rosberg kracht gegen Pironi. Und den Mutigsten von allen, Andretti und Piquet, dämmert längst: gepokert und verloren. Statt schwächer, prasselt der Regen wieder stärker. Mario und Nelson rutschen auf dem schmierseifenglatten Gemisch von Wasser und Öl, Dreck und Gummiabrieb ohne Grip, ohne Hoffnung — bis sie das Handtuch werfen und auf Regenreifen umstecken.
10 Runden später hört der Regen auf. Bei Halbzeit beginnt die Bahn aufzutrocknen. Kyalami wiederholt sich: Ein Reifenkrimi, ein „Thriller", mit fix verteilten Rollen.
Scheckter und Regazzoni wechseln als erste auf Slicks. Danach verliert Clay ein sinnloses Nahkampfduell mit Piquet und rutscht in den Dreck. Scheckter aber hilft Ferrari, den Villeneuve-Boxenstop genau zu timen: „Wir holen Gilles herein, sobald Jody auf Slicks schneller ist als Gilles mit den Regenreifen." Je trockener die Strecke, um so geringer der Villeneuve-Vorsprung. Jones, im Nassen 7 Sekunden zurück, kämpft Gilles nieder. 34. Runde: Piccinini und Tomaini holen Villeneuve herein, fertigen ihn binnen 18 Sekunden ab. Jones, jetzt 40 Sekunden in Führung, wechselt zwei Runden später, aber in der Williams-Box bricht Chaos aus: ein total verpatzter Reifenwechsel. „Die Vorderreifen haben wir rasch herunter, aber die Hinterpneus sind schwierig zu wechseln." Draußen heult bereits Villeneuve vorbei — wieder in Führung. Die Williams-Box schmeißt die Nerven weg. Ein Mißverständnis, Jones wird losgeschickt, bevor das rechte Hinterrad festgezogen ist. Eine halbe Runde später rutscht es von der Achse ... „Ich hab's gemerkt, aussteuern und einen Unfall vermeiden können."
Damit führt Villeneuve plötzlich eine volle Runde vor Arnoux und

Scheckter. Aber später weiß man: Jones hätte noch mehr Zeit in der Box vertrödeln können und trotzdem mit einer Hand gewonnen — weil Villeneuves Öldruck 25 Runden vor Schluß alarmierend fällt. „Ich drossel sofort das Tempo und trag das Auto auf Händen, ... aber Ferrari-Motoren sind so standfest, die laufen sogar ohne Öl." Michelin-Reifen jedoch nicht ohne Luft. Auf einem Glasscherben, Nagel oder Stein schlitzt sich Scheckter den rechten Hinterreifen auf — den es durch Explosion zerfetzt: Jodys erster Ausfall wegen technischen Defekts.
Arnoux fährt zeitweise 7 Sekunden schneller als Villeneuve und wird Zweiter; Pironi überlebt das Gemetzel der Tyrrell-Piloten; de Angelis holt dank einem Shadow-Boxentrick (beim Reifenwechsel vorn Qualifikationsreifen aufgezogen) die ersten WM-Punkte seiner Karriere und Stuck seine ersten bei ATS, steigt aber sauer aus: „Ich hab Schmid die FOCA-Zugehörigkeit gerettet, also 300.000 DM eingespielt, die Mechaniker schafften den drittschnellsten Boxenstop — aber Schmid hat niemandem gratuliert. Nur gebrummt: Dritter hätten wir werden müssen."
Der Saison-Schlußvorhang fällt nur für sieben Mann: Mehr kommen nicht ins Ziel. Und kein Brabham: Zunino gestürzt, Piquet kurz vor Schluß die Halbwelle gebrochen — aber wenigstens nach der schnellsten Runde im Rennen.
Den Schlußpunkt setzt Frank Williams, der zu Regazzoni sagt: „Du bist frei, du kannst gehen, ich brauch dich nimmer." Lang nach Mitternacht kommt Mo Nunn an den Regazzoni-Tisch im „Glen Motor Inn": „Clay, gib mir deine Hand, daß du 1980 für mich fährst." Regazzoni, gerade mit einer aufreizenden Blondine beschäftigt, wehrt ab: „Ich bin heute zu müde."

*

So endet das Jahr der „Flügelautos", die alle bestehenden Rundenrekorde pulverisierten. Das Jahr der „französischen Revolution" in der Formel 1, weil Ligier anfangs alles an die Wand fuhr und später mit dem Renault-Turbo eine sensationelle neue Siegermelodie aufklang — heulend und pfeifend wie der erste Ton der „Rhapsody in Blue." Das Jahr, in dem Alan Jones zwar mehr Siege errungen hat als der Weltmeister, Gilles Villeneuve 1262,5 Grand-Prix-Kilometer, mehr als jeder andere, geführt, Jody Scheckter aber zur richtigen Zeit die richtigen Rennen gewonnen hat. Vor allem jedoch: Das Jahr des plötzlichen Rücktritts zweier Weltmeister, James Hunt und Niki Lauda — des dritten österreichischen Weltmeisters im Motorsport, aber des einzigen, der überlebt hat.

Von Jacky Ickx stammt der Spruch: „Wir Grand-Prix-Fahrer leben nicht eines, sondern drei bis vier Leben.“ Ein paar davon hat Lauda noch vor sich. „Wenn ich 80 bin, möcht ich in Hof sitzen, auf den Fuschlsee runterschauen und dazu ein Viertel trinken“, sagt Niki. „Glückliche Nachrufe auf die Lauda-Karriere“ wären nicht sein Stil. Außerdem wird er auch in seinem zweiten Beruf immer Schlagzeilen machen. „Lauda-air“ — für die Niki im ersten Jahr ein 2-Millionen-Defizit errechnet hat — ist längst stolz flügge geworden. Und Lauda geht mit seiner berühmten Konsequenz seinen Weg, „weil ich immer überzeugt war, daß es zwar eine Straße gibt, die uns Menschen vorgegeben ist, nur glaub ich: Die Straße ist viel breiter als die Menschen glauben.“ Ab jetzt führt sie in die Luft. Wird es je wieder einen Lauda im Rennwagen geben? „Mein Bub wird ganz normal aufwachsen, mit den Kühen beim Bauern Wastl, ja nicht als Kindheitsrennfahrer — ich werde ihn so beeinflussen, daß er gar nicht auf die Idee kommt. Wenn er unbedingt Sport treiben will, zeig ich ihm Golf und Tennis. Dort verdient er mehr Geld — mit weniger Risiko.“

Für Marlene ist das Leben mit der Angst, das Leben „immer bis zum übernächsten Sonntag“, vorbei, seit sie Niki aus Kanada angerufen hat. Seine Rücktrittsworte: „Wir müssen Seifenpulver sparen. Ab jetzt brauchst du mir nie wieder meinen Overall zu waschen.“

Statistik

AUTOMOBILWELTMEISTER

1950: Dr. Giuseppe Nino Farina (Italien) auf Alfa Romeo
1951: Juan Manuel Fangio (Argentinien) auf Alfa Romeo
1952: Alberto Ascari (Italien) auf Ferrari
1953: Alberto Ascari (Italien) auf Ferrari
1954: Juan Manuel Fangio (Argentinien) auf Maserati und Mercedes
1955: Juan Manuel Fangio (Argentinien) auf Mercedes
1956: Juan Manuel Fangio (Argentinien) auf Ferrari
1957: Juan Manuel Fangio (Argentinien) auf Maserati
1958: Mike Hawthorn (England) auf Ferrari
1959: Jack Brabham (Australien) auf Cooper-Climax
1960: Jack Brabham (Australien) auf Cooper-Climax
1961: Phil Hill (USA) auf Ferrari
1962: Graham Hill (England) auf BRM
1963: Jim Clark (Schottland) auf Lotus-Climax
1964: John Surtees (England) auf Ferrari
1965: Jim Clark (Schottland) auf Lotus-Climax
1966: Jack Brabham (Australien) auf Brabham-Repco
1967: Denis Hulme (Neuseeland) auf Brabham-Repco
1968: Graham Hill (England) auf Lotus-Ford
1969: Jackie Stewart (Schottland) auf Matra-Ford
1970: Jochen Rindt (Österreich) auf Lotus-Ford
1971: Jackie Stewart (Schottland) auf Tyrrell-Ford
1972: Emerson Fittipaldi (Brasilien) auf Lotus-Ford
1973: Jackie Stewart (Schottland) auf Tyrrell-Ford
1974: Emerson Fittipaldi (Brasilien) auf McLaren-Ford
1975: Niki Lauda (Österreich) auf Ferrari
1976: James Hunt (England) auf McLaren-Ford
1977: Niki Lauda (Österreich) auf Ferrari
1978: Mario Andretti (USA) auf Lotus-Ford
1979: Jody Scheckter (Südafrika) auf Ferrari

FAHRERWELTMEISTERSCHAFT 1979

	Argentinien	Brasilien	Südafrika	USA-West	Spanien	Belgien	Monaco	Frankreich	England	Deutschland	Österreich	Holland	Italien	Kanada	USA-Ost		Total
1. J. Scheckter, SA, Ferrari	—	1*	6	6	3*	9	9	—	2*	3*	3	6	9	3	—	51	60
2. G. Villeneuve, CAN, Ferrari	—	2	9	9	—	—	—	6*	—	—	6	—	6	6	9	47	53
3. A. Jones, AUS, Williams	—	—	—	4	—	—	—	3*	—	9	9	9	—	9	—	40	43
4. J. Laffite, F, Ligier	9	9	—	—	—	6	—	—	—	4	4	4	—	—	—	36	
5. C. Regazzoni, CH, Williams	—	—	—	—	—	—	6	1*	9	6	2*	—	4	4	—	29	32
6. C. Reutemann, ARG, Lotus	6	4	2*	—	6	3*	4	—	—	—	—	—	—	—	—	20	25
P. Depailler, F, Ligier	3	6	—	2*	9	—	2	—	—	—	—	—	—	—	—	20	22
8. R. Arnoux, F, Renault	—	—	—	—	—	—	—	4	6	—	1	—	—	—	6	17	
9. J. Watson, IRL, McLaren	4	—	—	—	—	1	3	—	3	2	—	—	—	1	1	15	
10. J.-P. Jarier, F, Tyrrell	—	—	4	1	2	—	—	2	4	—	—	—	1	—	—	14	
M. Andretti, USA, Lotus	2	—	3	3	4	—	—	—	—	—	—	—	2	—	—	14	
D. Pironi, F, Tyrrell	—	3	—	—	1	4	—	—	—	—	—	—	—	2	4	14	
13. J.-P. Jabouille, F, Renault	—	—	—	—	—	—	—	9	—	—	—	—	—	—	—	9	
14. N. Lauda, A, Brabham	—	—	1	—	—	—	—	—	—	—	—	—	3	—	—	4	
15. J. Mass, BRD, Arrows	—	—	—	—	—	—	1	—	—	1	—	1	—	—	—	3	
J. Ickx, B, Ligier	—	—	—	—	—	—	—	—	1	—	—	2	—	—	—	3	
N. Piquet, BRAS, Brabham	—	—	—	—	—	—	—	—	—	—	—	3	—	—	—	3	
F. de Angelis, I, Shadow	—	—	—	—	—	—	—	—	—	—	—	—	—	—	3	3	
19. R. Patrese, I, Arrows	—	—	—	—	—	2	—	—	—	—	—	—	—	—	—	2	
H.-J. Stuck, BRD, ATS	—	—	—	—	—	—	—	—	—	—	—	—	—	—	2	2	
21. E. Fittipaldi, BRAS, Copersucar	1	—	—	—	—	—	—	—	—	—	—	—	—	—	—	1	

(Neues Reglement 1979: Pro Fahrer wurden nur die besten vier Ergebnisse jeder Saisonhälfte gewertet. Da der GP Schweden ausfiel, umfaßte die erste Saisonhälfte nur 7 Rennen, die zweite 8 Rennen. Streichresultate bzw. Streichpunkte mit Stern gesetzt.)

Halbzeitwertung, 1. Saisonhälfte: 1. Scheckter 30 (34), 2. Laffite 24, 3. Reutemann 20 (25), Depailler 20 (22), Villeneuve 20, 6. Andretti 12, 7. Pironi, Watson je 8, 9. Jarier 7, 10. Regazzoni 6, 11. Jones 4, 12. Patrese 2, 13. Fittipaldi, Lauda, Mass je 1 Punkt. — 2. Saisonhälfte: 1. Jones 36 (39), 2. Villeneuve 27 (33), 3. Regazzoni 23 (26), 4. Scheckter 21 (26), 5. Arnoux 17, 6. Laffite 12, 7. Jabouille 9, 8. Watson, Jarier je 7, 10. Pironi 6, 11. Lauda, Ickx, Piquet, de Angelis je 3, 15. Mass, Andretti, Stuck je 2.

Lauf 1 — Großer Preis von Argentinien — Buenos Aires, 21. Jänner 1979

Erstes Training:		Zweites Training:		Drittes Training:	
1. Depailler	1:45,24	1. Jarier	1:45,36	1. Laffite	1:44,20
2. Jarier	1:45,40	2. Laffite	1:45,50	2. Reutemann	1:45,34
3. Scheckter	1:45,58	3. Reutemann	1:46,07	3. Watson	1:45,76
4. Reutemann	1:45,68	4. Depailler	1:46,20	4. Depailler	1:45,79
5. Laffite	1:45,78	5. Andretti	1:46,47	5. Andretti	1:45,96
6. Watson	1:46,49	6. Watson	1:46,73	6. Scheckter	1:46,39
7. Pironi	1:46,56	7. Villeneuve	1:47,27	7. Pironi	1:46,43
8. Andretti	1:46,80	8. Tambay	1:47,79	8. Tambay	1:46,56
9. Fittipaldi	1:47,15	9. Fittipaldi	1:47,93	9. Villeneuve	1:46,88
10. Villeneuve	1:47,32	10. Scheckter	1:48,05	10. Jabouille	1:47,46
11. Tambay	1:47,54	11. Patrese	1:48,65	11. Patrese	1:48,33
12. Mass	1:48,34	12. Mass	1:48,70	12. Jones	1:48,44
13. de Angelis	1:48,51	13. Regazzoni	1:48,93	13. de Angelis	1:48,62
14. Regazzoni	1:48,64	14. Jones	1:49,08	14. Hunt	1:48,77
15. Jabouille	1:48,77	15. de Angelis	1:49,31	15. Fittipaldi	1:48,93
16. Jones	1:49,03	16. Piquet	1:49,49	16. Regazzoni	1:49,08
17. Rebaque	1:49,36	17. Jabouille	1:49,58	17. Mass	1:49,14
18. Patrese	1:49,50	18. Hunt	1:49,61	18. Jarier	1:49,54
19. Lammers	1:49,51	19. Rebaque	1:50,00	19. Lammers	1:49,55
20. Hunt	1:50,48	20. Lammers	1:50,30	20. Rebaque	1:49,58
21. Piquet	1:50,59	21. Arnoux	1:51,22	21. Merzario	1:50,26
22. Daly	1:51,05	22. Stuck	1:52,67	22. Lauda	1:50,29
23. Stuck	1:51,28	23. Daly	1:52,76	23. Daly	1:52,12
24. Merzario	1:53,54	24. Merzario	1:54,35	24. Arnoux	1:59,34
25. Arnoux	1:53,55	25. Lauda	1:56,43	Piquet	— —
26. Lauda	2:03,07	Pironi	— —	Stuck	— —

Startaufstellung:

Jacques Laffite
Ligier-Ford JS11-02
1:44,20

Patrick Depailler
Ligier-Ford JS11-03
1:45,24

Carlos Reutemann
Lotus-Ford 79(20)
1:45,34

Jean-Pierre Jarier
Tyrrell-Ford 009/1
1:45,36

Jody Scheckter
Ferrari 312T3(035)
1:45,58

John Watson
McLaren-Ford M28/2
1:45,76

Mario Andretti
Lotus-Ford 79(22)
1:45,96

Didier Pironi
Tyrrell-Ford 009/2
1:46,43

Patrick Tambay
McLaren-Ford M28/1
1:46,56

Gilles Villeneuve
Ferrari 312T3(036)
1:46,88

Emerson Fittipaldi
Fittipaldi-Ford FSA-1
1:47,15

Jean-Pierre Jabouille
Renault RS04
1:47,46

Jochen Mass
Arrows-Ford A1-2
1:48,34

Alan Jones
Williams-Ford FW06-4
1:48,44

Elio de Angelis
Shadow-Ford DN9/IB
1:48,51

Clay Regazzoni
Williams-Ford FW06-3
1:48,64

James Hunt
Wolf-Ford WR7
1:48,77

Héctor Rebaque
Lotus-Ford 79(19)
1:49,36

Nelson Piquet
Brabham-Alfa Romeo
BT46-7, 1:49,49

Jan Lammers
Shadow-Ford DN9/2B
1:49,51

Arturo Merzario
Merzario-Ford A1-02B
1:50,26

Niki Lauda
Brabham-Alfa Romeo
BT48-1, 1:50,29

Derek Daly
Ensign-Ford NI77-
MN06, 1:51,05

*René Arnoux
Renault RS03
1:51,22

*Nicht qualifiziert, aber zum Start zugelassen.

Nicht qualifiziert: Hans-Joachim Stuck (ATS-Ford D2).
Qualifiziert, aber wegen Unfalls im „warm-up" nicht gestartet: Riccardo Patrese (Arrows-Ford A1-3) 1:48,33.

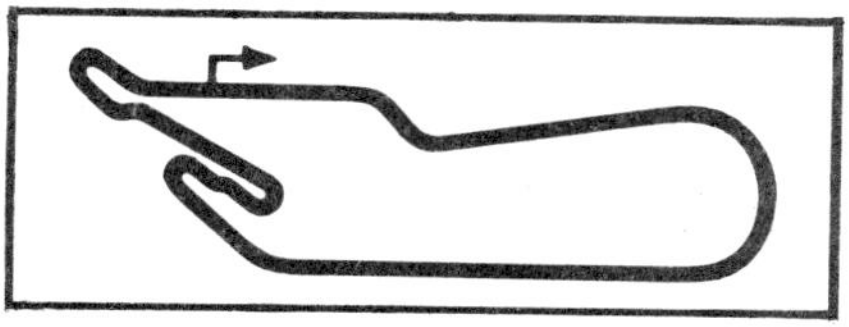

Rekorde: Distanz: Andretti (Lotus-Ford 78) 191,820 km/h (1978); Runde: Villeneuve (Ferrari 312T2) 1:49,76 = 195,75 km/h (1978); Training: Andretti (Lotus-Ford 78) 1:47,75 (1978).

In die Karambolage nach dem ersten Start verwickelt: Watson, Tambay, Andretti, Piquet, Scheckter, Pironi, Merzario. — Zweiter Start ohne Scheckter, Piquet (verletzt), Pironi, Tambay, Merzario.

Wetter am Renntag: Sehr heiß, 34 Grad.

Boxenstops:

Lauda:	5. Runde:	Kein Benzindruck, Reparatur dauerte über 1 Stunde; Platz 13
Villeneuve:	23. Runde:	Reifenwechsel rundum; Platz 7
Regazzoni:	24. Runde:	Reifenwechsel rundum; Platz 12
Jones:	30. Runde:	Reifenwechsel rundum; Platz 12
Depailler:	46. Runde:	Dampfblasenbildung im Benzinsystem, Auto überhitzt; Platz 3
Rebaque:	46. Runde:	Gebrochene Radaufhängung; Platz 7

Ausfälle:

Arnoux:	6. Runde:	Motorschaden; Platz 15
Jabouille:	15. Runde:	Motorschaden; Platz 8
Jarier:	16. Runde:	Leck in der Ölwanne; Platz 6
Lauda:	40. Runde:	Aufgabe; Platz 15
Hunt:	42. Runde:	Elektrik; Platz 11
Lammers:	43. Runde:	Getriebeschaden; Platz 11
Rebaque:	47. Runde:	Gebrochener Rahmen der Hinterradaufhängung; Platz 12
Villeneuve:	48. Runde:	Schaden an Getriebe und Kraftübertragung; Platz 7

Renndistanz: 53 Runden à 5,968 km = 316,2 km.

Stand nach 1 Runde: 1. Depailler, 2. Jarier, 3. Watson, 4. Laffite, 5. Andretti, 6. Reutemann, 7. Villeneuve, 8. Jabouille, 9. Fittipaldi, 10. Mass.

Stand nach 27 Runden (Halbdistanz): 1. Laffite, 2. Depailler, 3. Reutemann, 4. Watson, 5. Andretti, 6. Fittipaldi, 7. de Angelis, 8. Rebaque, 9. Mass, 10. Villeneuve.

Stand nach 35 Runden: 1. Laffite, 2. Depailler, 3. Reutemann, 4. Watson, 5. Andretti, 6. Fittipaldi, 7. de Angelis, 8. Rebaque, 9. Villeneuve, 10. Mass.

Ergebnis:

1. Jacques Laffite (Frankreich) Ligier-Ford	1.36:03,21 = 197,587 km/h
2. Carlos Reutemann (Argentinien) Lotus-Ford	14,94 zurück
3. John Watson (Irland) McLaren-Ford	1:28,81 zurück
4. Patrick Depailler (Frankreich) Ligier-Ford	1:41,72 zurück
5. Mario Andretti (USA) Lotus-Ford	1 Runde zurück
6. Emerson Fittipaldi (Brasilien) Copersucar-Ford	1 Runde zurück
7. Elio de Angelis (Italien) Shadow-Ford	1 Runde zurück
8. Jochen Mass (Deutschland) Arrows-Ford	2 Runden zurück
9. Alan Jones (Australien) Williams-Ford	2 Runden zurück
10. Clay Regazzoni (Schweiz) Williams-Ford	2 Runden zurück
11. Derek Daly (Irland) Ensign-Ford	2 Runden zurück
12. Gilles Villeneuve (Kanada) Ferrari*	5 Runden zurück

* Villeneuve bei Rennschluß nicht mehr im Rennen, aber gewertet.

Schnellste Runde: Laffite (Ligier-Ford) 1:46,91 = 200,968 km/h (42. Runde).

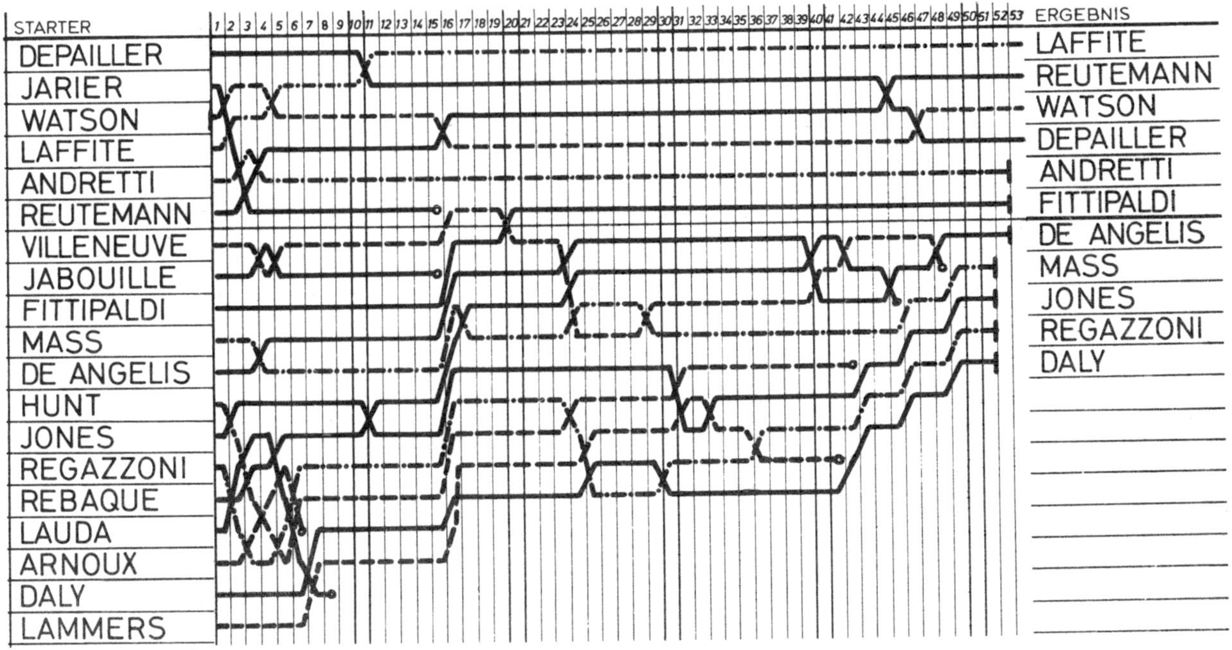
STARTER
DEPAILLER
JARIER
WATSON
LAFFITE
ANDRETTI
REUTEMANN
VILLENEUVE
JABOUILLE
FITTIPALDI
MASS
DE ANGELIS
HUNT
JONES
REGAZZONI
REBAQUE
LAUDA
ARNOUX
DALY
LAMMERS
1 2 3 4 5 6 7 8 9 10 11 12 13 14 15 16 17 18 19 20 21 22 23 24 25 26 27 28 29 30 31 32 33 34 35 36 37 38 39 40 41 42 43 44 45 46 47 48 49 50 51 52 53
ERGEBNIS
LAFFITE
REUTEMANN
WATSON
DEPAILLER
ANDRETTI
FITTIPALDI
DE ANGELIS
MASS
JONES
REGAZZONI
DALY

Lauf 2 — Großer Preis von Brasilien — Interlagos, 4. Februar 1979

1. Training:

1.	Laffite	2:23,07
2.	Depailler	2:24,31
3.	Scheckter	2:24,48
4.	Jabouille	2:24,85
5.	Andretti	2:25,33
6.	Villeneuve	2:25,42
7.	Reutemann	2:26,55
8.	Pironi	2:27,21
9.	Arnoux	2:28,14
10.	Lauda	2:28,47
11.	Jarier	2:28,64
12.	Watson	2:28,66
13.	Fittipaldi	2:28,69
14.	Regazzoni	2:28,88
15.	Patrese	2:29,09
16.	Hunt	2:30,32
	Mass	2:30,32
18.	Jones	2:30,44
19.	de Angelis	2:30,58
20.	Lammers	2:31,66
21.	Daly	2:33,18
22.	Stuck	2:33,64
23.	Rebaque	2:33,74
24.	Merzario	2:24,08
	Piquet	— —
	Tambay	— —

2. Training:

1.	Depailler	2:23,99
2.	Villeneuve	2:24,34
3.	Pironi	2:25,16
4.	Jabouille	2:25,65
5.	Andretti	2:25,85
6.	Reutemann	2:25,91
7.	Fittipaldi	2:26,35
8.	Arnoux	2:26,43
9.	Lauda	2:27,57
10.	Hunt	2:27,60
11.	Jones	2:27,67
12.	Jarier	2:28,22
13.	Patrese	2:28,68
14.	Regazzoni	2:29,20
15.	Watson	2:29,35
16.	Mass	2:29,99
17.	Scheckter	2:30,59
18.	Lammers	2:31,60
19.	Stuck	2:32,27
20.	Rebaque	2:32,86
21.	de Angelis	2:33,80
22.	Merzario	2:36,44
23.	Piquet	2:37,08
	Tambay nicht gezeitet	
	Laffite	— —
	Daly	— —

3. Training:

1.	Reutemann	2:24,15
2.	Andretti	2:24,28
3.	Depailler	2:24,48
4.	Villeneuve	2:24,71
5.	Scheckter	2:24,74
6.	Jabouille	2:25,40
7.	Pironi	2:25,46
8.	Hunt	2:26,37
9.	Fittipaldi	2:27,61
10.	Watson	2:27,82
11.	Jarier	2:27,89
12.	Patrese	2:28,08
13.	Jones	2:28,70
14.	Tambay	2:29,39
15.	Mass	2:29,42
16.	Laffite	2:29,55
17.	Arnoux	2:29,88
18.	de Angelis	2:30,29
19.	Regazzoni	2:30,66
20.	Piquet	2:31,64
21.	Daly	2:31,78
22.	Rebaque	2:32,66
23.	Lammers	2:32,88
24.	Stuck	2:33,03
25.	Merzario	2:34,86
	Lauda	— —

Startaufstellung:

Jacques Laffite
Ligier-Ford JS11-02
2:23,07

Patrick Depailler
Ligier-Ford JS11-03
2:23,99

Carlos Reutemann
Lotus-Ford 79 (20)
2:24,15

Mario Andretti
Lotus-Ford 79 (20)
2:24,28

Gilles Villeneuve
Ferrari 312T3 (034)
2:24,34

Jody Scheckter
Ferrari 312T3 (035)
2:24,48

Jean-Pierre Jabouille
Renault RS04
2:24,85

Didier Pironi
Tyrrell-Ford 009/2
2:25,16

Emerson Fittipaldi
Fittipaldi-Ford F5A-1
2:26,35

James Hunt
Wolf-Ford WR7
2:26,37

René Arnoux
Renault RS03
2:26,46

Niki Lauda
Brabham-Alfa Romeo
BT48-1, 2:27,57

Alan Jones
Williams-Ford FW06-4
2:27,67

John Watson
McLaren-Ford M28/2
2:27,82

Jean-Pierre Jarier
Tyrrell-Ford 009/1
2:27,89

Riccardo Patrese
Arrows-Ford A1-3(4)
2:28,08

Clay Regazzoni
Williams-Ford FW06-3
2:28,88

Patrick Tambay
McLaren-Ford M26/5
2:29,39

Jochen Mass
Arrows-Ford A1-2
2:29,42

Elio de Angelis
Shadow-Ford DN9/1B
2:30,29

Jan Lammers
Shadow-Ford DN9/3B
2:31,60

Nelson Piquet
Brabham-Alfa Romeo
BT48-2, 2:31,64

Derek Daly
Ensign-Ford N177MN-06
2:31,78

Hans-Joachim Stuck
ATS-Ford D2
2:32,27

Nicht qualifiziert: Héctor Rebaque (Lotus-Ford 79(19) 2:32,66; Arturo Merzario (Merzario-Ford A1-02B) 2:34,08.
Jarier nach Elektrikschaden in der Aufwärmrunde nicht gestartet (tatsächlicher Grund: Riß im Monocoque).

Rekorde: Distanz: Fittipaldi (Lotus-Ford 72) 183,380 km/h (1973); Runde: Jarier (Shadow-Ford DN5) 2:34,16 = 185,894 km/h (1975); Training: Jarier (Shadow-Ford DN5) 2:29,88 = 191,202 km/h (1975).

Wetter am Renntag: Anfangs bedeckt, dann sonnig und heiß, 31 Grad.

Boxenstops:

Regazzoni:	8. Runde:	Aufhängungskontrolle nach Kollision mit Tambay; Platz 11—18
Villeneuve:	21. Runde:	Reifenwechsel rundum; Platz 7
Fittipaldi:	22. Runde:	Reifenwechsel links hinten; Platz 4—13
Scheckter:	27. Runde:	Reifenwechsel rundum; Platz 5
Stuck:	28. Runde:	Mangelnder Benzindruck, Nachtanken; Platz 13
Jabouille:	30. Runde:	Reifenwechsel rundum; Platz 8
Jones:	32. Runde:	Kein Benzindruck; Platz 5—7

Ausfälle:

Andretti:	2. Runde:	Elektrikschaden nach Feuer in der Benzineinspritzung vor dem Start; Platz 3
Piquet:	6. Runde:	Aufgabe nach Kollision mit Regazzoni; war mit halbleeren Tanks und weichen Reifen gestartet; Platz 14
Lauda:	6. Runde:	Defekt am Schaltgestänge; Platz 17
Hunt:	7. Runde:	Vibrationen; Platz 11
Tambay:	8. Runde:	Kollision mit Regazzoni; Platz 12
Arnoux:	29. Runde:	Unfall; Platz 16
Stuck:	31. Runde:	Lenkrad gebrochen; Platz 16
Jones:	33. Runde:	Kein Benzindruck; Platz 15

Renndistanz: 40 Runden à 7,874 km = 318,4 km.

Stand nach 1 Runde: 1. Laffite, 2. Depailler, 3. Andretti, 4. Reutemann, 5. Scheckter, 6. Fittipaldi, 7. Pironi, 8. Villeneuve, 9. Lauda, 10. Jones.

Stand nach 10 Runden: 1. Laffite, 2. Depailler, 3. Reutemann, 4. Fittipaldi, 5. Scheckter, 6. Pironi, 7. Villeneuve, 8. Jones, 9. Patrese, 10. Mass.

Stand nach 30 Runden: 1. Laffite, 2. Depailler, 3. Reutemann, 4. Pironi, 5. Jones, 6. Villeneuve, 7. Mass, 8. Jabouille, 9. Watson, 10. Scheckter.

Ergebnis:

1. Jacques Laffite (Frankreich) Ligier-Ford	1.40:09,64 = 188,669 km/h
2. Patrick Depailler (Frankreich) Ligier-Ford	5,28 zurück
3. Carlos Reutemann (Argentinien) Lotus-Ford	44,12 zurück
4. Didier Pironi (Frankreich) Tyrrell-Ford	1:25,88 zurück
5. Gilles Villeneuve (Kanada) Ferrari	1 Runde zurück
6. Jody Scheckter (Südafrika) Ferrari	1 Runde zurück
7. Jochen Mass (Deutschland) Arrows-Ford	1 Runde zurück
8. John Watson (Irland) McLaren-Ford	1 Runde zurück
9. Riccardo Patrese (Italien) Arrows-Ford	1 Runde zurück
10. Jean-Pierre Jabouille (Frankreich) Renault	1 Runde zurück
11. Emerson Fittipaldi (Brasilien) Copersucar-Ford	1 Runde zurück
12. Elio de Angelis (Italien) Shadow-Ford	1 Runde zurück
13. Derek Daly (Irland) Ensign-Ford	1 Runde zurück
14. Jan Lammers (Holland) Shadow-Ford	1 Runde zurück
15. Clay Regazzoni (Schweiz) Williams-Ford	2 Runden zurück

Schnellste Runde: Laffite (Ligier-Ford) 2:28,76 = 190,6 km/h.

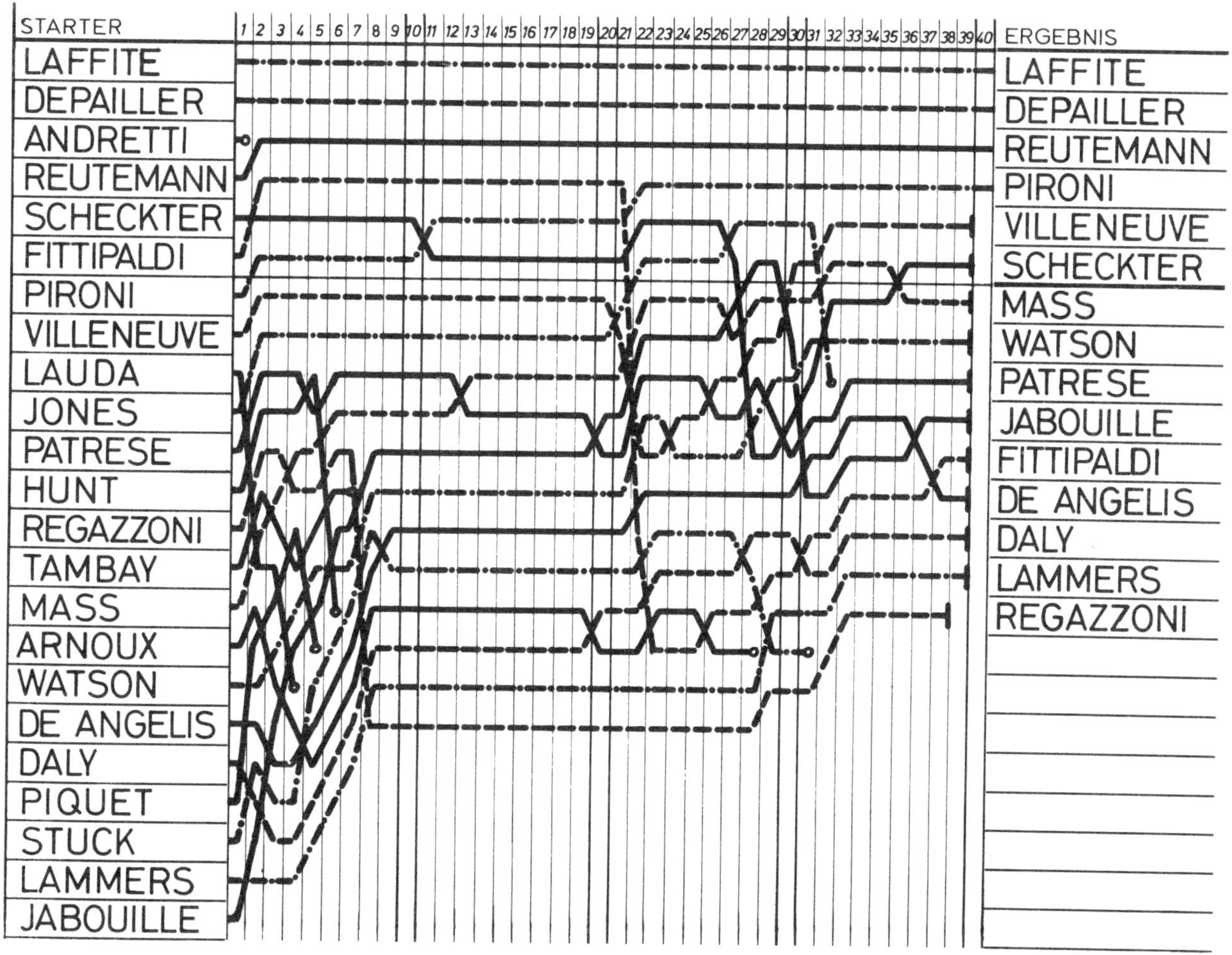
STARTER
LAFFITE
DEPAILLER
ANDRETTI
REUTEMANN
SCHECKTER
FITTIPALDI
PIRONI
VILLENEUVE
LAUDA
JONES
PATRESE
HUNT
REGAZZONI
TAMBAY
MASS
ARNOUX
WATSON
DE ANGELIS
DALY
PIQUET
STUCK
LAMMERS
JABOUILLE
1 2 3 4 5 6 7 8 9 10 11 12 13 14 15 16 17 18 19 20 21 22 23 24 25 26 27 28 29 30 31 32 33 34 35 36 37 38 39 40
ERGEBNIS
LAFFITE
DEPAILLER
REUTEMANN
PIRONI
VILLENEUVE
SCHECKTER
MASS
WATSON
PATRESE
JABOUILLE
FITTIPALDI
DE ANGELIS
DALY
LAMMERS
REGAZZONI

Lauf 3 — Großer Preis von Südafrika — Kyalami, 3. März 1979

Erstes Training:

1.	Jabouille	1:11,80
2.	Scheckter	1:12,04
3.	Villeneuve	1:12,07
4.	Lauda	1:12,12
5.	Laffite	1:12,26
6.	Pironi	1:12,33
7.	Andretti	1:12,36
8.	Depailler	1:12,51
9.	Arnoux	1:12,69
10.	Reutemann	1:12,75
11.	Piquet	1:13,07
12.	Watson	1:14,44
13.	Patrese	1:14,54
14.	Jarier	1:14,58
	Tambay	1:14,58
16.	Hunt	1:14,60
17.	Mass	1:15,00
18.	Jones	1:15,06
19.	de Angelis	1:15,18
20.	Fittipaldi	1:15,24
21.	Lammers	1:15,46
22.	Regazzoni	1:15,68
23.	Stuck	1:16,31
24.	Daly	1:16,64
25.	Rebaque	1:17,11
26.	Merzario	1:18,14

Zweites Training:

1.	Villeneuve	1:12,86
2.	Scheckter	1:13,37
3.	Depailler	1:13,64
4.	Reutemann	1:14,19
5.	Andretti	1:14,21
	Hunt	1:14,21
7.	Piquet	1:14,65
8.	Pironi	1:15,18
9.	Jarier	1:15,19
10.	Tambay	1:15,39
11.	Laffite	1:15,80
12.	Watson	1:16,10
13.	Patrese	1:16,14
14.	Fittipaldi	1:16,17
15.	Jones	1:16,23
16.	Lauda	1:16,44
17.	Rebaque	1:16,57
18.	Stuck	1:16,64
19.	Daly	1:16,78
20.	Mass	1:16,79
21.	de Angelis	1:16,92
22.	Regazzoni	1:16,99
23.	Lammers	1:17,05
	Jabouille	—
	Arnoux	—
	Merzario	—

Drittes Training:

1.	Depailler	1:12,15
2.	Jarier	1:12,55
3.	Laffite	1:12,66
4.	Reutemann	1:12,82
5.	Villeneuve	1:12,83
6.	Jabouille	1:12,99
7.	Pironi	1:13,22
8.	Scheckter	1:13,41
9.	Lauda	1:14,00
10.	Piquet	1:14,07
11.	Andretti	1:14,36
12.	de Angelis	1:14,44
13.	Watson	1:14,55
14.	Lammers	1:15,35
15.	Jones	1:15,45
16.	Fittipaldi	1:15,46
17.	Patrese	1:15,63
18.	Mass	1:16,10
19.	Rebaque	1:16,16
20.	Tambay	1:16,43
21.	Stuck	1:16,62
22.	Daly	1:16,70
23.	Regazzoni	1:17,01
24.	Merzario	1:19,21
	Arnoux	—
	Hunt	—

Startaufstellung:

Jody Scheckter Ferrari 312T4 (038) 1:12,04	Niki Lauda Brabham-Alfa Romeo BT48-2, 1:12,12	Jean-Pierre Jabouille Renault RS02 1:11,80	Gilles Villeneuve Ferrari 312T4 (037) 1:12,07
Jacques Laffite Ligier-Ford JS11-02 1:12,26	Mario Andretti Lotus-Ford 79 (23) 1:12,36	Patrick Depailler Ligier-Ford JS11-03 1:12,15	Didier Pironi *Tyrrell-Ford 009/1 1:12,33
René Arnoux Renault RS03 1:12,69	Nelson Piquet Brabham-Alfa Romeo BT48-3, 1:13,07	Jean-Pierre Jarier Tyrrell-Ford 000/3 1:12,55	Carlos Reutemann Lotus-Ford 79 (20) 1:12,75
John Watson McLaren-Ford M28/2 1:14,44	Riccardo Patrese Arrows-Ford A1-1 1:14,54	James Hunt Wolf-Ford WR7 1:14,21	Elio de Angelis Shadow-Ford DN9/3B 1:14,44
Emerson Fittipaldi **Fittipaldi-Ford F6-1 1:14,61	Jochen Mass Arrows-Ford A1-3(4) 1:15,00	Patrick Tambay McLaren-Ford M28/3 1:14,58	Alan Jones Williams-Ford FW06-4 1:14,64
Clay Regazzoni ***Williams-Ford FW06-5, 1:15,68	Hans-Joachim Stuck ATS-Ford D2-2 1:16,31	Jan Lammers Shadow-Ford DN9/ 2B)4B), 1:15,35	Héctor Rebaque Lotus-Ford 79 (19) 1:16,15

Trainingszeit: *mit Tyrrell-Ford 009/2; **mit Fittipaldi-Ford F5A-1; ***mit Williams-Ford FW06-3.

Nicht qualifiziert: Derek Daly (Ensign-Ford N179MN-09) 1:16,64; Arturo Merzario (Merzario-Ford A1-02B) 1:18,14.

Klassement nach 2 Runden — Startaufstellung für zweiten Start: Villeneuve-Scheckter, Jabouille-Laffite, Pironi-Lauda, Jarier-Andretti, Reutemann-Depailler, Tambay-de Angelis, Hunt-Jones, Arnoux-Watson, Stuck-Mass, Lammers-Regazzoni, Piquet-Rebaque, Fittipaldi-Patrese. Davon auf Slicks: Scheckter, Depailler, Tambay, Piquet, alle anderen auf Regenreifen.

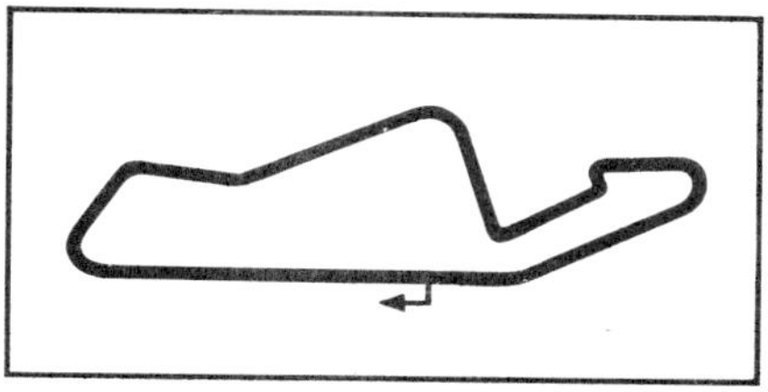

Rekorde: Distanz: Stewart (Tyrrell-Ford 006) 188,526 km/h (1973); Runde: Andretti (Lotus-Ford 78) 1:17,09 = 191,641 km/h (1978); Training: Lauda (Brabham-Alfa Romeo BT46) 1:14,65 (1978).

Wetter: Regen nach 3 Runden, Abbruch mit Klassement nach 2 Runden, neuer Start auf nasser, jedoch bald abtrocknender Bahn. Später heiß, 30 Grad.

Boxenstops:

Regazzoni:	3. Runde:	Wechsel auf Slicks; Platz 23
Lauda, Stuck, Jones:	9. Runde:	Wechsel auf Slicks; Plätze 10, 11, 16
Reutemann, Hunt:	10. Runde:	Wechsel auf Slicks; Plätze 8, 9
Jarier, de Angelis, Watson:	11. Runde:	Wechsel auf Slicks; Plätze 4—8, 13, 14
Andretti, Laffite, Rebaque:	12. Runde:	Wechsel auf Slicks; Plätze 4, 6, 14
Pironi, Mass, Fittipaldi:	13. Runde:	Wechsel auf Slicks; Plätze 4, 8, 9
Jabouille, Patrese:	14. Runde:	Wechsel auf Slicks; Plätze 3/4, 22
Villeneuve:	15. Runde:	Wechsel auf Slicks; (16 Sekunden); Platz 1
Arnoux:	16. Runde:	Wechsel auf Slicks; Platz 5
Patrese:	38. Runde:	Reifenwechsel links vorn; Platz 18
Rebaque:	43. Runde:	Aufhängung, Getriebe; Platz 18
Tambay:	45. Runde:	Frontflipper verbogen bei Kollision mit Pironi; Platz 16
Scheckter:	53. Runde:	Reifenwechsel; Platz 1/2
Fittipaldi, Tambay:	60. Runde:	Reifenwechsel; Plätze 13, 14

Ausfälle:

Lammers:	3. Runde:	Unfall in Clubhouse Corner
Depailler:	5. Runde:	Unfall auf Slicks in Barbecue Bend, rückwärts in Fangzäune, Totalschaden; Platz 17
de Angelis:	16. Runde:	Unfall in Crowthorne Corner, Bremsdefekt; Platz 15
Pironi:	25. Runde:	Gasgestänge defekt; Platz 17
Laffite:	46. Runde:	Unfall wegen Reifenplatzer links hinten; Platz 6
Jabouille:	47. Runde:	Motorschaden/Ventilfeder; Platz 5—7
Stuck:	59. Runde:	Unfall wegen Bremsdefekts; Platz 13
Watson:	63. Runde:	Motor/Zündung; Platz 10
Patrese:	64. Runde:	Aufgabe wegen heftiger Vibrationen; Platz 16
Jones:	64. Runde:	Unfall auf der Geraden wegen Aufhängungsbruchs; Platz 9
Arnoux:	64. Runde:	Unfall, Reifenschaden auf Jones' Wrackteilen; Platz 7/11
Rebaque:	68. Runde:	Motorschaden; Platz 14

Renndistanz: 2 + 76 Runden à 4,13 km = 320,09 km.

Stand nach 3 Runden (1 Runde nach neuem Start): 1. Villeneuve, 2. Scheckter, 3. Jabouille, 4. Lauda, 5. Jarier, 6. Andretti, 7. Reutemann, 8. Pironi, 9. Stuck, 10. Laffite.

Stand nach 30 Runden: 1. Scheckter, 2. Villeneuve — 15,7, 3. Tambay — 1:08,4, 4. Jarier — 1:08,6, 5. Andretti — 1:09,3, 6. Piquet — 1:10,1, 7. Watson — 1:12,4, 8. Reutemann — 1 Runde, 9. Jabouille, 10. Lauda.

Stand nach 50 Runden: 1. Scheckter, 2. Villeneuve — 2,8, 3. Jarier — 1:00,2, 4. Andretti — 1:04,2, 5. Reutemann — 1 Runde, 6. Piquet.

Ergebnis:

1. Gilles Villeneuve (Kanada) Ferrari	1.41:49,96 = 188,60 km/h
2. Jody Scheckter (Südafrika) Ferrari	3,42 zurück
3. Jean-Pierre Jarier (Frankreich) Tyrrell-Ford	22,11 zurück
4. Mario Andretti (USA) Lotus-Ford	27,88 zurück
5. Carlos Reutemann (Argentinien) Lotus-Ford	1:06,97 zurück
6. Niki Lauda (Österreich) Brabham-Alfa Romeo	1 Runde zurück
7. Nelson Piquet (Brasilien) Brabham-Alfa Romeo	1 Runde zurück
8. James Hunt (England) Wolf-Ford	1 Runde zurück
9. Clay Regazzoni (Schweiz) Williams-Ford	2 Runden zurück
10. Patrick Tambay (Frankreich) McLaren-Ford	3 Runden zurück
11. Riccardo Patrese (Italien) Arrows-Ford	3 Runden zurück
12. Jochen Mass (Deutschland) Arrows-Ford	4 Runden zurück
13. Emerson Fittipaldi (Brasilien) Copersucar-Ford	4 Runden zurück

Schnellste Runde: Villeneuve (Ferrari) 1:14,412 = 198,548 km/h.

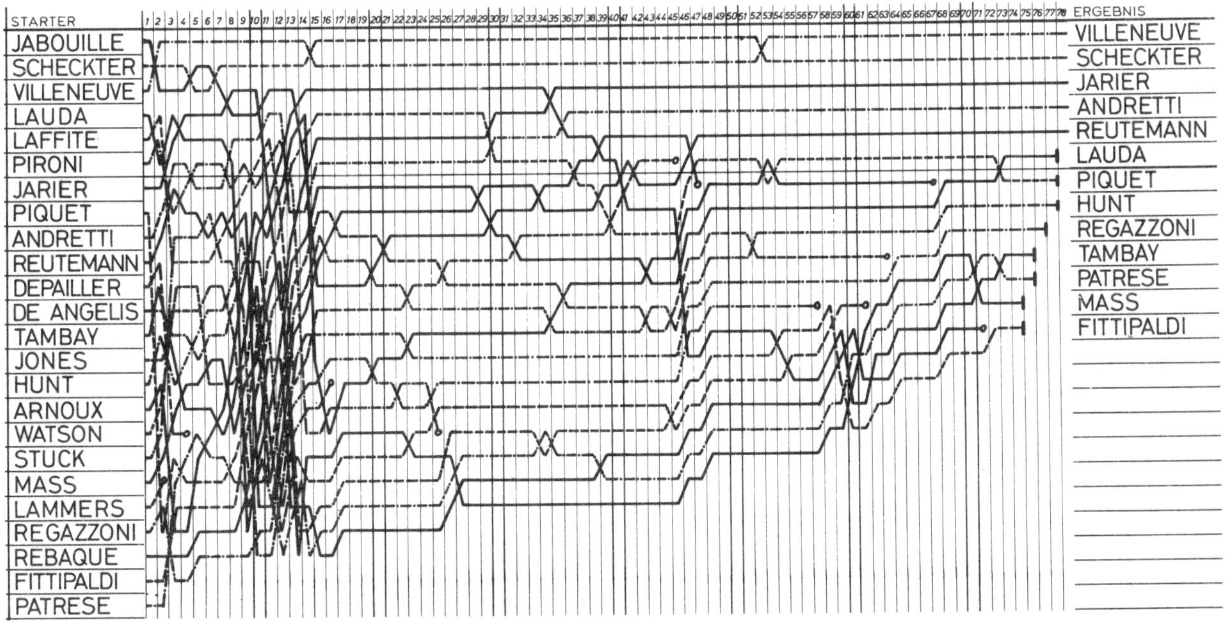
STARTER
JABOUILLE
SCHECKTER
VILLENEUVE
LAUDA
LAFFITE
PIRONI
JARIER
PIQUET
ANDRETTI
REUTEMANN
DEPAILLER
DE ANGELIS
TAMBAY
JONES
HUNT
ARNOUX
WATSON
STUCK
MASS
LAMMERS
REGAZZONI
REBAQUE
FITTIPALDI
PATRESE
ERGEBNIS
VILLENEUVE
SCHECKTER
JARIER
ANDRETTI
REUTEMANN
LAUDA
PIQUET
HUNT
REGAZZONI
TAMBAY
PATRESE
MASS
FITTIPALDI

Lauf 4 — Großer Preis der USA West — Long Beach, 8. April 1979

Erstes Training:

1. Reutemann	1:20,126
2. Villeneuve	1:20,186
3. Laffite	1:20,225
4. Scheckter	1:20,291
5. Andretti	1:20,574
6. Depailler	1:20,867
7. Hunt	1:20,913
8. Jarier	1:20,916
9. Lauda	1:21,436
10. Piquet	1:21,565
11. Jabouille	1:21,635
12. Regazzoni	1:21,768
13. Patrese	1:21,831
14. Pironi	1:22,000
15. Arnoux	1:22,088
16. Mass	1:22,350
17. Fittipaldi	1:22,498
18. Jones	1:22,532
19. Tambay	1:22,569
20. Lammers	1:23,161
21. de Angelis	1:23,433
22. Stuck	1:23,724
23. Watson	1:23,725
24. Rebaque	1:24,808
25. Daly	1:25,076
26. Merzario	—

Zweites Training:

1. Villeneuve	1:18,825
2. Reutemann	1:18,886
3. Scheckter	1:18,911
4. Depailler	1:19,025
5. Laffite	1:19,032
6. Andretti	1:19,454
7. Jarier	1:19,580
8. Hunt	1:19,643
9. Patrese	1:19,727
10. Jones	1:19,910
11. Lauda	1:20,041
12. Piquet	1:20,456
13. Mass	1:20,608
14. Lammers	1:20,740
15. Regazzoni	1:20,768
16. Fittipaldi	1:21,033
17. Pironi	1:21,192
18. Watson	1:21,304
19. Tambay	1:21,411
20. de Angelis	1:21,961
21. Stuck	1:22,828
22. Merzario	1:22,938
23. Rebaque	1:22,990
24. Daly	1:23,888
Jabouille	—
Arnoux	—

Startaufstellung:

Mario Andretti Lotus-Ford 79(23) 1:19,454	Jody Scheckter Ferrari 312T4(038) 1:18,911	Patrick Depailler Ligier-Ford JS11-03 1:19,025	Gilles Villeneuve Ferrari 312T4(037) 1:18,825
Alan Jones Williams-Ford FW06-4 1:19,910	James Hunt Wolf-Ford WR8 1:19,643	Riccardo Patrese Arrow-Ford A1-1(6) 1:19,727	Jean-Pierre Jarier Tyrrell-Ford 009/3 1:19,580
Jan Lammers Shadow-Ford DN9/ 2B(4B), 1:20,740	Nelson Piquet Brabham-Alfa Romeo BT48-3, 1:20,456	Jochen Mass Arrows-Ford A1-3(5) 1:20,608	Niki Lauda Brabham-Alfa Romeo BT48-2, 1:20,041
John Watson McLaren-Ford M28/2 1:21,304	Emerson Fittipaldi Fittipaldi-Ford F5A-1 1:21,033	Didier Pironi Tyrrell-Ford 009/1 1:21,192	Clay Regazzoni Williams-Ford FW06-5 1:20,768
*Arturo Merzario Merzario-Ford A1-02B 1:22,938	Elio de Angelis Shadow-Ford DN9/ 3B(5B), 1:21,961	Hans-Joachim Stuck ATS-Ford D2-3 1:22,828	Patrick Tambay McLaren-Ford M28/3 1:21,411
	**Derek Daly Ensign-Ford N179 MN-09, 1:23,888		**Héctor Rebaque Lotus-Ford 79(19) 1:22,990

* Trainingszeit mit A3-01; ** nicht qualifiziert, aber wegen des Rückzugs von Renault als Reserve gestartet.

Wegen technischer Defekte in der Einführungsrunde aus der Boxengasse gestartet:

*Jacques Laffite
Ligier-Ford JS11-01
1:19,032

Carlos Reutemann
Lotus-Ford 79(20)
1:18,886

*Trainingszeit mit JS11-02.

Auf Start verzichtet: Jean-Pierre Jabouille (Renault RS20) 1:21,635, Trainingsunfall; René Arnoux (Renault RS03) 1:22,088.

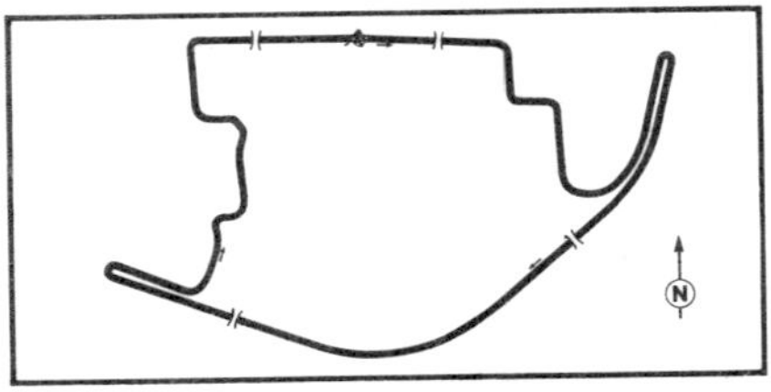

Rekorde: Distanz: Reutemann (Ferrari 312T3) 144,293 km/h (1978); Runde: Jones (Williams-Ford FW06) 1:22,215 = 142,317 km/h (1978); Training: Reutemann (Ferrari 312T3) 1:20,636 (1978).

Wetter am Renntag: sonnig, etwas windig, 23 Grad.

Boxenstops:

Lammers:	1. Runde:	Reifenwechsel links hinten und neuer Heckflügel nach Kollision mit Tambay; Platz 11—21
Reutemann:	12. Runde:	Vorderreifen gewechselt; Platz 14
Watson:	17. Runde:	Reifenwechsel (härtere Mischung); Platz 16
Piquet:	21. Runde:	Reifenwechsel; Platz 8—10
Stuck:	42. Runde:	Radlagerschaden links hinten; Platz 12
Stuck:	43. Runde:	Lenkgetriebe verschoben; Platz 17
Jarier:	46. Runde:	Reifenwechsel rundum; Platz 3—6
Regazzoni:	46. Runde:	Zündkerzen gewechselt; Platz 10
Watson:	49. Runde:	Vorderreifen gewechselt; Platz 11

Ausfälle:

Lauda:	1. Runde:	Von Tambay in der ersten Kurve gerammt
Tambay:	1. Runde:	Karambolage mit Lammers und Lauda in der ersten Kurve
Hunt:	1. Runde:	Halbachse gebrochen
Laffite:	8. Runde:	Bremsdefekt; Platz 21
Merzario:	13. Runde:	Motorschaden; Platz 16
Fittipaldi:	19. Runde:	Halbachse gebrochen; Platz 13
Reutemann:	21. Runde:	Halbachsenbruch, schwarz geflaggt, disqualifiziert; Platz 15
Patrese:	40. Runde:	Bremsen, defekter Hauptzylinder; Platz 7
Lammers:	47. Runde:	Kollision mit Pironi; Platz 14
Regazzoni:	47. Runde:	Motor-Ventilfeder; Platz 15
Stuck:	49. Runde:	Disqualifiziert wegen fremder Hilfe (Anschieben); Platz 17
Watson:	62. Runde:	Motorschaden; Platz 12
Rebaque:	72. Runde:	Kollision mit Daly; Platz 6
Daly:	72. Runde:	Kollision mit Rebaque; Platz 11
Pironi:	74. Runde:	Disqualifiziert wegen fremder Hilfe (Anschieben), außerdem gebrochene Hinterradaufhängung; Platz 8

Renndistanz: 80,5 Runden à 3,251 km = 261,7 km.

Stand nach 1 Runde: 1. Villeneuve, 2. Depailler, 3. Scheckter, 4. Jarier, 5. Andretti, 6. Patrese, 7. Jones, 8. Piquet, 9. Regazzoni, 10. Rebaque.
Stand nach 10 Runden: 1. Villeneuve, 2. Jarier, 3. Scheckter, 4. Depailler, 5. Andretti, 6. Jones, 7. Patrese, 8. Piquet, 9. Regazzoni, 10. Pironi.
Stand nach 40 Runden (Halbdistanz): 1. Villeneuve, 2. Scheckter, 3. Jarier, 4. Depailler, 5. Jones, 6. Andretti, 7. Patrese, 8. Regazzoni, 9. Pironi, 10. Rebaque.

Ergebnis:

1. Gilles Villeneuve (Kanada) Ferrari	1.50:25,40 = 140,490 km/h
2. Jody Scheckter (Südafrika) Ferrari	29,38 zurück
3. Alan Jones (Australien) Williams-Ford	59,69 zurück
4. Mario Andretti (USA) Lotus-Ford	1:04,33 zurück
5. Patrick Depailler (Frankreich) Ligier-Ford	1:23,52 zurück
6. Jean-Pierre Jarier (Frankreich) Tyrrell-Ford	1 Runde zurück
7. Elio de Angelis (Italien) Shadow-Ford	2 Runden zurück
8. Nelson Piquet (Brasilien) Brabham-Alfa	2 Runden zurück
9. Jochen Mass (Deutschland) Arrows-Ford	2 Runden zurück

Pironi als Zehnter (73 Runden) wegen fremder Hilfe disqualifiziert und nicht gewertet; ebenso Stuck (49 Runden). Reutemann aus dem Rennen genommen und disqualifiziert, weil er Artikel 12 B Paragraph 2 und Artikel 27 A Paragraph 2 des Internationalen Sportgesetzes verletzt hatte: Nach Boxenreparatur nach dem Warm Up nicht, wie befohlen, aus den Boxen gestartet, sondern dem Feld nachgefahren. Strafe für Reutemann: 10.000 Schweizer Franken. Gleichfalls 10.000 Schweizer Franken Strafe für Villeneuve, weil er einen rollenden Start heraufbeschworen hatte (Artikel 12 B, Paragraph 3).

Schnellste Runde: Villeneuve (Ferrari) 1:21,200 = 143,29 km/h.

Schnellste Runde jedes Fahrers im Rennen: Villeneuve 1:21,20; Scheckter 1:21,28; Depailler 1:21,41; Andretti 1:21,71; Jones 1:21,81; Reutemann 1:21,94; Jarier 1:21,96; Lammers 1:22,44; Pironi, Rebaque je 1:22,73; Laffite 1:22,80; Piquet 1:22,99; Mass 1:23,01; Patrese 1:23,09; Watson 1:23,20; Regazzoni 1:23,21; Fittipaldi 1:23,33; Stuck 1:24,22; Merzario 1:24,33; Daly 1:24,93.

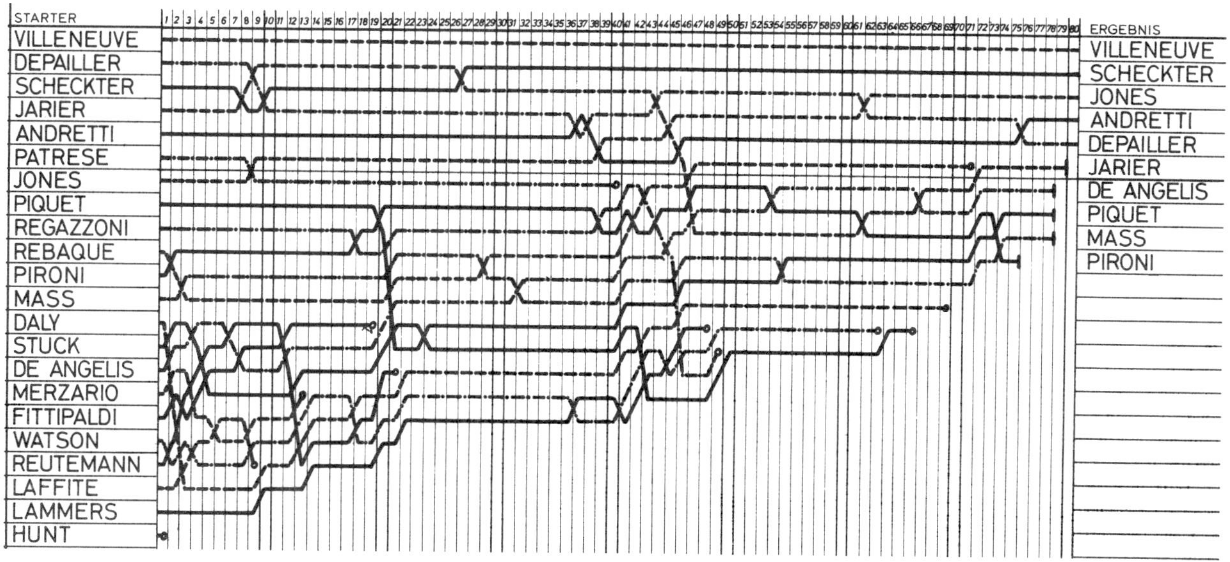
STARTER
VILLENEUVE
DEPAILLER
SCHECKTER
JARIER
ANDRETTI
PATRESE
JONES
PIQUET
REGAZZONI
REBAQUE
PIRONI
MASS
DALY
STUCK
DE ANGELIS
MERZARIO
FITTIPALDI
WATSON
REUTEMANN
LAFFITE
LAMMERS
HUNT
ERGEBNIS
VILLENEUVE
SCHECKTER
JONES
ANDRETTI
DEPAILLER
JARIER
DE ANGELIS
PIQUET
MASS
PIRONI

Lauf 5 — Großer Preis von Spanien — Madrid-Jarama, 29. April 1979

Erstes Training:

1. Villeneuve	1:14,87
2. Scheckter	1:15,10
3. Laffite	1:15,27
4. Depailler	1:15,40
5. Reutemann	1:15,67
6. Andretti	1:15,69
7. Arnoux	1:16,06
8. Pironi	1:16,36
9. Jabouille	1:16,47
10. Lauda	1:16,48
11. Jarier	1:16,58
12. Watson	1:17,11
13. Patrese	1:17,41
14. Hunt	1:17,45
15. Mass	1:17,61
16. Piquet	1:17,87
17. Regazzoni	1:18,60
Tambay	1:18,60
19. Stuck	1:18,61
20. Stuck	1:18.70
21. de Angelis	1:19,14
22. Lammers	1:19,23
23. Rebaque	1:19,35
24. Fittipaldi	1:19,97
25. Daly	1:20,61
26. Brancatelli	1:25,82
27. Merzario	1:41,00

Zweites Training:

1. Laffite	1:14,50
2. Depailler	1:14,79
3. Villeneuve	1:14,83
4. Andretti	1:15,07
5. Lauda	1:15,45
6. Scheckter	1:15,60
7. Piquet	1:15,61
8. Reutemann	1:15,94
9. Jabouille	1:15,78
10. Pironi	1:16,04
11. Jarier	1:16,08
12. Jones	1:16,23
13. Arnoux	1:16,33
14. Regazzoni	1:16,61
15. Hunt	1:16,88
16. Patrese	1:16,92
17. Mass	1:17,04
18. Fittipaldi	1:17,35
19. Tambay	1:17,45
20. Stuck	1:17,57
21. Watson	1:17,60
22. de Angelis	1:17,85
23. Rebaque	1:18,42
24. Lammers	1:18,79
25. Daly	1:19,30
26. Merzario	1:20,46
27. Brancatelli	1:23,24

Startaufstellung:

Jacques Laffite
Ligier-Ford JS11-02
1:14,50

Patrick Depailler
Ligier-Ford JS11-03
1:14,79

Gilles Villeneuve
Ferrari 312T4(037)
1:14,83

Mario Andretti
Lotus-Ford 80-1
1:15,07

Jody Scheckter
Ferrari 312T4(039)
1:15,10

Niki Lauda
Brabham-Alfa Romeo
BT48-2, 1:15,45

Nelson Piquet
Brabham-Alfa Romeo
BT48-3, 1:15,61

Carlos Reutemann
Lotus-Ford 79(20)
1:15,67

Jean-Pierre Jabouille
Renault RS10
1:15,78

Didier Pironi
Tyrrell-Ford 009/1
1:16,04

René Arnoux
Renault RS03
1:16,06

Jean-Pierre Jarier
Tyrrell-Ford 009/3
1:16,08

Alan Jones
Williams-Ford FW07-1
1:16,23

Clay Regazzoni
Williams-Ford FW07-2
1:16,61

James Hunt
Wolf-Ford WR7
1:16,88

Riccardo Patrese
Arrows-Ford A1-1(6)
1:16,92

Jochen Mass
Arrows-Ford A1-3(5)
1:17,04

John Watson
McLaren-Ford M28B/1
1:17,11

Emerson Fittipaldi
Fittipaldi-Ford F5A-1
1:17,35

Patrick Tambay
McLaren-Ford M28/3
1:17,45

Hans-Joachim Stuck
ATS-Ford D2-3
1:17,57

Elio de Angelis
Shadow-Ford DN9/
3B(5B), 1:17,85

Héctor Rebaque
Lotus-Ford F9(19)
1:18,42

Jan Lammers
Shadow-Ford DN9/
2B(4B), 1:18,79

Nicht qualifiziert: Derek Daly (Ensign-Ford N178MN-08) 1:19,30; Arturo Merzario (Merzario-Ford 03-01) 1:20,46); Gianfranco Brancatelli (Kauhsen-Ford WK1-005) 1:23,24.

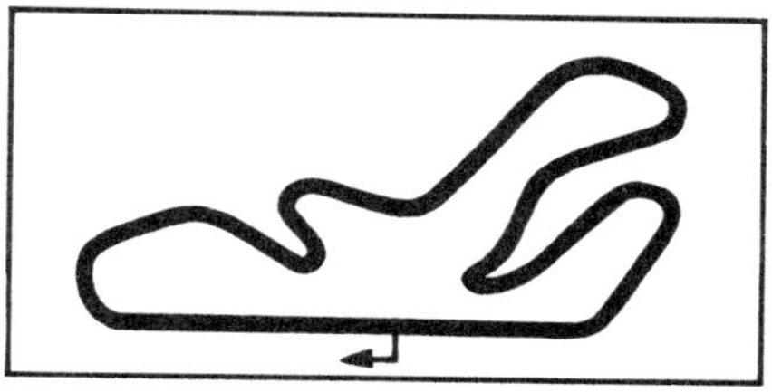

Rekorde: Distanz: Andretti (Lotus-Ford 79) 150,523 km/h (1978); Runde: Andretti (Lotus-Ford 79) 1:20,06 = 153,065 km/h (1978); Training: Andretti (Lotus-Ford 79) 1:16,39 (1978).

Wetter am Renntag: Bewölkt, windig, kühl, 14 Grad.

Boxenstops:

Jones:	7. Runde:	Reifenschaden; Platz 12
Jabouille:	20. Runde:	Bremsflüssigkeit nachfüllen; Platz 21
Stuck:	31. Runde:	Übersteuern, Hinterreifen gewechselt; Platz 16
Jones:	42. Runde:	Reifenschaden; Platz 16
Stuck:	42.,43.,45. Runde:	Vibrationen, Reifenwechsel; Platz 18
Villeneuve:	58. Runde:	Reifenwechsel; Platz 7
Tambay:	69. Runde:	Nachtanken; Platz 13

Ausfälle:

Laffite:	16. Runde:	Bei der Auffahrt „Pegaso"-Rampe vom dritten statt in den vierten, in den zweiten Gang geschaltet — Motor überdreht; Platz 2
Piquet:	16. Runde:	Benzingemisch-Pumpe gebrochen, defekter Gaszug; Platz 7
Watson:	20. Runde:	Motorschaden; Platz 21
Jabouille:	20. Runde:	Kein Druck für den Turbo; Platz 22
Hunt:	26. Runde:	Bremsen; Platz 15
Regazzoni:	32. Runde:	Motorschaden; Platz 7
de Angelis:	53. Runde:	Unfall; Platz 16
Rebaque:	54. Runde:	Motorschaden; Platz 13
Jones:	55. Runde:	Schaltgestänge-Defekt; Platz 16
Lauda:	63. Runde:	Riß im Wasserschlauch; Platz 3

Renndistanz: 75 Runden à 3,40432 km = 255,323 km.

Stand nach 1 Runde: 1. Depailler, 2. Laffite, 3. Reutemann, 4. Villeneuve, 5. Scheckter, 6. Andretti, 7. Lauda, 8. Pironi, 9. Piquet, 10. Jabouille.

Stand nach 10 Rennen: 1. Depailler, 2. Laffite, 3. Reutemann, 4. Scheckter, 5. Andretti, 6. Lauda, 7. Piquet, 8. Jarier, 9. Pironi, 10. Regazzoni.

Stand nach 35 Runden: 1. Depailler, 2. Reutemann, 3. Scheckter, 4. Andretti, 5. Lauda, 6. Jarier, 7. Pironi, 8. Villeneuve, 9. Arnoux, 10. Mass.

Ergebnis:

1. Patrick Depailler (Frankreich) Ligier-Ford	1.39:11,84 = 154,449 km/h
2. Carlos Reutemann (Argentinien) Lotus-Ford	20,94 zurück
3. Mario Andretti (USA) Lotus-Ford	27,31 zurück
4. Jody Scheckter (Südafrika) Ferrari	28,68 zurück
5. Jean-Pierre Jarier (Frankreich) Tyrrell-Ford	30,39 zurück
6. Didier Pironi (Frankreich) Tyrrell-Ford	48,43 zurück
7. Gilles Villeneuve (Kanada) Ferrari	52,31 zurück
8. Jochen Mass (Deutschland) Arrows-Ford	1:08,84 zurück
9. René Arnoux (Frankreich) Renault-Turbo	1 Runde zurück
10. Riccardo Patrese (Italien) Arrows-Ford	1 Runde zurück
11. Emerson Fittipaldi (Brasilien) Copersucar-Ford	1 Runde zurück
12. Jan Lammers (Holland) Shadow-Ford	2 Runden zurück
13. Patrick Tambay (Frankreich) McLaren-Ford	3 Runden zurück
14. Hans-Joachim Stuck (Deutschland) ATS-Ford	6 Runden zurück

Schnellste Runde: Villeneuve (Ferrari) 1:16,44 = 160,329 km/h (72. Runde).

Schnellste Runde jedes Fahrers im Rennen: Villeneuve 1:16,44 (72.); Jones 1:18,00 (47.); Laffite 1:18,38 (5.); Depailler 1:18,39 (3.); Lauda 1:18,76 (50.); Andretti 1:18,89 (56.); Scheckter 1:18,91 (73.); Jarier 1:18,94 (39.); Reutemann 1:18,98 (42.); Regazzoni 1:19,11 (30.); Pironi 1:19,24 (54.); Patrese 1:19,29 (64.); Mass 1:19,30 (68.); Arnoux 1:19,45 (37.); Rebaque 1:19,58 (54.); Jabouille 1:19,62 (3.); Piquet 1:19,83 (9.); Fittipaldi 1:19,87 (54.); Lammers 1:20,02 (68.); Watson 1:20,27 (8.); Hunt 1:20,46 (17.); Stuck 1:20,70 (40); de Angelis 1:20,82 (2.); Tambay 1:20,91 (6.).

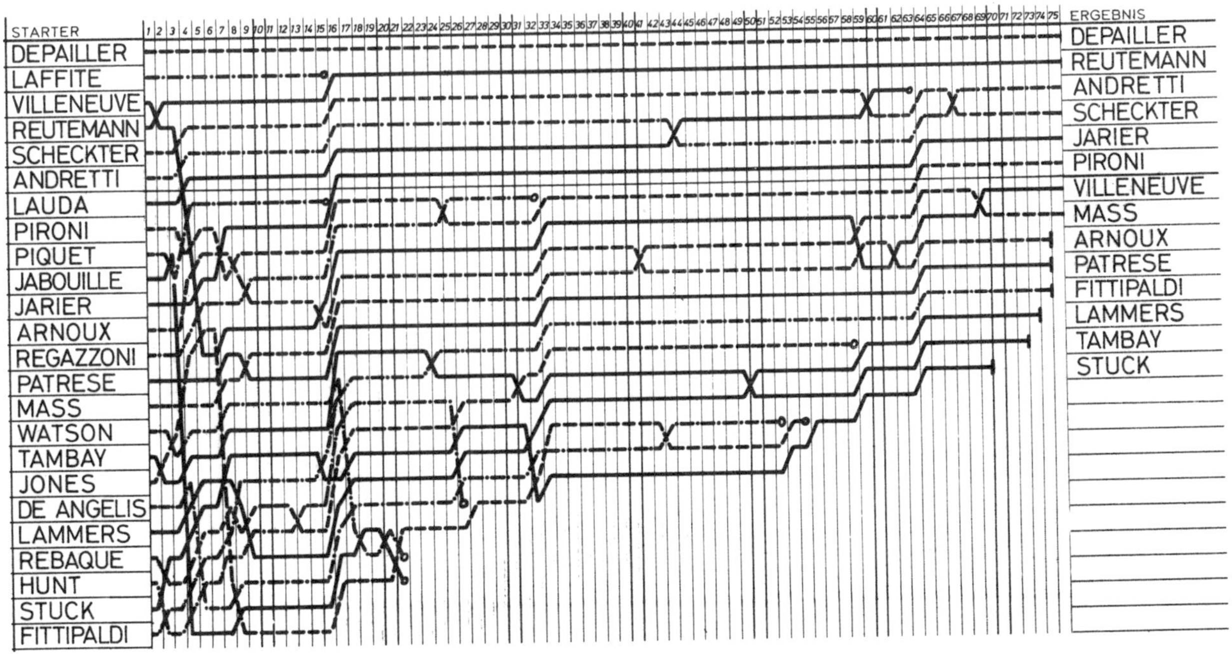
STARTER
DEPAILLER
LAFFITE
VILLENEUVE
REUTEMANN
SCHECKTER
ANDRETTI
LAUDA
PIRONI
PIQUET
JABOUILLE
JARIER
ARNOUX
REGAZZONI
PATRESE
MASS
WATSON
TAMBAY
JONES
DE ANGELIS
LAMMERS
REBAQUE
HUNT
STUCK
FITTIPALDI
1 2 3 4 5 6 7 8 9 10 11 12 13 14 15 16 17 18 19 20 21 22 23 24 25 26 27 28 29 30 31 32 33 34 35 36 37 38 39 40 41 42 43 44 45 46 47 48 49 50 51 52 53 54 55 56 57 58 59 60 61 62 63 64 65 66 67 68 69 70 71 72 73 74 75
ERGEBNIS
DEPAILLER
REUTEMANN
ANDRETTI
SCHECKTER
JARIER
PIRONI
VILLENEUVE
MASS
ARNOUX
PATRESE
FITTIPALDI
LAMMERS
TAMBAY
STUCK

Lauf 6 — Großer Preis von Belgien — Zolder, 13. Mai 1979

Erstes Training:

1. Villeneuve	1:24,06
2. Jabouille	1:24,42
3. Laffite	1:24,52
4. Regazzoni	1:24,57
5. Andretti	1:24,60
6. Scheckter	1:24,62
7. Lauda	1:24,65
8. Piquet	1:24,96
9. Pironi	1:25,55
10. Jarier	1:25,82
11. Arnoux	1:26,23
12. Reutemann	1:26,41
13. Watson	1:26,60
14. Rebaque	1:26,92
15. Jones	1:26,92
16. Giacomelli	1:27,15
17. Depailler	1:27,47
18. Patrese	1:27,63
19. Lammers	1:27,72
20. Mass	1:27,79
21. Hunt	1:28,05
22. Fittipaldi	1:28,48
23. Stuck	1:28,50
24. de Angelis	1:29,23
25. Merzario	1:29,37
26. Tambay	1:29,57
27. Daly	1:32,96
28. Brancatelli	1:34,48

Zweites Training:

1. Laffite	1:21,13
2. Depailler	1:21,20
3. Piquet	1:21,35
4. Jones	1:21,59
5. Andretti	1:21,83
6. Villeneuve	1:22,08
Scheckter	1:22,08
8. Regazzoni	1:22,40
9. Hunt	1:22,55
10. Reutemann	1:22,56
11. Jarier	1:22,68
12. Pironi	1:22,85
13. Lauda	1:22,87
14. Giacomelli	1:23,15
15. Rebaque	1:23,63
16. Patrese	1:23,92
17. Jabouille	1:24,02
18. Arnoux	1:24,33
19. Watson	1:24,37
20. Stuck	1:24,62
21. Lammers	1:24,76
22. Mass	1:25,08
23. Fittipaldi	2:25,18
24. de Angelis	1:25,48
25. Tambay	1:25,69
26. Merzario	1:25,92
27. Daly	1:27,83
28. Brancatelli	2:11,75

Startaufstellung:

Jacques Laffite
Ligier-Ford JS11-02
1:21,13

Patrick Depailler
*Ligier-Ford JS11-01
1:21,20

Nelson Piquet
Brabham-Alfa Romeo
BT48-3, 1:21,35

Alan Jones
Williams-Ford FW07-1
1:21,59

Mario Andretti
**Lotus-Ford 79(23)
1:21,83

Gilles Villeneuve
Ferrari 312T4(039)
1:22,08

Jody Scheckter
Ferrari 312T4(040)
1:22,09

Clay Regazzoni
Williams-Ford FW07-2
1:22,40

James Hunt
Wolf-Ford WR8
1:22,55

Carlos Reutemann
Lotus-Ford 79(20)
1:22,56

Jean-Pierre Jarier
Tyrrell-Ford 009/3
1:22,68

Didier Pironi
Tyrrell-Ford 009/1
1:22,85

Niki Lauda
Brabham-Alfa Romeo
BT48-4, 1:22,87

Bruno Giacomelli
Alfa Romeo Autodelta
B78-177/001, 1:23,15

Héctor Rebaque
Lotus-Ford 79(19)
1:23,63

Riccardo Patrese
Arrows-Ford A1-1(6)
1:23,92

Jean-Pierre Jabouille
Renault RS10
1:24,02

René Arnoux
Renault RS03
1:24,33

John Watson
McLaren-Ford M28B/2
1:24,37

Hans-Joachim Stuck
ATS-Ford D2-3
1:24,62

Jan Lammers
Shadow-Ford DN9/
2B(4B), 1:24,76

Jochen Mass
Arrows-Ford A1-3(5)
1:25,08

Emerson Fittipaldi
Fittipaldi-Ford F5A-1
1:25,18

Elio de Angelis
Shadow-Ford DN9/
3B(5B), 1:25,48

*Trainingszeit mit JS11-03, **mit 80-1.
Nicht qualifiziert: Patrick Tambay (McLaren-Ford M26-3) 1:25,69; Arturo Merzario (Merzario-Ford A3-01) 1:25,92; Derek Daly (Ensign-Ford N177 MN08) 1:27,83; Gianfranco Brancatelli (Kauhsen-Ford WK1-005) 1:34,48.

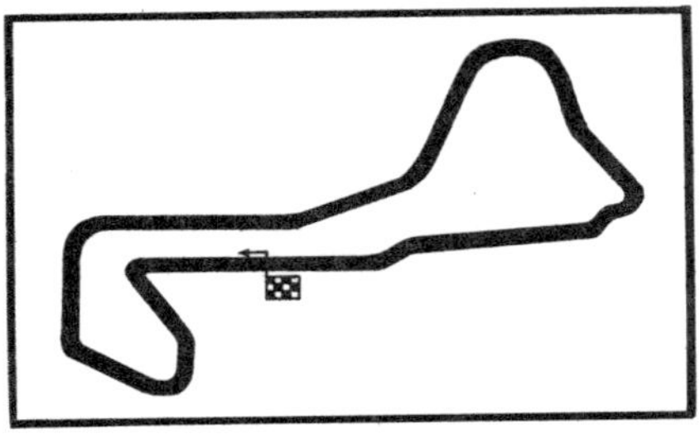

Rekorde: Distanz: Andretti (Lotus-Ford 79) 179,24 km/h (1978); Runde: Peterson (Lotus-Ford 78) 1:23,13 = 184,635 km/h (1978); Training: Andretti (Lotus-Ford 79) 1:20,90 (1978).

Wetter am Renntag: Sonnig, warm.

Boxenstops:

Villeneuve:	2. Runde:	Neue Frontpartie nach Kollision mit Regazzoni in der Schikane; Platz 15
Piquet:	9. Runde:	Reifenwechsel links vorn und links hinten nach Kollision mit Scheckter; Platz 6—10
Jabouille:	9. Runde:	Turbodefekt; Platz 22
Reutemann:	11. Runde:	Reifenwechsel; Platz 6—9
Stuck:	35. Runde:	Reifenschaden rechts hinten; Platz 8
Jarier:	42. Runde:	Schürzen weggebrochen bei Ausritt, um querstehendem Hunt bzw. Strekkenposten auszuweichen; Platz 5
Jarier:	44. Runde:	Nochmalige Überprüfung des Autos; Platz 10

Ausfälle:

Regazzoni:	2. Runde:	Kollision mit Scheckter und Villeneuve in der Schikane, rechtes Vorderrad abgebrochen; Platz 6
Jabouille:	13. Runde:	Turbodefekt; Platz 23
Rebaque:	13. Runde:	Halbachse gebrochen; Platz 13—16
Mass:	18. Runde:	Dreher, Motor nicht mehr in Gang gebracht; Platz 13
Giacomelli:	22. Runde:	Kollision mit de Angelis, Hinterradaufhängung gebrochen; Platz 13
de Angelis:	22. Runde:	Kollision mit Giacomelli wegen Bremsversagens; Platz 14
Lauda:	23. Runde:	Motorschaden (Ölleitung zum Manometer gebrochen); Platz 12
Piquet:	23. Runde:	Motorschaden; Platz 13—16
Arnoux:	24. Runde:	Turbodefekt; Platz 17
Andretti:	27. Runde:	Defekt der vorderen Bremsen; Platz 8
Jones:	39. Runde:	Elektrik, kein Benzindruck; Platz 1
Hunt:	41. Runde:	Unfall; Platz 4
Depailler:	47. Runde:	Unfall wegen abgefahrenen Vorderreifens; Platz 1
Villeneuve:	70. Runde:	Wegen Benzinmangels 400 Meter vor dem Ziel liegengeblieben; Platz 3

Renndistanz: 70 Runden à 4,262 km = 298,34 km.

Stand nach 1 Runde: 1. Depailler, 2. Jones, 3. Piquet, 4. Laffite, 5. Andretti, 6. Regazzoni, 7. Scheckter, 8. Villeneuve, 9. Reutemann, 10. Hunt.
Stand nach 10 Runden: 1. Depailler (177,362 km/h), 2. Jones — 0,33, 3. Laffite — 1,47, 4. Scheckter — 3,99, 5. Andretti — 8,16, 6. Reutemann — 12,31, 7. Hunt — 13,61, 8. Pironi — 14,45, 9. Jarier — 14,88, 10. Lauda — 21,63.
Stand nach 25 Runden: 1. Jones (178,472 km/h), 2. Laffite — 1,87, 3. Depailler — 2,28, 4. Scheckter — 18,00, 5. Andretti — 18,95, 6. Hunt — 19,37, 7. Pironi — 19,83, 8. Jarier — 20,58, 9. Stuck — 34,95; 10. Patrese — 41,55.
Stand nach 45 Runden: 1. Depailler (179,287 km/h), 2. Laffite — 1,44, 3. Scheckter — 12,68, 4. Pironi — 40,99, 5. Patrese — 57,69, 6. Villeneuve — 58,08, 7. Reutemann — 1:08,38, 8. Watson — 1:13,71, 9. Stuck — 1 Runde, 10. Jarier — 1 Runde.

Ergebnis:

1. Jody Scheckter (Südafrika) Ferrari	1.39:59,53 = 179,018 km/h
2. Jacques Laffite (Frankreich) Ligier-Ford	15,36 zurück
3. Didier Pironi (Frankreich) Tyrrell-Ford	35,17 zurück
4. Carlos Reutemann (Argentinien) Lotus-Ford	46,49 zurück
5. Riccardo Patrese (Italien) Arrows-Ford	1:04,31 zurück
6. John Watson (Irland) McLaren-Ford	1:05,85 zurück
7. Gilles Villeneuve (Kanada) Ferrari	1 Runde zurück
8. Hans-Joachim Stuck (Deutschland) ATS-Ford	1 Runde zurück
9. Emerson Fittipaldi (Brasilien) Copersucar-Ford	2 Runden zurück
10. Jan Lammers (Holland) Shadow-Ford	2 Runden zurück
11. Jean-Pierre Jarier (Frankreich) Tyrrell-Ford	3 Runden zurück

Villeneuve 400 Meter vorm Ziel (3. Platz) wegen Spritmangels liegengeblieben, aber mit 1 Runde Rückstand gewertet.

Schnellste Runde: Scheckter (Ferrari) 1:22,39 = 186,226 km/h (12. Runde).

Schnellste Runde jedes Fahrers im Rennen: Scheckter 1:22,39 (12.); Villeneuve 1:23,09 (63.); Jones 1:23,44 (33).); Laffite 1:23,78 (20.); Reutemann 1:23,89 (54.); Hunt 1:24,07 (39.); Depailler 1:24,12 (36.); Watson 1:24,15 (69.); Pironi 1:24,32 (60.); Andretti 1:24,57 (12.); Piquet 1:24,61 (20.); Jarier 1:24,69 (37.); Lauda 1:24,83 (15.); Stuck 1:24,84 (38.); Patrese 1:25,16 (38.); de Angelis 1:25,19 (20.); Fittipaldi 1:25,34 (20.); Giacomelli 1:25,53 (20.); Rebaque 1:25,85 (8.); Mass 1:26,31 (17.); Arnoux 1:26,43 (20.); Lammers 1:26,64 (38.); Jabouille 1:27,36 (6.); Regazzoni 1:42,72 (1.).

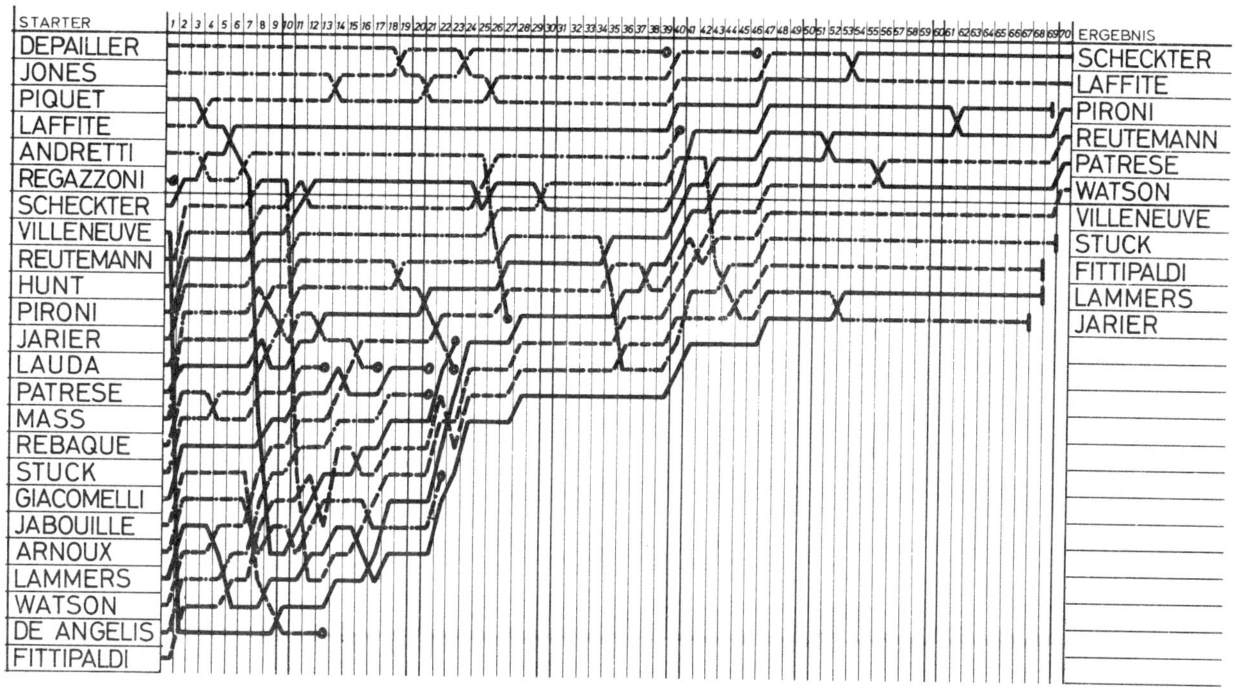

STARTER
DEPAILLER
JONES
PIQUET
LAFFITE
ANDRETTI
REGAZZONI
SCHECKTER
VILLENEUVE
REUTEMANN
HUNT
PIRONI
JARIER
LAUDA
PATRESE
MASS
REBAQUE
STUCK
GIACOMELLI
JABOUILLE
ARNOUX
LAMMERS
WATSON
DE ANGELIS
FITTIPALDI
1 2 3 4 5 6 7 8 9 10 11 12 13 14 15 16 17 18 19 20 21 22 23 24 25 26 27 28 29 30 31 32 33 34 35 36 37 38 39 40 41 42 43 44 45 46 47 48 49 50 51 52 53 54 55 56 57 58 59 60 61 62 63 64 65 66 67 68 69 70
ERGEBNIS
SCHECKTER
LAFFITE
PIRONI
REUTEMANN
PATRESE
WATSON
VILLENEUVE
STUCK
FITTIPALDI
LAMMERS
JARIER

Lauf 7 — Großer Preis von Monaco — Monte Carlo, 27. Mai 1979

Erstes Training:

1.	Villeneuve	1:26,91
2.	Scheckter	1:27,35
3.	Lauda	1:28,32
4.	Regazzoni	1:28,48
5.	Fittipaldi	1:28,49
6.	Jarier	1:28,62
7.	Depailler	1:28,69
8.	Hunt	1:28,84
9.	Watson	1:28,89
10.	Pironi	1:28,99
11.	Reutemann	1:29,08
12.	Andretti	1:29,23
13.	Arnoux	1:29,33
14.	Mass	1:29,41
15.	Piquet	1:29,53
16.	Patrese	1:29,56
17.	Laffite	1:29,83
18.	de Angelis	1:29,83
19.	Jabouille	1:29,87
20.	Stuck	1:29,89
21.	Tambay	1:30,68
22.	Lammers	1:32,02
23.	Jones	1:32,68
24.	Daly	1:36,89

Zweites Training:

1.	Scheckter	1:26,45
2.	Villeneuve	1:26,52
3.	Depailler	1:27,11
4.	Lauda	1:27,21
5.	Laffite	1:27,26
6.	Jarier	1:27,42
	Pironi	1:27,42
8.	Mass	1:27,47
9.	Jones	1:27,67
10.	Hunt	1:27,96
11.	Reutemann	1:27,99
12.	Stuck	1:28,22
13.	Andretti	1:28,23
	Watson	1:28,23
15.	Patrese	1:28,30
16.	Regazzoni	1:28,51
17.	Piquet	1:28,52
18.	Arnoux	1:28,57
19.	Jabouille	1:28,68
20.	de Angelis	1:28,70
21.	Fittipaldi	1:28,97
22.	Tambay	1:29,53
23.	Lammers	1:29,99
24.	Daly	1:30,18

Startaufstellung:

	Jody Scheckter Ferrari 312T4(040) 1:26,45
Gilles Villeneuve Ferrari 312T4(039) 1:26,52	Patrick Depailler Ligier-Ford JS11-03 1:27,11
Niki Lauda Brabham-Alfa Romeo BT48-4, 1:27,21	Jacques Laffite Ligier-Ford JS11-02 1:27,26
Jean-Pierre Jarier Tyrrell-Ford 009/3 1:27,21	Didier Pironi Tyrrell-Ford 009/4 1:27,42
Jochen Mass Arrows-Ford A1-3(5) 1:27,47	Alan Jones Williams-Ford FW07-3 1:27,67
James Hunt Wolf-Ford WR7 1:27,96	Carlos Reutemann Lotus-Ford 79(22) 1:27,99
Hans-Joachim Stuck ATS-Ford D2-3 1:28,22	Mario Andretti Lotus-Ford 80-1 1:27,23
John Watson McLaren-Ford M28C/3 1:28,23	Riccardo Patrese Arrows-Ford A1-1(6) 1:28,30
Clay Regazzoni Williams-Ford FW07-2 1:28,48	Emerson Fittipaldi Fittipaldi-Ford F5A-1 1:28,49
Nelson Piquet Brabham-Alfa Romeo BT48-3, 1:28,52	René Arnoux Renault RS10 1:28,57
Jean-Pierre Jabouille Renault RS11 1:28,68	

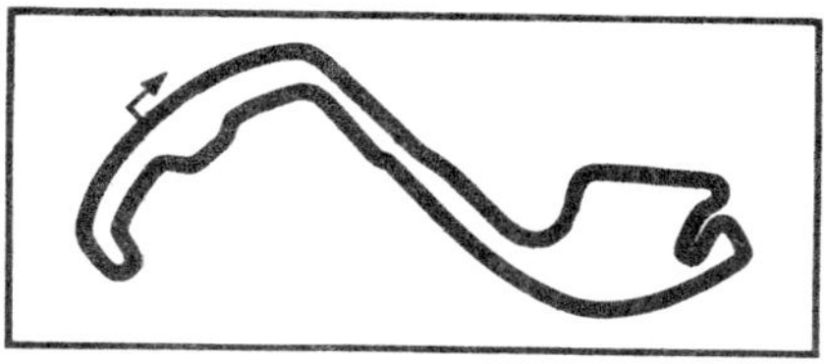

Rekorde: Distanz: Depailler (Tyrrell-Ford 008) 129,325 km/h (1978); Runde: Lauda (Brabham-Alfa Romeo BT46) 1:28,65 = 134,649 km/h (1978); Training: Reutemann (Ferrari 312P3) 1:28,34 (1978).

Nicht qualifiziert: Elio de Angelis (Shadow-Ford DN9/3B(8B) 1:28,79; Patrick Tambay (McLaren-Ford M28B/2) 1:29,53; Jan Lammers (Shadow-Ford DN9/2B(4B) 1:29,99; Derek Daly (Ensign-Ford N178MN09) 1:30,18.

Nicht qualifiziert in der Vorqualifikation: Gianfranco Brancatelli (Merzario-Ford A3-01) 1:38,15.

Wetter am Renntag: Dunstig, Temperatur: 25 Grad.

Boxenstops:

Laffite:	16. Runde:	Kollision mit Pironi, linkes Hinterrad gelockert; Platz 5
Jabouille:	42. Runde:	Reifenwechsel; Platz 11
Jabouille:	44. Runde:	Ladedruck des Doppelturbos überprüfen; Platz 10
Mass:	50. Runde:	Kühlen der überhitzten Bremsen, Bremsflüssigkeit nachfüllen, Befestigung neuer Lufthutze zur Kühlung der Vorderbremse, Stop dauerte sechs Runden; Platz 3

Ausfälle:

Patrese:	4. Runde:	Radlager vorn gebrochen, möglicherweise bei Kollision mit Andretti; Platz 13
Hunt:	5. Runde:	Halbachse gebrochen; Platz 12
Arnoux:	8. Runde:	Kollision mit Piquet; Platz 17
Fittipaldi:	17. Runde:	Motorschaden (7 Zylinder); Platz 14
Lauda:	22. Runde:	Karambolage mit Pironi in der oberen Mirabeau-Kurve, Motor und Heckflügel demoliert; Platz 3
Pironi:	22. Runde:	Karambolage mit Lauda in der oberen Mirabeau-Kurve; Platz 4
Andretti:	22. Runde:	Radaufhängung links hinten gebrochen, gerissene Bordfeuerlöscher-Halterung; Platz 13
Stuck:	31. Runde:	Rechtes Hinterrad (am Hafenkai) weggebrochen; Platz 8
Jarier:	35. Runde:	Radaufhängung links hinten gebrochen; Platz 4
Jones:	43. Runde:	Unfall in Tabacs-Kurve, rechte Vorderradaufhängung gebrochen; Platz 3
Villeneuve:	54. Runde:	Getriebe (Differential blockiert); Platz 2
Laffite:	56. Runde:	Getriebeschaden; Platz 7
Piquet:	69. Runde:	Antriebswellen-Gelenk gebrochen, Eingang Tunnel; Platz 4
Depailler:	75. Runde:	Motorschaden; Platz 4

Renndistanz: 76 Runden à 4,312 km = 252,7 km.

Stand nach 1 Runde: 1. Scheckter, 2. Lauda, 3. Villeneuve, 4. Depailler, 5. Laffite, 6. Pironi, 7. Jones, 8. Mass, 9. Jarier, 10. Reutemann.

Stand nach 10 Runden: 1. Scheckter (15:15,42 = 130,248 km/h), 2. Villeneuve, 3. Lauda, 4. Depailler, 5. Laffite, 6. Pironi, 7. Jones, 8. Mass, 9. Jarier, 10. Reutemann.

Stand nach 40 Runden: 1. Scheckter (1.00:42,85 = 130,920 km/h), 2. Villeneuve, 3. Jones, 4. Mass, 5. Regazzoni, 6. Reutemann, 7. Piquet, 8. Watson, 9. Depailler, 10. Jabouille.

Stand nach 60 Runden: 1. Scheckter (1.31:05,72 = 130,887 km/h), 2. Regazzoni, 3. Reutemann, 4. Piquet, 5. Watson, 6. Depailler, 7. Mass, 8. Jabouille.

Ergebnis:

1. Jody Scheckter (Südafrika) Ferrari	1.55:22,48 = 130,901 km/h
2. Clay Regazzoni (Schweiz) Williams-Ford	0,44 zurück
3. Carlos Reutemann (Argentinien) Lotus-Ford	8,57 zurück
4. John Watson (Irland) McLaren-Ford	41,31 zurück
5. Patrick Depailler (Frankreich) Ligier-Ford	2 Runden zurück
6. Jochen Mass (Deutschland) Arrows-Ford	7 Runden zurück

* Depailler bei Rennschluß nicht mehr im Rennen (Motorschaden), aber gewertet. — Auf Grund zu geringer zurückgelegter Distanz nicht mehr klassiert: Jabouille (68 Runden).

Schnellste Runde: Depailler (Ligier-Ford) 1:28,82 = 134,240 km/h (69. Runde).

Schnellste Runde jedes Fahrers im Rennen: Depailler 1:28,82 (69.); Laffite 1:29,47 (49.); Regazzoni 1:29,48 (73.); Jones 1:29,60 (30.); Reutemann 1:29,61 (75.); Piquet 1:29,66 (65.); Watson 1:29,83 (65.); Villeneuve 1:29,86 (35.); Scheckter 1:29,86 (54.); Jarier 1:30,04 (17.); Mass 1:30,04 (26.); Pironi 1:30,07 (14.); Lauda 1:30,26 (13.); Fittipaldi 1:30,52 (14.); Stuck 1:30,65 (15.); Jabouille 1:30,66 (9.); Andretti 1:30,85 (18.); Arnoux 1:31,58 (6.); Hunt 1:33,42 (4.); Patrese 1:33,46 (3.)

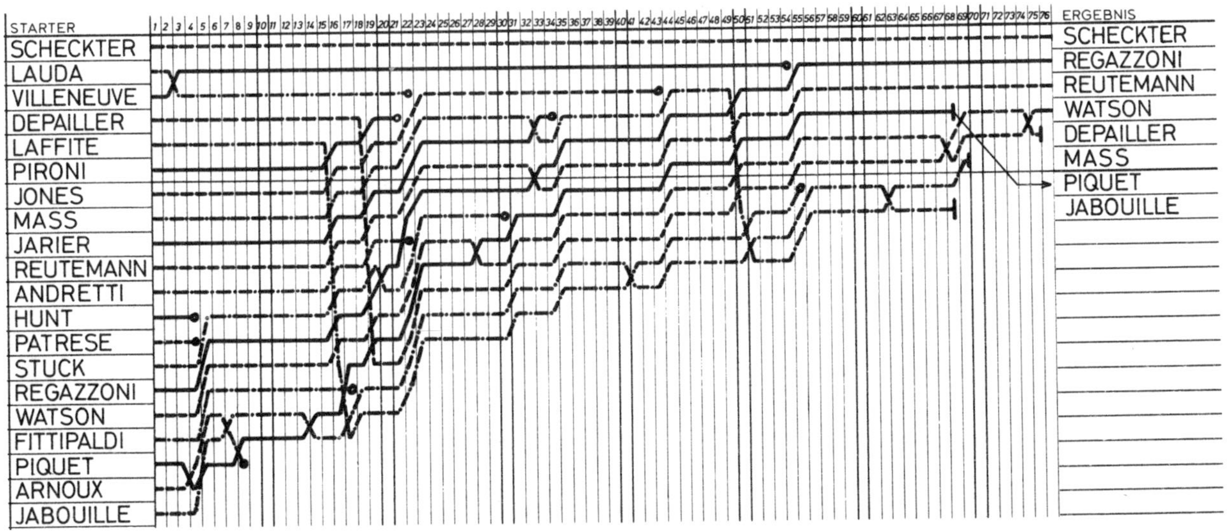
STARTER
SCHECKTER
LAUDA
VILLENEUVE
DEPAILLER
LAFFITE
PIRONI
JONES
MASS
JARIER
REUTEMANN
ANDRETTI
HUNT
PATRESE
STUCK
REGAZZONI
WATSON
FITTIPALDI
PIQUET
ARNOUX
JABOUILLE
ERGEBNIS
SCHECKTER
REGAZZONI
REUTEMANN
WATSON
DEPAILLER
MASS
PIQUET
JABOUILLE

Lauf 8 — Großer Preis von Frankreich — Dijon, 1. Juli 1979

Erstes Training:

1.	Jabouille	1:07,41
2.	Arnoux	1:07,96
3.	Villeneuve	1:08,18
4.	Piquet	1:08,19
5.	Jones	1:08,23
6.	Lauda	1:08,45
7.	Scheckter	1:08,58
8.	Laffite	1:08,95
9.	Pironi	1:09,70
10.	Jarier	1:09,85
11.	Reutemann	1:09,96
12.	Watson	1:09,97
	Regazzoni	1:09,97
14.	Rosberg	1:10,66
15.	Ickx	1:10,82
16.	Andretti	1:11,08
17.	Tambay	1:11,10
18.	Giacomelli	1:11,79
19.	Stuck	1:12,10
	Lammers	1:12,10
21.	Rebaque	1:12,25
22.	de Angelis	1:12,34
23.	Fittipaldi	1:12,90
24.	Patrese	1:13,89
25.	Mass	1:14,08
26.	Gaillard	1:14,29
27.	Merzario	1:14,95

Zweites Training:

1.	Arnoux	1:07,45
2.	Jabouille	1:07,88
3.	Jones	1:08,27
4.	Villeneuve	1:08,55
5.	Piquet	1:08,73
6.	Pironi	1:08,95
7.	Regazzoni	1:09,01
8.	Scheckter	1:09,25
9.	Jarier	1:09,38
10.	Lauda	1:09,40
11.	Ickx	1:09,68
12.	Rosberg	1:10,15
13.	Laffite	1:10,45
14.	Andretti	1:10,67
15.	Tambay	1:10,92
16.	Giacomelli	1:11,02
17.	Fittipaldi	1:11,12
18.	Watson	1:11,56
19.	Mass	1:11,89
20.	Lammers	1:12,11
21.	de Angelis	1:12,30
22.	Rebaque	1:12,40
23.	Stuck	1:12,54
24.	Petrese	1:12,88
25.	Reutemann	1:13,43
26.	Gaillard	1:14,03
27.	Merzario	1:17,23

Drittes Training:

1.	Jabouille	1:07,19
2.	Villeneuve	1:07,65
3.	Piquet	1:08,13
4.	Scheckter	1:08,15
5.	Lauda	1:08,20
6.	Laffite	1:08,55
7.	Regazzoni	1:08,65
8.	Jones	1:08,73
9.	Jarier	1:08,80
10.	Andretti	1:09,35
11.	Reutemann	1:09,36
12.	Ickx	1:10,00
13.	Rosberg	1:10,45
14.	Arnoux	1:10,55
15.	Giacomelli	1:10,59
16.	Fittipaldi	1:10,61
17.	Patrese	1:10,70
18.	Pironi	1:10,78
19.	Watson	1:11,04
20.	Lammers	1:11,14
	Mass	1:11,14
22.	Tambay	1:11,40
23.	Stuck	1:11,75
24.	Rebaque	1:11,97
25.	de Angelis	1:12,23
26.	Gaillard	1:13,00
	Merzario	—

Startaufstellung:

Jean-Pierre Jabouille
Renault RS11
1:07,19

René Arnoux
Renault RS10
1:07,45

Gilles Villeneuve
Ferrari 312T4(041)
1:07,65

Nelson Piquet
Brabham-Alfa Romeo
BT48-3, 1:08,13

Jody Scheckter
Ferrari 312T4(040)
1:08,15

Niki Lauda
Brabham-Alfa Romeo
BT48-2, 1:08,20

Alan Jones
Williams-Ford FW07-3
1:08,23

Jacques Laffite
Ligier-Ford JS11-03
1:08,55

Clay Regazzoni
Williams-Ford FW07-2
1:08,65

Jean-Pierre Jarier
Tyrrell-Ford 009/3
1:08,80

Didier Pironi
Tyrrell-Ford 009/1
1:08,95

Mario Andretti
Lotus-Ford 80-1
1:09,35

Carlos Reutemann
Lotus-Ford 79(22)
1:09,36

Jacky Ickx
Ligier-Ford JS11-04
1:09,68

John Watson
McLaren-Ford M28C/3
1:09,97

Keijo Rosberg
Wolf-Ford WR8
1:10,15

Bruno Giacomelli
Alfa-Romeo Autodelta
B78-177/001, 1:10,59

Emerson Fittipaldi
Fittipaldi-Ford F5A-1
1:10,61

Riccardo Patrese
Arrows-Ford A2-1
1:10,70

Patrick Tambay
McLaren-Ford M28C/2
1:10,92

Jan Lammers
Shadow-Ford DN9/
2B(4B), 1:11,14

Jochen Mass
Arrows-Ford A2-2
1:11,14

Héctor Rebaque
Lotus-Ford 79(19)
1:11,97

*Elio de Angelis
Shadow-Ford DN9/
3B(8B), 1:12,23

*Als erste Reserve gestartet.

Qualifiziert, aber auf Start verzichtet: Hans-Joachim Stuck (ATS-Ford D2-03) 1:11,75.
Nicht qualifiziert: Patrick Gaillard (Ensign-Ford N178 MN09) 1:13,00; Arturo Merzario (Merzario-Ford A3-01) 1:14,95.

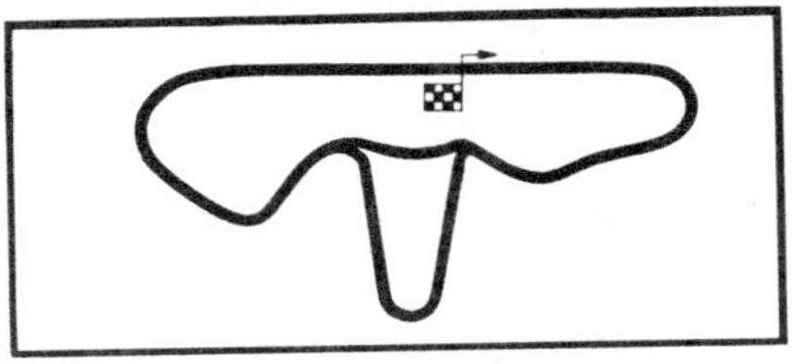

Rekorde: Distanz: Andretti (Lotus-Ford 78) 183,006 km/h (1977); Runde: Andretti (Lotus-Ford 78) 1:13,75 = 185,617 km/h (1977); Training: Andretti (Lotus-Ford 78) 1:12,28 (1977).

Wetter am Renntag: Bedeckt, trocken, Temperatur: 16 Grad.

Boxenstops:

Lammers:	5. Runde:	Fehlzündungen; Zündbox gewechselt, Reifenwechsel; Platz 21—24
Andretti:	12. Runde:	Bremsleitung gebrochen. Radschaden rechts vorn, Reifenwechsel, Stop dauerte 7 Runden; Platz 12—22
Ickx:	18. Runde:	Beide Vorderreifen gewechselt; Platz 21
Ickx:	20. Runde:	Beide Hinterreifen gewechselt; Platz 21
Giacomelli:	23. Runde:	Schaltung, Reifen; Platz 19
Andretti:	30. Runde:	Lotus-Heck tiefer gesetzt; Platz 23
Watson:	40. Runde:	Reifenwechsel rundum; Platz 14
Pironi:	47. Runde:	Reifenwechsel rundum; Platz 13
de Angelis:	47. Runde:	Schaltprobleme (1. Gang), Hinterreifen gewechselt; Platz 17—19
Scheckter:	55. Runde:	Reifenwechsel, nur 19 Sekunden in der Box; Platz 5

Ausfälle:

Lauda:	24. Runde:	Dreher, Motor nicht mehr in Gang gebracht; Platz 9
Ickx:	46. Runde:	Motorschaden; Platz 21
Piquet:	54. Runde:	Unfall in Zielkurve, weil er im Windschatten Fittipaldis Wirkung der Heckflügel verlor; Platz 4
Fittipaldi:	54. Runde:	Motorschaden; Platz 12
Andretti:	56. Runde:	Aufgabe wegen Reifenschadens und Verdachts auf Hinterradaufhängungsdefekt; Platz 20
Pironi:	72. Runde:	Aufgabe, Hinterradaufhängungsschaden vermutet; Platz 18
Reutemann:	78. Runde:	Unfall beim Versuch, Rosberg zu überholen; Platz 10

Renndistanz: 80 Runden à 3,9 km = 304 km.

Stand nach 1 Runde: 1. Villeneuve, 2. Jabouille, 3. Scheckter, 4. Piquet, 5. Jarier, 6. Lauda, 7. Laffite, 8. Jones, 9. Arnoux, 10. Pironi.
Stand nach 10 Runden: 1. Villeneuve (190,277 km/h), 2. Jabouille — 3,79, 3. Arnoux — 13,94, 4. Scheckter — 16,52, 5. Piquet — 18,98, 6. Jones — 20,11, 7. Jarier — 25,58, 8. Regazzoni — 32,83, 9. Lauda — 36,86, 10. Laffite — 37,43.
Stand nach 40 Runden: 1. Villeneuve (190,608 km/h), 2. Jabouille — 2,25, 3. Arnoux — 19,86, 3. Piquet — 29,70, 4. Jones — 30,41, 5. Scheckter — 33,90, 6. Jarier — 45,06, 7. Regazzoni — 49,30, 8. Laffite — 1:01,15, 9. Rosberg — 1:06,65.
Stand nach 60 Runden: 1. Jabouille (191,177 km/h), 2. Villeneuve — 8,32, 3. Arnoux — 29,36, 4. Jones — 41,78, 5. Jarier — 56,73, 6. Regazzoni — 58,60, 7. Laffite — 1 Runde, 8. Scheckter, 9. Rosberg, 10. Reutemann.

Ergebnis:

1. Jean-Pierre Jabouille (Frankreich) Renault-Turbo	1.35:20,42 = 191,315 km/h
2. Gilles Villeneuve (Kanada) Ferrari	14,59 zurück
3. René Arnoux (Frankreich) Renault-Turbo	14,83 zurück
4. Alan Jones (Australien) Williams-Ford	36,61 zurück
5. Jean-Pierre Jarier (Frankreich) Tyrrell-Ford	1:04,51 zurück
6. Clay Regazzoni (Schweiz) Williams-Ford	1:05,51 zurück
7. Jody Scheckter (Südafrika) Ferrari	1 Runde zurück
8. Jacques Laffite (Frankreich) Ligier-Ford	1 Runde zurück
9. Keijo Rosberg (Finnland) Wolf-Ford	1 Runde zurück
10. Patrick Tambay (Frankreich) McLaren-Ford	2 Runden zurück
11. John Watson (Irland) McLaren-Ford	2 Runden zurück
12. Héctor Rebaque (Mexiko) Lotus-Ford	2 Runden zurück
13. Carlos Reutemann* (Argentinien) Lotus-Ford	3 Runden zurück
14. Riccardo Patrese (Italien) Arrows-Ford	3 Runden zurück
15. Jochen Mass (Deutschland) Arrows-Ford	5 Runden zurück
16. Elio de Angelis (Italien) Shadow-Ford	5 Runden zurück
17. Bruno Giacomelli (Italien) Alfa-Alfa	5 Runden zurück
18. Jan Lammers (Holland) Shadow-Ford	7 Runden zurück

* Bei Rennschluß nicht mehr im Rennen (Unfall), aber gewertet.

Schnellste Runde: Arnoux (Renault-Turbo) 1:09,16 = 197,802 km/h (71. Runde).

Schnellste Runde jedes Fahrers im Rennen: Arnoux 1:09,16 (71.); Jabouille 1:10,23; Jones 1:10,44; Scheckter 1:10,46; Regazzoni 1:10.83; Villeneuve 1:10,84; Jarier 1:10,88; Piquet 1:11,13; Reutemann 1:11,38; Watson 1:11,52; Laffite 1:11,71; Rosberg 1:12,12; Tambay 1:12,33; Fittipaldi 1:12,39; Lauda 1:12,58; Rebaque 1:12,65; Andretti 1:12,68; Pironi 1:12,77; Giacomelli 1:12,94; Lammers 1:13,01; Patrese 1:13,22; de Angelis 1:13,30; Ickx 1:13,33; Mass 1:14,55.

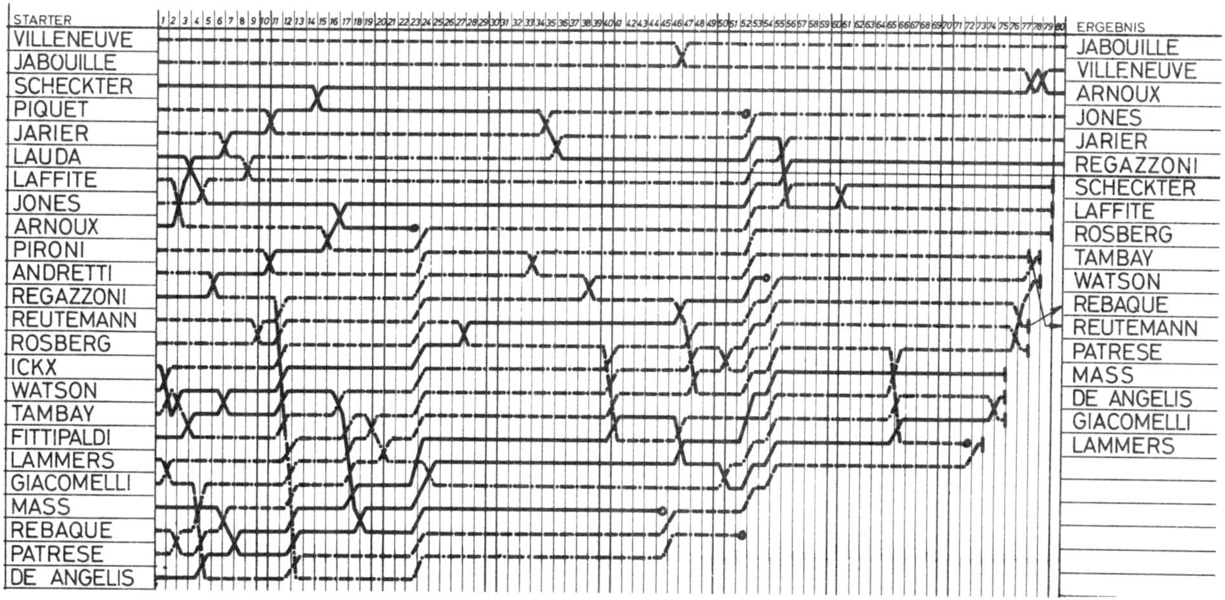
STARTER
VILLENEUVE
JABOUILLE
SCHECKTER
PIQUET
JARIER
LAUDA
LAFFITE
JONES
ARNOUX
PIRONI
ANDRETTI
REGAZZONI
REUTEMANN
ROSBERG
ICKX
WATSON
TAMBAY
FITTIPALDI
LAMMERS
GIACOMELLI
MASS
REBAQUE
PATRESE
DE ANGELIS
1 2 3 4 5 6 7 8 9 10 11 12 13 14 15 16 17 18 19 20 21 22 23 24 25 26 27 28 29 30 31 32 33 34 35 36 37 38 39 40 41 42 43 44 45 46 47 48 49 50 51 52 53 54 55 56 57 58 59 60 61 62 63 64 65 66 67 68 69 70 71 72 73 74 75 76 77 78 79 80
ERGEBNIS
JABOUILLE
VILLENEUVE
ARNOUX
JONES
JARIER
REGAZZONI
SCHECKTER
LAFFITE
ROSBERG
TAMBAY
WATSON
REBAQUE
REUTEMANN
PATRESE
MASS
DE ANGELIS
GIACOMELLI
LAMMERS

Lauf 9 — Großer Preis von England — Silverstone, 14. Juni 1979

Erstes Training:

1.	Jones	1:11,88
2.	Jabouille	1:13,27
3.	Arnoux	1:13,29
4.	Piquet	1:13,47
5.	Lauda	1:13,92
6.	Reutemann	1:14,07
7.	Regazzoni	1:14,32
8.	Watson	1:14,45
9.	Andretti	1:14,64
10.	Villeneuve	1:14,90
11.	Laffite	1:15,04
12.	Scheckter	1:15,30
13.	Rosberg	1:15,35
14.	Jarier	1:15,63
15.	de Angelis	1:15,82
16.	Patrese	1:15,83
17.	Tambay	1:16,23
18.	Pironi	1:16,31
19.	Mass	1:16,48
20.	Ickx	1:16,76
21.	Rebaque	1:17,32
22.	Stuck	1:17,44
23.	Fittipaldi	1:17,68
24.	Gaillard	1:19,18
25.	Lammers	1:19,22
26.	Merzario	1:19,57

Zweites Training:

1.	Jones	1:12,13
2.	Jabouille	1:12,48
3.	Piquet	1:12,65
4.	Regazzoni	1:13,11
5.	Lauda	1:13,44
6.	Watson	1:13,57
7.	Arnoux	1:13,67
8.	Reutemann	1:13,87
9.	Andretti	1:14,20
10.	Laffite	1:14,37
11.	Scheckter	1:14,60
12.	de Angelis	1:14,87
13.	Villeneuve	1:14,92
14.	Rosberg	1:14,96
15.	Pironi	1:15,28
16.	Ickx	1:15,63
17.	Tambay	1:15,67
18.	Patrese	1:15,77
19.	Jarier	1:16,19
	Mass	1:16,19
21.	Lammers	1:16,66
22.	Fittipaldi	1:16,68
23.	Gaillard	1:17,07
24.	Rebaque	1:17,62
25.	Stuck	1:17,99
26.	Merzario	1:23,61

Startaufstellung:

Alan Jones
Williams-Ford FW07-1
1:11,88

Jean-Pierre Jabouille
Renault RS11
1:12,48

Nelson Piquet
Brabham-Alfa Romeo
BT48-3, 1:12,65

Clay Regazzoni
Williams-Ford FW07-2
1:13,11

Niki Lauda
Brabham-Alfa Romeo
BT48-4, 1:13,44

René Arnoux
Renault RS12
1:13,29

Carlos Reutemann
Lotus-Ford 79(23)
1:13,87

John Watson
McLaren-Ford M29/1
1:13,57

Mario Andretti
Lotus-Ford 79(22)
1:14,20

Jacques Laffite
Ligier-Ford JS11-03
1:14,37

Jody Scheckter
Ferrari 312T4(039)
1:14,60

Elio de Angelis
Shadow-Ford DN9/
3B(8B), 1:14,87

Gilles Villeneuve
Ferrari 312T4(038)
1:14,90

Keijo Rosberg
Wolf-Ford WR7
1:14,96

Didier Pironi
Tyrrell-Ford 009/6
1:15,28

Jean-Pierre Jarier
Tyrrell-Ford 009/3
1:15,63

Jacky Ickx
Ligier-Ford JS11-01
1:15,63

Patrick Tambay
McLaren-Ford M28C/2
1:15,67

Riccardo Patrese
Arrows-Ford A2-1
1:15,77

Jochen Mass
Arrows-Ford A2-2
1:16,19

Jan Lammers
Shadow-Ford DN9/
2B(4B), 1:16,66

Emerson Fittipaldi
Fittipaldi-Ford F5A-1
1:16,48

Patrick Gaillard
Ensign-Ford N178-
MN09, 1:17,07

Héctor Rebaque
Lotus-Ford 79(19)
1:17,32

Nicht qualifiziert: Hans-Joachim Stuck (ATS-Ford D2-03) 1:17,44; Arturo Merzario (Merzario-Ford A4-01) 1:19,57.

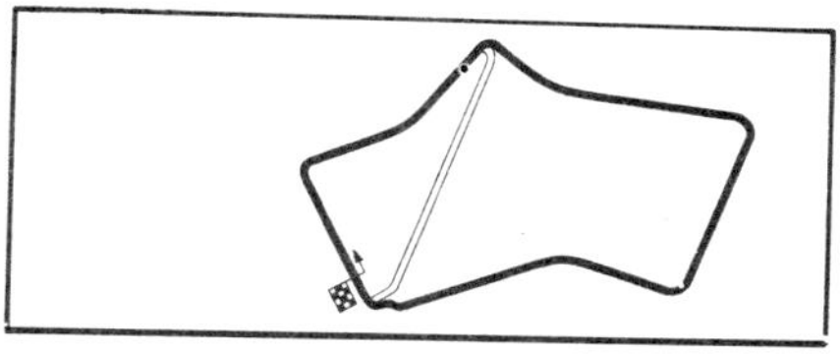

Rekorde (mit Woodcote-Schikane): Distanz: Hunt (McLaren-Ford M23) 209,790 km/h (1977); Runde: Hunt (McLaren-Ford M23) 1:18,81 (1976); Training: Peterson (Lotus-Ford 78) 1:16,07 (1978).

Wetter am Renntag: bewölkt, trocken, 22 Grad.

Boxenstops:

Patrese:	Aufwärmrunde:	Mechanische Benzinpumpe überhitzt, wurde gekühlt, Fahrer mußte aus der Boxengeraden starten
Jabouille:	17. Runde:	Reifenwechsel rundum, weil sich Mischung als zu weich erwiesen hatte, beim Wegfahren riß Preßluftschlauch den rechten Bugspoiler ab; Platz 2/3
Jabouille:	19. Runde:	Neuer Bugspoiler montiert; Platz 19
Watson:	25. Runde:	Reifenwechsel links vorn binnen 16 Sekunden; Platz 7—17
de Angelis:	29. Runde:	Schwarzgeflaggt, Heckflügel gewechselt und Reifenwechsel links vorn; Platz 1—17
Reutemann:	36. Runde:	Reifenwechsel links vorn binnen 20 Sekunden; Platz 8—13
Laffite:	42. Runde:	Fehlzündungen, Überprüfen der Elektrik und Zündkerzen; Platz 3—5
Villeneuve:	50. Runde:	Reifenwechsel rundum binnen 30 Sekunden; Platz 4
Pironi:	57. Runde:	Reifenwechsel links hinten (Blasen); Platz 12—13

Ausfälle:

Piquet:	2. Runde:	Unfall in Woodcote-Schikane, Schürzen zerbrochen, Wiederanfahrt unmöglich; Platz 4
Andretti:	4. Runde:	Neumontiertes, erst am Vorabend eingebautes Radlager links hinten gebrochen, vermutlich Materialfehler; Platz 7—15
Lauda:	13. Runde:	Bremsdefekt hinten, Bremsflüssigkeit auf 250 Grad erhitzt; Platz 8—14
Jabouille:	21. Runde:	Motor/Ventilfeder gebrochen; Platz 21
Fittipaldi:	26. Runde:	Motor/Öldruck; Platz 17
Mass:	37. Runde:	Hinterer Stabilisator gebrochen, linker Hinterreifen schadhaft, kein fünfter Gang mehr; Platz 12
Jones:	40. Runde:	Motorschaden/Dichtungsring der Wasserpumpe gebrochen (?); Platz 1
Rosberg:	43. Runde:	Defekt im Einspritzungssystem, kein Benzin durchgekommen; Platz 6
Laffite:	44. Runde:	Aufgabe wegen Fehlzündungen, eine Zündkerze gebrochen (?); Platz 11—13
Patrese:	46. Runde:	Getriebeschaden; Platz 15
Villeneuve:	64. Runde:	Dampfblasenbildung im Benzinsystem, dadurch kein Benzindruck mehr; Platz 7—10
Tambay:	67. Runde:	Ohne Benzin liegengeblieben, aber keine Position verloren; Platz 7

Ergebnis:

1. Clay Regazzoni (Schweiz) Williams-Ford	1.26:11,17 = 223,370 km/h
2. René Arnoux (Frankreich) Renault-Turbo	24,28 zurück
3. Jean-Pierre Jarier (Frankreich) Tyrrell-Ford	1 Runde zurück
4. John Watson (Irland) McLaren-Ford	1 Runde zurück
5. Jody Scheckter (Südafrika) Ferrari	1 Runde zurück
6. Jacky Ickx (Belgien) Ligier-Ford	1 Runde zurück
7. Patrick Tambay (Frankreich) McLaren-Ford*	2 Runden zurück
8. Carlos Reutemann (Argentinien) Lotus-Ford	2 Runden zurück
9. Héctor Rebaque (Mexiko) Lotus-Ford	2 Runden zurück
10. Didier Pironi (Frankreich) Tyrrell-Ford	2 Runden zurück
11. Jan Lammers (Holland) Shadow-Ford	3 Runden zurück
12. Elio de Angelis (Italien) Shadow-Ford*	3 Runden zurück
13. Patrick Gaillard (Frankreich) Ensign-Ford	3 Runden zurück
14. Gilles Villeneuve (Kanada) Ferrari*	5 Runden zurück

* Tambay (ohne Sprit liegengeblieben) und Villeneuve (wegen Dampfblasenbildung im Benzinsystem an den Boxen ausgeschieden). Bei Rennschluß nicht mehr im Rennen, aber klassiert; bei de Angelis (Gesamtzeit 1.27:11,81) eine Strafminute wegen Frühstarts inkludiert.

Schnellste Runde: Regazzoni (Williams-Ford) 1:14,40 = 228,32 km/h.

Schnellste Runde jedes Fahrers im Rennen: Regazzoni 1:14,40 (39.); Jones 1:14,89 (8.); Pironi 1:15,05 (66.); Arnoux 1:15,11 (31.); Watson 1:15,12 (66.); Jabouille 1:15,18 (6.); Jarier 1:15,42 (61.); Villeneuve 1:15,50 (53.); Laffite 1:15,53 (39.); Ickx 1:15,73 (66.); Scheckter 1:16,02 (38.); de Angelis 1:16,08 (61.); Rosberg 1:16,39 (36.); Tambay 1:16,42 (60.); Reutemann 1:16,59 (21.); Rebaque 1:17,24 (63.); Mass 1:17,40 (55.); Lauda 1:17,62 (9.); Patrese 1:18,13 (43.); Lammers 1:18,25 (55.); Gaillard 1:18,40 (58.); Fittipaldi 1:18,93 (7.); Andretti 1:21,36 (2.); Piquet 1:26,36 (1.).

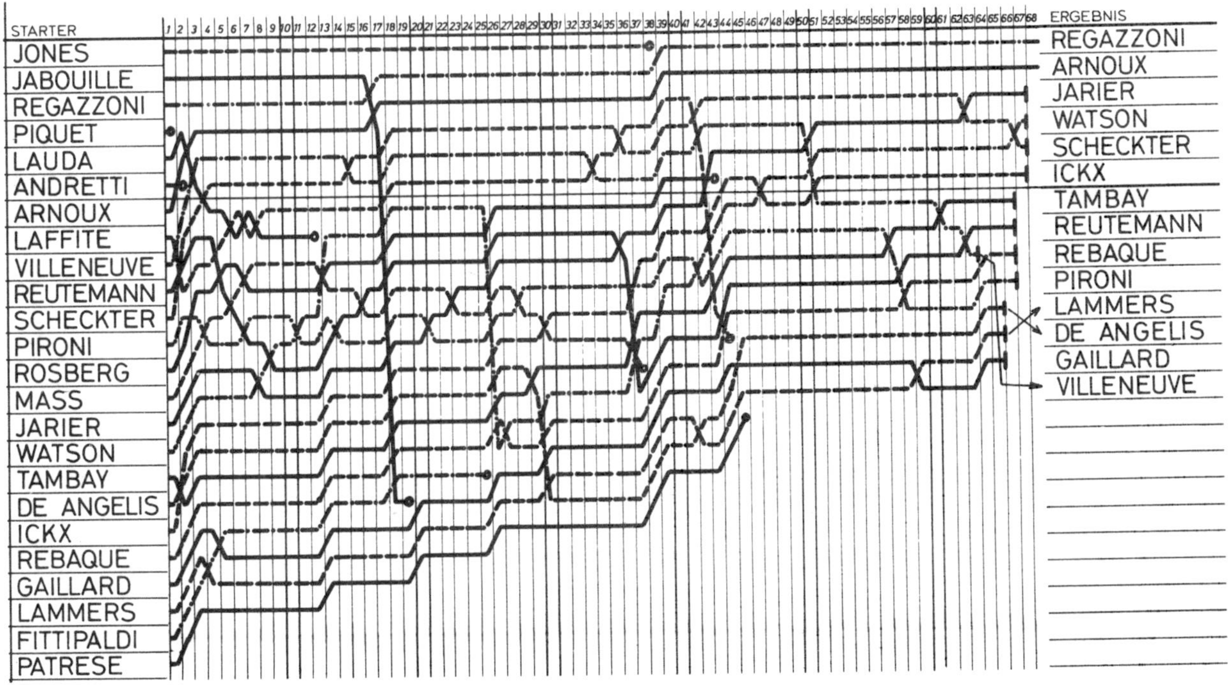
STARTER
JONES
JABOUILLE
REGAZZONI
PIQUET
LAUDA
ANDRETTI
ARNOUX
LAFFITE
VILLENEUVE
REUTEMANN
SCHECKTER
PIRONI
ROSBERG
MASS
JARIER
WATSON
TAMBAY
DE ANGELIS
ICKX
REBAQUE
GAILLARD
LAMMERS
FITTIPALDI
PATRESE
1 2 3 4 5 6 7 8 9 10 11 12 13 14 15 16 17 18 19 20 21 22 23 24 25 26 27 28 29 30 31 32 33 34 35 36 37 38 39 40 41 42 43 44 45 46 47 48 49 50 51 52 53 54 55 56 57 58 59 60 61 62 63 64 65 66 67 68
ERGEBNIS
REGAZZONI
ARNOUX
JARIER
WATSON
SCHECKTER
ICKX
TAMBAY
REUTEMANN
REBAQUE
PIRONI
LAMMERS
DE ANGELIS
GAILLARD
VILLENEUVE

Lauf 10 — Großer Preis von Deutschland — Hockenheim, 29. Juli 1979

Erstes Training:

1.	Jabouille	1:48,48
2.	Jones	1:49,94
3.	Laffite	1:50,26
4.	Arnoux	1:50,48
5.	Pironi	1:50,66
6.	Lauda	1:50,70
7.	Regazzoni	1:50,76
8.	Piquet	1:50,90
9.	Reutemann	1:50,94
	Scheckter	1:50,94
11.	Watson	1:51,17
12.	Villeneuve	1:51,18
13.	Andretti	1:51,50
14.	Mass	1:52,74
15.	Tambay	1:52,93
16.	Rosberg	1:53,83
17.	Fittipaldi	1:54,01
18.	Ickx	1:54,10
19.	Lees	1:54,12
20.	Patrese	1:54,31
21.	de Angelis	1:54,86
22.	Lammers	1:56,02
23.	Rebaque	1:56,25
24.	Stuck	1:56,58
25.	Gaillard	1:57,06
26.	Merzario	—

Zweites Training:

1.	Jones	1:48,75
2.	Laffite	1:49,43
3.	Piquet	1:49,50
4.	Jabouille	1:49,75
5.	Scheckter	1:50,00
6.	Regazzoni	1:50,12
7.	Lauda	1:50,37
8.	Pironi	1:50,40
9.	Villeneuve	1:50,41
10.	Andretti	1:50,68
11.	Watson	1:50,86
12.	Ickx	1:51,07
13.	Tambay	1:51,47
14.	Lees	1:51,50
15.	Rosberg	1:52,01
16.	Patrese	1:52,93
17.	Mass	1:53,18
18.	de Angelis	1:53,73
19.	Lammers	1:53,59
20.	Fittipaldi	1:54,14
21.	Stuck	1:54,47
22.	Rebaque	1:55,86
23.	Gaillard	1:55,95
24.	Merzario	2:01,84
25.	Reutemann	2:07,67
	Arnoux	— —

Startaufstellung:

Alan Jones
Williams-Ford FW07-4
1:48,75

Jean-Pierre Jabouille
Renault RS11
1:48,48

Nelson Piquet
Brabham-Alfa Romeo
BT48-3, 1:49,50

Jacques Laffite
Ligier-Ford JS11-04
1:49,43

Clay Regazzoni
Williams-Ford FW07-2
1:50,12

Jody Scheckter
Ferrari 312T4(040)
1:50,00

Didier Pironi
Tyrrell-Ford 009/6
1:50,40

Niki Lauda
Brabham-Alfa Romeo
BT48-4, 1:50,37

René Arnoux
Renault RS12
1:50,48

Gilles Villeneuve
Ferrari 312T4(041)
1:50,41

John Watson
McLaren-Ford M29/1
1:50,86

Mario Andretti
Lotus-Ford 79(23)
1:50,68

Jacky Ickx
Ligier-Ford JS11-02
1:51,07

Carlos Reutemann
Lotus-Ford 79(21)
1:50,94

Geoff Lees
Tyrrell-Ford 009/3
1:51,50

Patrick Tambay
McLaren-Ford M29/2
1:51,47

Jochen Mass
Arrows-Ford A2-2
1:52,74

Keijo Rosberg
Wolf-Ford WR8
1:52,01

Jan Lammers
Shadow-Ford DN9/
2B(4B), 1:53,59

Riccardo Patrese
Arrows-Ford A2-1
1:52,93

Emerson Fittipaldi
Fittipaldi-Ford FGA-1
1:54,01

Elio de Angelis
Shadow-Ford DN9/
3B(8B), 1:53,73

Héctor Rebaque
Lotus-Ford (19)
1:55,86

Hans-Joachim Stuck
ATS-Ford D2-03
1:54,47

Nicht qualifiziert: Patrick Gaillard (Ensign-Ford N178 MN09) 1:55,95; Arturo Merzario (Merzario-Ford A4-01) 2:01,84.

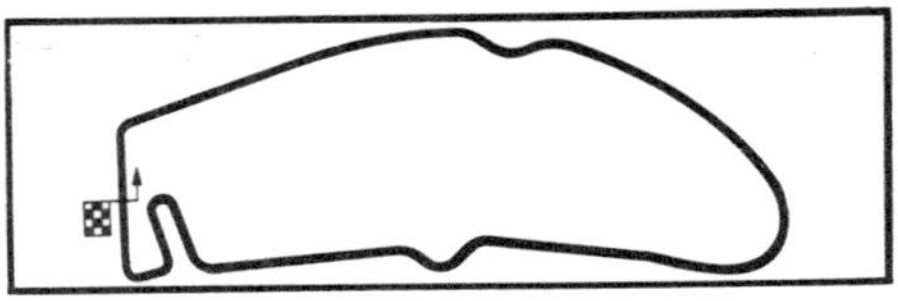

Rekorde: Distanz: Lauda (Ferrari 312T2) 208,469 km/h (1977); Runde: Peterson (Lotus-Ford 79) 1:55,62 = 211,354 km/h (1978); Training: Andretti (Lotus-Ford 79) 1:51,90 (1978).

Wetter am Renntag: Sehr heiß, Temperatur: 29 Grad.

Boxenstops:

Rebaque:	14., 20. Runde:	Motor/Aufhängung; Platz 19
Pironi:	16. Runde:	Beide Vorderreifen gewechselt; Platz 12
Villeneuve:	37. Runde:	Abgebrochenen Heckflügel und Reifen gewechselt; Platz 6

Ausfälle:

Stuck:	1. Runde:	Linkes Vorderrad beim Anbremsen Kurve Eingang Motodrom weggekippt, vorderer Träger des Monococks abgebrochen; Platz 24
Reutemann:	2. Runde:	Unfall in zweiter Bremskurve, möglicherweise Kollision mit Patrese, rechtes Vorderrad weggebrochen; Platz 15
Fittipaldi:	5. Runde:	Motorschaden/Elektrik; Platz 21
Jabouille:	8. Runde:	Zu spät gebremst in Sachs-Kurve, Hinterradbremsen blockieren, Motor nach Dreher nicht mehr in Gang gebracht; Platz 2
Arnoux:	10. Runde:	Reifenschaden rechts hinten; Platz 6
Andretti:	17. Runde:	Hauptgelenk/Antriebswelle gebrochen, Platz 10
Rebaque:	23. Runde:	Motor- und Getriebeschaden; Platz 18
Ickx:	25. Runde:	Reifenschaden rechts hinten; Platz 7
Lauda:	28. Runde:	Motorplatzer; Platz 5
Rosberg:	30. Runde:	Motorschaden; Platz 12
Tambay:	31. Runde:	Motor- und Aufhängungsschaden; Platz 11
Patrese:	35. Runde:	Reifenschaden rechts hinten; Platz 8
Piquet:	43. Runde:	Motorschaden; Platz 5

Renndistanz: 45 Runden à 6,789 km = 305,505 km.

Stand nach 1 Runde: 1. Jones, 2. Jabouille, 3. Laffite, 4. Scheckter, 5. Regazzoni, 6. Piquet, 7. Lauda, 8. Pironi, 9. Andretti, 10. Tambay.

Stand nach 12 Runden: 1. Jones (215,698 km/h), 2. Laffite — 8,26, 3. Regazzoni — 9,02, 4. Scheckter — 10,61, 5. Villeneuve — 24,44, 6. Lauda — 27,57, 7. Andretti — 28,66, 8. Piquet — 29,66, 9. Ickx — 30,19, 10. Watson — 32,43.

Stand nach 23. Runden (Halbdistanz): 1. Jones (216,706 km/h), 2. Regazzoni — 17,66, 3. Laffite — 21,77, 4. Scheckter — 25.03, 5. Villeneuve — 45,76, 6. Lauda — 46,61, 7. Ickx — 47,72, 8. Piquet — 50,82, 9. Watson — 58,51, 10. Tambay — 1:19,98.

Stand nach 35 Runden: 1. Jones (216,658 km/h), 2. Regazzoni — 19,11, 3. Laffite — 24,56, 3. Scheckter — 29,91, 5. Piquet — 59,60, 6. Villeneuve — 60,85, 7. Watson — 1:29,00, 8. Mass — 1:51,67, 9. Patrese — 1 Runde, 10. Lees — 1 Runde.

Ergebnis:

1. Alan Jones (Australien) Williams-Ford	1.24:48,83 = 216,092 km/h
2. Clay Regazzoni (Schweiz) Williams-Ford	2.91 zurück
3. Jacques Laffite (Frankreich) Ligier-Ford	18,39 zurück
4. Jody Scheckter (Südafrika) Ferrari	31,20 zurück
5. John Watson (Irland) McLaren-Ford	1:37,80 zurück
6. Jochen Mass (Deutschland) Arrows-Ford	1 Runde zurück
7. Geoff Lees (England) Tyrrell-Ford	1 Runde zurück
8. Gilles Villeneuve (Kanada) Ferrari	1 Runde zurück
9. Didier Pironi (Frankreich) Tyrrell-Ford	1 Runde zurück
10. Jan Lammers (Holland) Shadow-Ford	1 Runde zurück
11. Elio de Angelis (Italien) Shadow-Ford	2 Runden zurück
12. Nelson Piquet (Brasilien) Brabham-Alfa Romeo	3 Runden zurück*

* Piquet bei Rennschluß nicht mehr im Rennen (Motorschaden), aber klassiert.

Schnellste Runde: Villeneuve (Ferrari) 1:51,89 = 218,400 km/h (40. Runde).

Schnellste Runde jedes Fahrers im Rennen: Villeneuve 1:51,89 (40.); Jones 1:51,97 (15.); Jabouille 1:51,98 (6.); Regazzoni 1:52,01 (38.); Laffite 1:52,34 (34.); Scheckter 1:52,48 (9.); Piquet 1:52,72 (35.); Lauda 1:53,12 (27.); Arnoux 1:53,24 (7.); Ickx 1:53,44 (23.); Watson 1:53,83 (16.); Andretti 1:54,01 (5.); Tambay 1:54,11 (5.); Pironi 1:54,56 (8.); Mass 1:54,61 (34.); Patrese 1:54,66 (32.); Lees 1:54,80 (41.); Rosberg 1:55,47 (23.); Lammers 1:56,37 (38.); de Angelis 1:56,51 (13.); Rebaque 1:57,22 (16.); Fittipaldi 1:57,34 (4.); Reutemann 2:08,35 (1.).

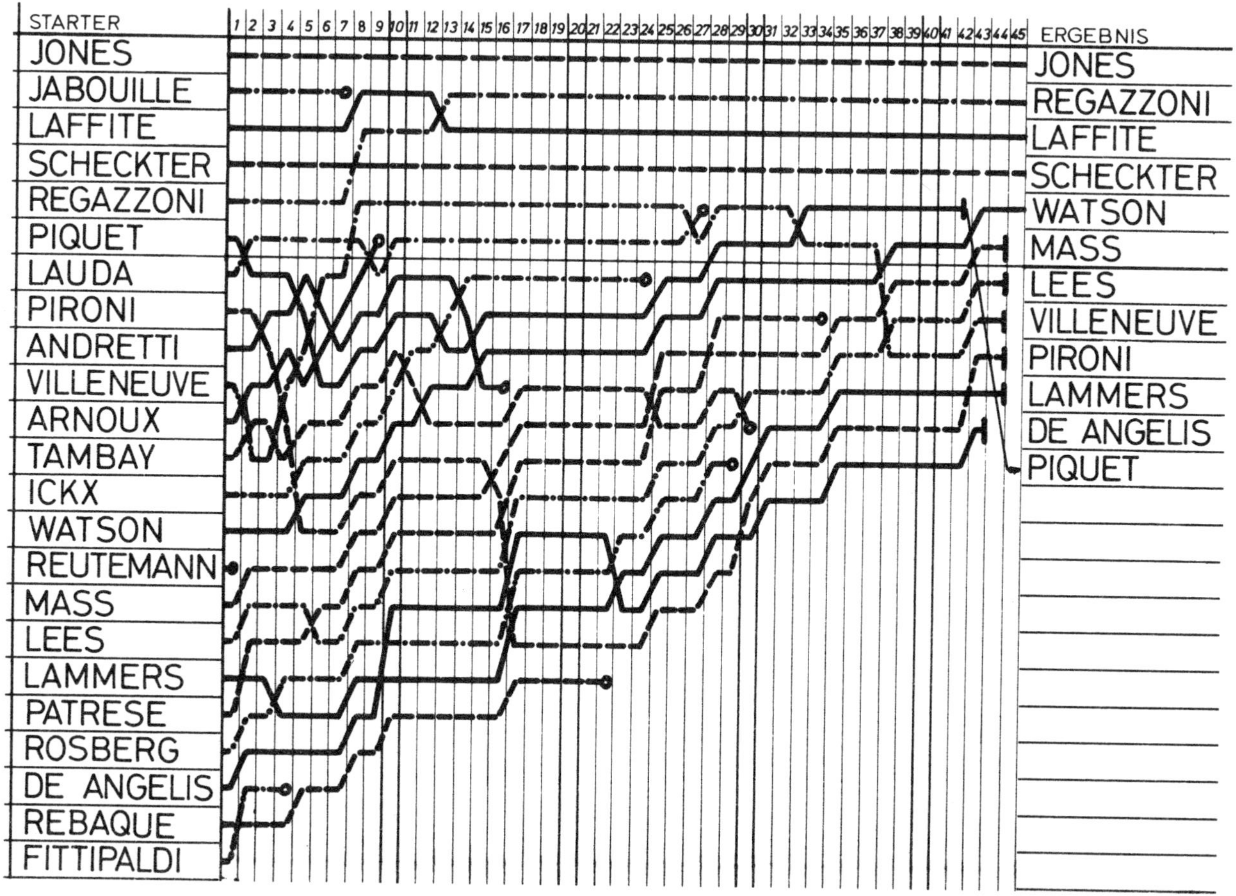
STARTER
JONES
JABOUILLE
LAFFITE
SCHECKTER
REGAZZONI
PIQUET
LAUDA
PIRONI
ANDRETTI
VILLENEUVE
ARNOUX
TAMBAY
ICKX
WATSON
REUTEMANN
MASS
LEES
LAMMERS
PATRESE
ROSBERG
DE ANGELIS
REBAQUE
FITTIPALDI
1 2 3 4 5 6 7 8 9 10 11 12 13 14 15 16 17 18 19 20 21 22 23 24 25 26 27 28 29 30 31 32 33 34 35 36 37 38 39 40 41 42 43 44 45
ERGEBNIS
JONES
REGAZZONI
LAFFITE
SCHECKTER
WATSON
MASS
LEES
VILLENEUVE
PIRONI
LAMMERS
DE ANGELIS
PIQUET

Lauf 11 — Großer Preis von Österreich — Zeltweg, 12. August 1979

Erstes Training:

1.	Jones	1:34,30
2.	Jabouille	1:34,45
3.	Arnoux	1:35,49
4.	Laffite	1:35,92
5.	Lauda	1:36,72
6.	Regazzoni	1:36,86
7.	Pironi	1:36,98
8.	Piquet	1:37,03
9.	Andretti	1:37,11
10.	Watson	1:37,16
11.	Villeneuve	1:37,28
12.	Scheckter	1:37,50
13.	Rosberg	1:37,82
14.	Tambay	1:37.87
15.	Daly	1:38,64
16.	Reutemann	1:38,80
17.	Mass	1:39,28
18.	Patrese	1:39,30
19.	Fittipaldi	1:40.30
20.	Ickx	1:40,66
21.	Lammers	1:40,69
22.	Stuck	1:41,08
23.	Gaillard	1:41,59
24.	Merzario	1:45,74

Zweites Training:

1.	Arnoux	1:34,07
2.	Jones	1:34,28
3.	Jabouille	1:34,49
4.	Lauda	1:35,51
5.	Villeneuve	1:35,70
6.	Regazzoni	1:35,82
7.	Piquet	1:35,85
8.	Scheckter	1:36,10
9.	Pironi	1:36,26
10.	Laffite	1:36,39
11.	Daly	1:36,42
12.	Rosberg	1:36,67
13.	Patrese	1:36,71
14.	Tambay	1:36,72
15.	Andretti	1:37,32
	Reutemann	1:37,32
17.	Stuck	1:37,93
18.	Fittipaldi	1:38,38
19.	Mass	1:38,85
20.	Ickx	1:39,31
21.	de Angelis	1:39.44
22.	Lammers	1:39,45
23.	Watson	1:39,80
24.	Gaillard	1:41,10
25.	Rebaque	1:41,16
26.	Merzario	1:46,91

Startaufstellung:

René Arnoux
Renault RS12
1:34,07

Alan Jones
Williams-Ford FW07-4
1:34,28

Jean-Pierre Jabouille
Renault RS11
1:34,45

Niki Lauda
Brabham-Alfa Romeo
BT48-4, 1:35,51

Gilles Villeneuve
Ferrari 312T4(041)
1:35,70

Clay Regazzoni
Williams-Ford FW07-1
1:35,82

Nelson Piquet
Brabham-Alfa Romeo
BT48-3, 1:35,85

Jody Scheckter
Ferrari 312T4(040)
1:36,10

Didier Pironi
Tyrrell-Ford 009/6
1:36,26

Lacques Laffite
Ligier-Ford JS11-04
1:35,92

Derek Daly
Tyrrell-Ford 009/3
1:36,42

Keijo Rosberg
Wolf-Ford WR9
1:36,67

Riccardo Patrese
Arrows-Ford A2-1
1:36,71

Patrick Tambay
McLaren-Ford M29/2
1:36,72

Mario Andretti
Lotus-Ford 79(20)
1:37,11

Carlos Reutemann
Lotus-Ford 79(22)
1:37,32

Hans-Joachim Stuck
ATS-Ford D3-01
1:37,93

Emerson Fittipaldi
Fittipaldi-Ford 6A-1
1:38,38

Jochen Mass
Arrows-Ford A2-2
1:38,85

Jacky Ickx
Ligier-Ford JS11-01
1:39,31

Elio de Angelis
Shadow-Ford DN9/
3B(8B), 1:39,44

Jan Lammers
Shadow-Ford DN9/
2B(4B), 1:39,45

John Watson
McLaren-Ford M29/1
1:37,16

Patrick Gaillard
Ensign-Ford NI78-
MN09, 1:41,10

Nicht qualifiziert: Héctor Rebaque (Lotus-Ford 19) 1:41,16; Arturo Merzario (Merzario-Ford A4-01) 1:45,74.

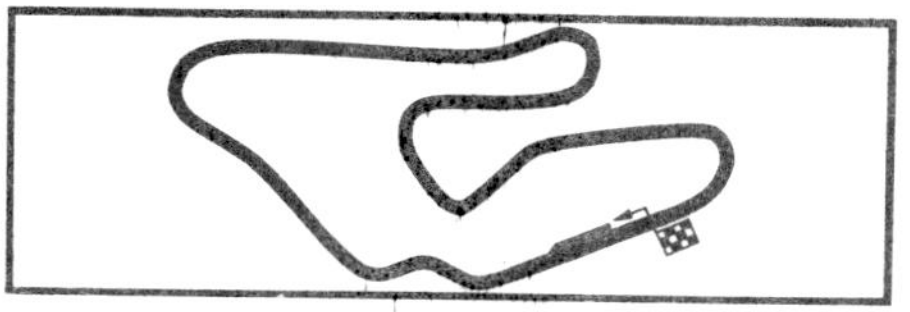

Rekorde (mit Hella-S-Schikane): Distanz: Jones (Shadow-Ford DN7) 197,940 km/h (1977); Runde: Watson (Brabham-Alfa Romeo BT45B) 1:40,96 = 211,890 km/h (1977); Training: Peterson (Lotus-Ford 79) 1:37,71 (1978).

Wetter am Renntag: Sonnig und warm, 25 Grad.

Boxenstops:

Reutemann:	20. Runde:	Reifenwechsel rundum wegen schlechter Straßenlage; Platz 16
Gaillard:	26. Runde:	Bremsdefekt; Platz 16
Arnoux:	50. Runde:	15 Liter Benzin nachgetankt; Platz 2—6

Ausfälle:

Andretti:	1. Runde:	Kupplungsschaden am Start, nach 200 Meter angehalten; Platz 15
Mass:	2. Runde:	Motorschaden in Rindt-Kurve, Wasserschlauch geplatzt; Platz 14
Lammers:	4. Runde:	Unfall in Bosch-Kurve; Platz 20
Rosberg:	15. Runde:	Motor/Elektrik; Platz 12
Fittipaldi:	15. Runde:	Motor/starker Leistungsverlust; Platz 21
Jabouille:	16. Runde:	Getriebeschaden, nachdem ab dem Start ohne Kupplung gefahren; Platz 2
Reutemann:	22. Runde:	Aufgabe, Auto unfahrbar; Platz 18
Ickx:	26. Runde:	Motorschaden, beim Mercedes-Stern gestopt; Platz 16
Stuck:	28. Runde:	Motorschaden; Platz 12
Piquet:	32. Runde:	Loch im Motor; Platz 7
Patrese:	34. Runde:	Hinterradaufhängung; Platz 12
de Angelis:	34. Runde:	Motorschaden; Platz 13
Gaillard:	42. Runde:	Unfall in Hella-Licht-S, Achsträger gebrochen; Platz 12
Lauda:	45. Runde:	Kein Öldruck; Platz 8

Renndistanz: 54 Runden à 5,942 km = 320,893 km.

Stand nach 1 Runde: 1. Villeneuve, 2. Jones, 3. Lauda, 4. Arnoux, 5. Regazzoni, 6. Pironi, 7. Laffite, 8. Scheckter, 9. Jabouille, 10. Daly.

Stand nach 12 Runden: 1. Jones (216,597 km/h), 2. Arnoux — 6,20, 3. Villeneuve — 6,88, 4. Jabouille — 7,30, 5. Scheckter — 16,66, 6. Regazzoni — 18,01, 7. Laffite — 18,54, 8. Lauda, 9. Piquet, 10. Pironi.

Stand nach 24 Runden: 1. Jones (218,628 km/h), 2. Arnoux — 17,17, 3. Villeneuve — 20,33, 4. Scheckter — 32,86, 5. Laffite — 33,45, 6. Regazzoni — 34,32, 7. Lauda — 54,83, 8. Piquet — 55,77, 9. Pironi, 10. Daly.

Stand nach 36 Runden: 1. Jones (219,370 km/h), 2. Arnoux — 25,29, 3. Villeneuve — 30,83, 4. Scheckter — 45,35, 5. Laffite — 46,91, 6. Regazzoni — 48,49, 7. Lauda, 8. Pironi, 9. Daly — 1 Runde, 10. Tambay — 1 Runde.

Ergebnis:

1. Alan Jones (Australien) Williams-Ford	1.27:38,01 = 219,706 km/h
2. Gilles Villeneuve (Kanada) Ferrari	36,05 zurück
3. Jacques Laffite (Frankreich) Ligier-Ford	46,77 zurück
4. Jody Scheckter (Südafrika) Ferrari	47,21 zurück
5. Clay Regazzoni(Schweiz) Williams-Ford	48,92 zurück
6. René Arnoux (Frankreich) Renault-Turbo	1 Runde zurück
7. Didier Pironi (Frankreich) Tyrrell-Ford	1 Runde zurück
8. Derek Daly (Irland) Tyrrell-Ford	1 Runde zurück
9. John Watson (Irland) McLaren-Ford	1 Runde zurück
10. Patrick Tambay (Frankreich) McLaren-Ford	1 Runde zurück

Schnellste Runde: Arnoux (Renault-Turbo) 1:35,77 = 223,378 km/h (40. Runde).

Schnellste Runde jedes Fahrers im Rennen: Arnoux 1:35,77 (40.); Jones 1:36,13 (43.); Regazzoni 1:36,22 (50.); Laffite 1:36,45 (53.); Villeneuve 1:36,61 (46.); Scheckter 1:36,63 (50.); Jabouille 1:36,85 (15.); Pironi 1:37,10 (31.); Watson 1:38,10 (52.); Daly 1:38,18 (51.); Lauda 1:38,68 (20.); Piquet 1:38,86 (30.); Tambay 1:39,07 (38.); Stuck 1:39,32 (14.); Patrese 1:39,72 (12.); Rosberg 1:39,98 (9.); de Angelis 1:40,55 (20.); Reutemann 1:40,76 (19.); Ickx 1:41,89 (24.); Fittipaldi 1:42,20 (8.); Gaillard 1:42,96 (15.); Lammers 1:44,82 (3.); Mass 1:55,72 (1.).

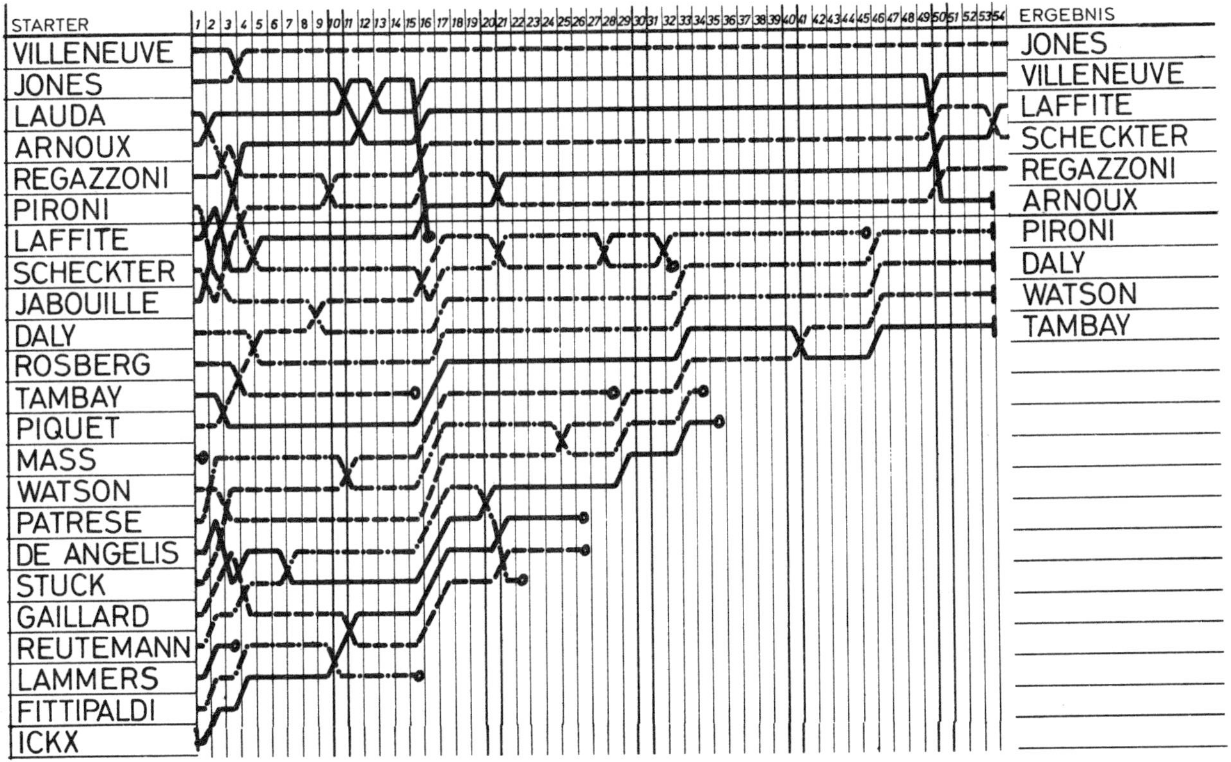
STARTER
VILLENEUVE
JONES
LAUDA
ARNOUX
REGAZZONI
PIRONI
LAFFITE
SCHECKTER
JABOUILLE
DALY
ROSBERG
TAMBAY
PIQUET
MASS
WATSON
PATRESE
DE ANGELIS
STUCK
GAILLARD
REUTEMANN
LAMMERS
FITTIPALDI
ICKX
1 2 3 4 5 6 7 8 9 10 11 12 13 14 15 16 17 18 19 20 21 22 23 24 25 26 27 28 29 30 31 32 33 34 35 36 37 38 39 40 41 42 43 44 45 46 47 48 49 50 51 52 53 54
ERGEBNIS
JONES
VILLENEUVE
LAFFITE
SCHECKTER
REGAZZONI
ARNOUX
PIRONI
DALY
WATSON
TAMBAY

Lauf 12 — Großer Preis von Holland — Zandvoort, 26. August 1979

Erstes Training:

1.	Regazzoni	1:16,316
2.	Jabouille	1:16,338
3.	Jones	1:16,883
4.	Villeneuve	1:16,939
5.	Arnoux	1:17,100
6.	Laffite	1:17,129
7.	Scheckter	1:17,313
8.	Lauda	1:17,661
9.	Piquet	1:17,821
10.	Rosberg	1:18,180
11.	Pironi	1:18,398
12.	Reutemann	1:18,671
13.	Ickx	1:18,706
14.	Mass	1:18,817
15.	Andretti	1:18,896
16.	Jarier	1:18,946
17.	Patrese	1:20,051
18.	Stuck	1:20,581
19.	Fittipaldi	1:21,005
20.	de Angelis	1:21,065
21.	Rebaque	1:21,502
22.	Watson	1:21,799
23.	Tambay	1:21,892
24.	Lammers	1:23,404
25.	Merzario	1:23,613
26.	Gaillard	1:37,600

Zweites Training:

1.	Arnoux	1:15,461
2.	Jones	1:15,646
3.	Regazzoni	1:16,228
4.	Jabouille	1:16,304
5.	Scheckter	1:16,392
6.	Villeneuve	1:16,946
7.	Rosberg	1:17,280
8.	Lauda	1:17,495
9.	Pironi	1:17,625
10.	Laffite	1:17,639
11.	Piquet	1:17,667
12.	Watson	1:17,950
13.	Reutemann	1:18,001
14.	Tambay	1:18,147
15.	Stuck	1:18,256
16.	Jarier	1:18,430
17.	Andretti	1:18,452
18.	Mass	1:18,606
19.	Patrese	1:18,629
20.	Ickx	1:19,143
21.	Fittipaldi	1:19,433
22.	de Angelis	1:20,709
23.	Lammers	1:21,084
24.	Rebaque	1:21,344
25.	Gaillard	1:22,922
26.	Merzario	—

Startaufstellung:

René Arnoux
Renault RS12
1:15,461

Alan Jones
Williams-Ford FW07-1
1:15,646

Clay Regazzoni
Williams-Ford FW07-2
1:16,228

Jean-Pierre Jabouille
Renault RS11
1:16,304

Jody Scheckter
Ferrari 312T4(040)
1:16,392

Gilles Villeneuve
Ferrari 312T4(041)
1:16,946

Jacques Laffite
Ligier-Ford JS11-03
1:17,129

Keijo Rosberg
Wolf-Ford WR9
1:17,280

Niki Lauda
Brabham-Alfa Romeo
BT48-4, 1:17,495

Didier Pironi
Tyrrell-Ford 009/6
1:17,625

Nelson Piquet
Brabham-Alfa Romeo
BT48-2, 1:17,667

John Watson
McLaren-Ford M29/3
1:17,750

Carlos Reutemann
Lotus-Ford 79(22)
1:18,001

Patrick Tambay
McLaren-Ford M29/2
1:18,147

Hans-Joachim Stuck
ATS-Ford D3-01
1:18,256

Jean-Pierre Jarier
Tyrrell-Ford 009/3
1:18,430

Mario Andretti
Lotus-Ford 79(20)
1:18,452

Jochen Mass
Arrows-Ford A2-2
1:18,606

Riccardo Patrese
Arrows-Ford A2-1
1:18,629

Jacky Ickx
Ligier-Ford JS11-01
1:18,706

Emerson Fittipaldi
Fittipaldi-Ford F6A-1
1:19,433

Elio de Angelis
Shadow-Ford DN9/
3B(8B), 1:20,709

Jan Lammers
Shadow-Ford DN9/1B
1:21,084

Héctor Rebaque
Lotus-Ford 79(19)
1:21,344

Nicht qualifiziert: Patrick Gaillard (Ensign-Ford N179MN09) 1:22,922; Arturo Merzario (Merzario-Ford A4-01) 1:23,613.

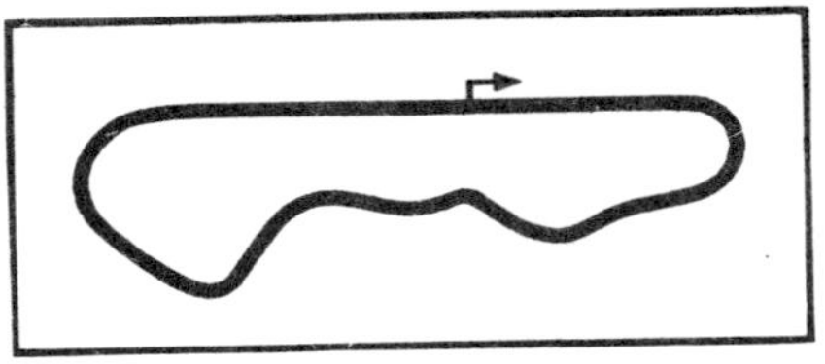

Rekorde: Distanz: Andretti (Lotus-Ford 79) 188,170 km/h (1978); Runde: Lauda (Brabham-Alfa Romeo BT46) 1:19,57 = 191,198 km/h (1978); Training: Andretti (Lotus-Ford 79) 1:16,36 (1978).

Wetter am Renntag: kühl, sehr windig, 17 Grad.

Boxenstops:

Tambay:	2. Runde:	Fehlzündungen; Platz 18
Watson:	8. Runde:	Batterie; Platz 6—11
Stuck:	8. Runde:	Überprüfung des Chassis nach Startkollisionen; Platz 16
Rosberg:	32. Runde:	Zündkopf gewechselt; Platz 4
Rebaque:	43. Runde:	Beschädigtes linkes Hinterrad binnen 15 Sekunden gewechselt; Platz 9

Ausfälle:

Arnoux:	1. Runde:	100 Meter nach dem Start Kollision mit Regazzoni; an der Box aufgegeben. Aufhängungsschaden rechts hinten; Platz 1—23
Regazzoni:	1. Runde:	Startkollision mit Arnoux, linkes Vorderrad weggebrochen; Platz 3
Reutemann:	2. Runde:	Hinterradaufhängung verbogen; Startkollision mit Jarier; Platz 22
Fittipaldi:	3. Runde:	Zündung/Motor; Platz 21
Lauda:	5. Runde:	Aufgabe wegen zu starker Schmerzen, rechtes Handgelenk bei Procar-Trainingsunfall angebrochen; Platz 8—17
Tambay:	7. Runde:	Motor/Fehlzündungen; Platz 19
Patrese:	8. Runde:	Unfall in Tarzan-Kurve, hintere Bremsen total versagt; Platz 14
Andretti:	10. Runde:	Aufhängungsschaden; Platz 13
Lammers:	13. Runde:	Getriebe-, dann Motorschaden; Platz 14
Stuck:	20. Runde:	Aufgabe wegen zu starker Vibrationen nach Startkollision; Platz 15
Jarier:	21. Runde:	Gaspedal klemmte in Vollgasstellung, Unfall; Platz 7
Watson:	23. Runde:	Motor/Fehlzündungen (schon vorm Rennen); Platz 13
Jabouille:	27. Runde:	Ohne Kupplung gefahren, deshalb Getriebeschaden; Platz 3
Rosberg:	34. Runde:	Motorschaden; Platz 11
de Angelis:	41. Runde:	Halbachse links hinten gebrochen; Platz 10
Villeneuve:	50. Runde:	Nach Dreher in der Schikane und Reifenplatzer links hinten (Tarzan-Kurve) an die Box gefahren, dabei Felge und Radträger gebrochen; Platz 2
Pironi:	52. Runde:	Radträger gebrochen, Hinterrad verloren; Platz 3

Distanz: 75 Runden à 4,226 km = 316,950 km.

Stand nach 1 Runde: 1. Jones, 2. Villeneuve, 3. Jabouille, 4. Pironi, 5. Laffite, 6. Lauda, 7. Rosberg, 8. Watson, 9. Jarier, 10. Tambay.

Stand nach 10 Runden: 1. Jones, 2. Villeneuve, 3. Jabouille, 4. Pironi, 5. Rosberg, 6. Scheckter, 7. Jarier, 8. Laffite, 9. Mass, 10. Piquet.

Stand nach 20 Runden: 1. Villeneuve, 2. Jones, 3. Jabouille, 4. Rosberg, 5. Scheckter, 6. Pironi, 7. Jarier, 8. Piquet, 9. Mass, 10. Laffite.

Stand nach 40 Runden: 1. Villeneuve, 2. Jones, 3. Scheckter, 4. Pironi, 5. Laffite, 6. Piquet, 7. Mass, 8. Ickx, 9. Rebaque, 10. de Angelis.

Ergebnis:

1. Alan Jones (Australien) Williams-Ford	1.41:19,775 = 187,674 km/h
2. Jody Scheckter (Südafrika) Ferrari	21,783 zurück
3. Jacques Laffite (Frankreich) Ligier-Ford	1:03,253 zurück
4. Nelson Piquet (Brasilien) Brabham-Alfa Romeo	1 Runde zurück
5. Jacky Ickx (Belgien) Ligier-Ford	1 Runde zurück
6. Jochen Mass (Deutschland) Arrows-Ford	2 Runden zurück
7. Héctor Rebaque (Mexiko) Lotus-Ford	2 Runden zurück

Schnellste Runde: Villeneuve (Ferrari) 1:19,438 = 191,515 km/h (39. Runde).

Schnellste Runde jedes Fahrers im Rennen: Villeneuve 1:19,438 (39.); Jones 1:19,444 (46.); Jabouille 1:20,199 (6.); Scheckter 1:20,241 (28.); Laffite 1:20,329 (63.); Pironi 1:20,703 (47.); Rosberg 1:20,794 (29.); Piquet 1:20,971 (50.); Watson 1:21,000 (13.); Ickx 1:21,165 (72.); Mass 1:21,385 (48.); Jarier 1:21,487 (14.); Andretti 1:21,628 (6.); Rebaque 1:22,156 (5.); Patrese 1:22,428 (5.); de Angelis 1:22,664 (40.); Lammers 1:22,955 (5.); Stuck 1:23,014 (5.); Lauda 1:23,293 (3.); Tambay 1:30,635 (2.); Fittipaldi 1:39,898 (2.); Reutemann 2:12,873 (1.); Arnoux 2:41,638 (1.).

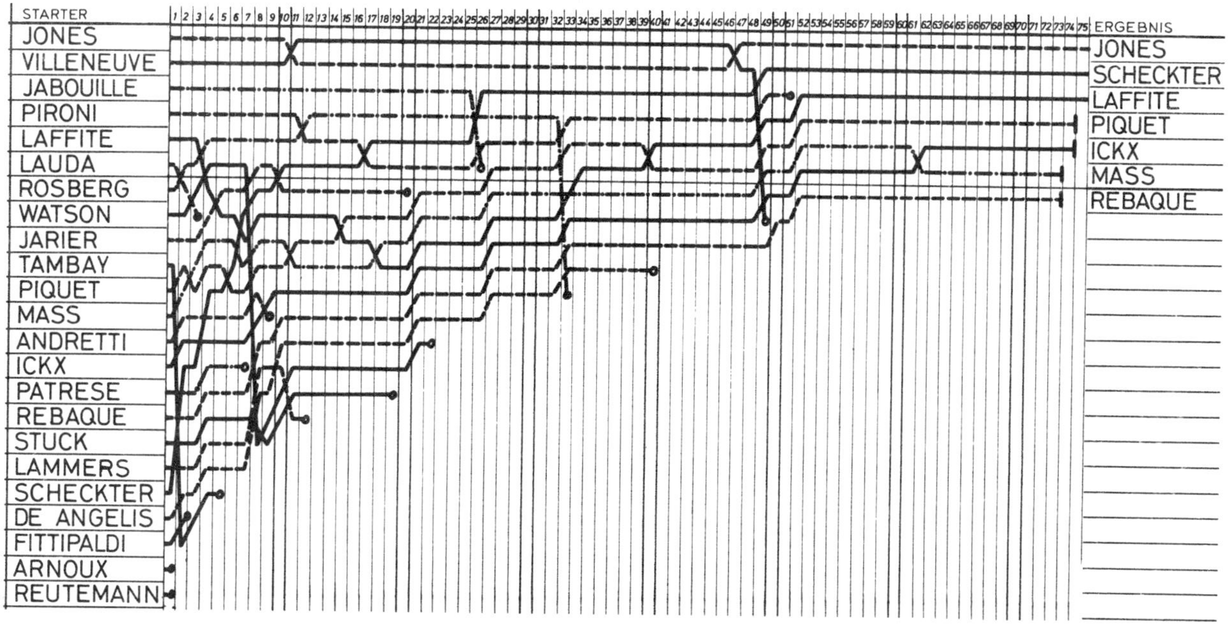
STARTER
JONES
VILLENEUVE
JABOUILLE
PIRONI
LAFFITE
LAUDA
ROSBERG
WATSON
JARIER
TAMBAY
PIQUET
MASS
ANDRETTI
ICKX
PATRESE
REBAQUE
STUCK
LAMMERS
SCHECKTER
DE ANGELIS
FITTIPALDI
ARNOUX
REUTEMANN
ERGEBNIS
JONES
SCHECKTER
LAFFITE
PIQUET
ICKX
MASS
REBAQUE

Lauf 13 — Großer Preis von Italien— Monza, 9. September 1979

Erstes Training:

1.	Arnoux	1:34,704
2.	Jones	1:34,982
3.	Villeneuve	1:34,989
4.	Regazzoni	1:35,339
5.	Scheckter	1:35,501
6.	Jabouille	1:35,665
7.	Lauda	1:36,219
8.	Piquet	1:36,389
9.	Andretti	1:36 708
10.	Laffite	1:36,846
11.	Tambay	1:37,318
12.	Pironi	1:37,510
13.	Jarier	1:37,786
14.	Patrese	1:38,120
15.	Reutemann	1:38,195
16.	Giacomelli	1:38,564
17.	Watson	1:38,770
18.	Ickx	1:38,915
19.	Brambilla	1:39,359
20.	Stuck	1:39,465
21.	Fittipaldi	1:39,491
22.	Rosberg	1:40,161
23.	Mass	1:40,772
24.	de Angelis	1:41,104
25.	Lammers	1:41.183
26.	Merzario	1:42,530
27.	Surer	1:49,434
	Rebaque	—

Zweites Training:

1.	Jabouille	1:34,580
2.	Scheckter	1:34,830
3.	Jones	1:34,914
4.	Regazzoni	1:35,333
5.	Villeneuve	1:35,365
6.	Laffite	1:35,443
7.	Piquet	1:35,587
8.	Andretti	1:36,655
9.	Lauda	1:37,001
10.	Arnoux	1:37,086
11.	Jarier	1:37,094
12.	Ickx	1:37,114
13.	Pironi	1:37,181
14.	Reutemann	1:37,202
15.	Tambay	1:37,231
16.	Stuck	1:37,297
17.	Patrese	1:37,674
18.	Giacomelli	1:38,053
19.	Watson	1:38,093
20.	Fittipaldi	1:38,136
21.	Mass	1:38,163
22.	Brambilla	1:38,601
23.	Rosberg	1:38,854
24.	de Angelis	1:39,149
25.	Lammers	1:39,313
26.	Surer	1:40,821
27.	Merzario	1:42,002
28.	Rebaque	1:42,769

Startaufstellung:

Jean-Pierrre Jabouille
*Renault RS11
1.34,580

Rene Arnoux
Renault RS12
1.34,704

Jody Scheckter
Ferrari 312T4(040)
1.34,830

Alan Jones
Williams-Ford FW07-4
1.34,914

Gilles Villeneuve
Ferrari 312T4B(038)
1.34,989

Clay Regazzoni
Williams-Ford FW07-1
1.35,333

Jacques Laffite
Ligier-Ford JS11-02
1.35,443

Nelson Piquet
Brabham-Alfa Romeo
BT48-3, 1.35,587

Niki Lauda
Brabham-Alfa Romeo
BT48-4, 1.36,219

Mario Andretti
Lotus-Ford 79(23)
1.36,655

Jacky Ickx
Ligier-Ford JS11-01
1.37,114

Didier Pironi
Tyrrell-Ford 009/6
1.37,181

Carlos Reutemann
Lotus-Ford 79(22)
1.37,202

Patrick Tambay
McLaren-Ford M29/2
1.37,231

Hans-Joachim Stuck
ATS-Ford D3-1
1.37,297

Jean-Pierre Jarier
Tyrrell-Ford 009/3
1.37,581

Riccardo Patrese
Arrows-Ford A2-1
1.37,674

Bruno Giacomelli
Alfa Romeo 179-001
1.38,053

John Watson
McLaren-Ford M29/3
1.38,093

Emerson Fittipaldi
Fittipaldi-Ford F6A-1/1
1.38,136

Jochen Mass
Arrows-Ford A2-2
1.38,163

Vittorio Brambilla
Alfa Romeo 177-001
1.38,601

Keijo Rosberg
Wolf-Ford WR8
1.38,854

Elio de Angelis**
Shadow-Ford DN9/3B
(8B), 1.39,149

* Zeit mit RS10, ** Zeit mit Lammers DN9/4B

Nicht qualifiziert: Jan Lammers (Shadow-Ford DN9/4B) 1.39,313; Marc Surer (Ensign-Ford NI78 MN09) 1.40,821; Arturo Merzario (Merzario-Ford A4-01) 1.42,002; Hector Rebaque (Rebaque-Ford HR 100-001) 1.42,769.

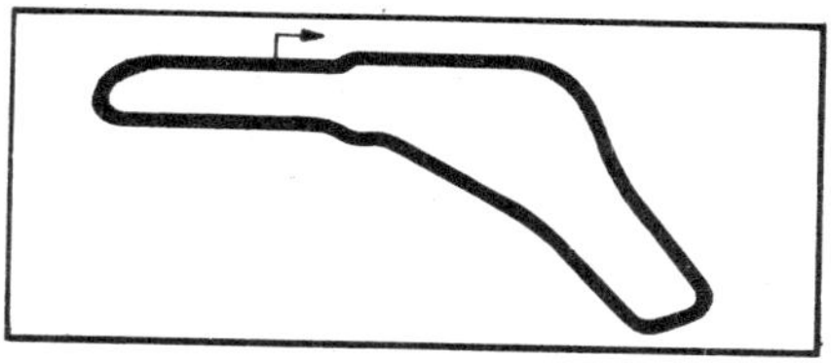

Rekorde (mit drei Schikanen): Distanz: Lauda (Brabham-Alfa Romeo BT46) 207,526 km/h über 40 Runden (1978); Andretti (Lotus-Ford 78) 206,014 km/h über 50 Runden (1977); Runde: Andretti (Lotus-Ford 79) 1:38,32 = 212,562 km/h (1978); Training: Andretti (Lotus-Ford 79) 1:37,520 (1978).

Wetter am Renntag: heiß, wolkenlos, windstill.

Boxenstops:

Mass:	1. Runde:	Unibalgelenk hinten gebrochen (Materialfehler); Platz 24
Jones:	5. Runde:	Leere Batterie, Stop dauerte 3 Minuten, weil gesamte Elektrik ausgewechselt wurde; Platz 21
Pironi:	8. Runde:	Hinterrad gewechselt, beschädigt bei Kollision mit Watson; Platz 10—18
de Angelis:	34. Runde:	Schlechtes Handling, verbogener hinterer Querlenker, Reifenschaden vorn; Platz 14

Ausfälle:

Piquet:	2. Runde:	Unfall mit 280 km/h in Curva Grande, Auto in zwei Teile zerrissen, Fahrer unverletzt; Platz 7
Mass:	3. Runde:	Motorschaden; Platz 23
Tambay:	4. Runde:	Motorschaden; Platz 8
Arnoux:	14. Runde:	Zündung; Platz 1
Watson:	14. Runde:	Unfall in Schikane; Platz 9
Giacomelli:	29. Runde:	Dreher in 3. Schikane; Platz 7
de Angelis:	35. Runde:	Elektrikschaden, Auto nach Boxenstop nicht mehr in Gang gebracht; Platz 18
Ickx:	41. Runde:	Motorschaden; Platz 10
Laffite:	42. Runde:	Motor überdreht, da im zweiten Gang zu hoch gedreht (Leitblech am Bremspedal verbogen, bei Bremsen damit auch Kupplungspedal betätigt, Motor bremste vor Schikane nicht mehr mit); Platz 3
Rosberg:	42. Runde:	Motorschaden; Platz 16
Jabouille:	46. Runde:	Motor/Ventilfeder; Platz 4
Patrese:	49. Runde:	Flügel an der Wagenunterseite weggebrochen; Platz 8

Renndistanz: 50 Runden à 5,8 km = 290 km.

Stand nach 1 Runde: 1. Scheckter, 2. Arnoux, 3. Villeneuve, 4. Laffite, 5. Jabouille, 6. Regazzoni, 7. Piquet, 8. Andretti, 9. Tambay, 10. Pironi.
Stand nach 10 Runden: 1. Arnoux (208,996 km/h), 2. Scheckter — 0,56, 3. Villeneuve — 1,24, 4. Laffite — 1,58, 5. Jabouille — 6,84, 6. Regazzoni — 10,98, 7. Lauda — 23,10, 8. Andretti — 24,25, 9. Jarier — 25,80, 10. Watson — 27,14.
Stand nach 25 Runden (Halbdistanz): 1. Scheckter (211,224 km/h), 2. Villeneuve — 0,97, 2. Laffite — 5,17, 4. Regazzoni — 18,36, 5. Jabouille — 20,77, 6. Lauda — 46,33, 7. Andretti — 55,01, 8. Jarier — 58,59, 9. Reutemann — 59,07, 10. Ickx — 59,79.

Ergebnis:

1. Jody Scheckter (Südafrika) Ferrari	1.22:00,22 = 212,185 km/h
2. Gilles Villeneuve (Kanada) Ferrari	0,46 zurück
3. Clay Regazzoni (Schweiz) Williams-Ford	4,78 zurück
4. Niki Lauda (Österreich) Brabham-Alfa	54,40 zurück
5. Mario Andretti (USA) Lotus-Ford	59,70 zurück
6. Jean-Pierre Jarier (Frankreich) Tyrrell-Ford	1:01,55 zurück
7. Carlos Reutemann (Argentinien) Lotus-Ford	1:24,14 zurück
8. Emerson Fittipaldi (Brasilien) Copersucar-Ford	1 Runde zurück
9. Alan Jones (Australien) Williams-Ford	1 Runde zurück
10. Didier Pironi (Frankreich) Tyrrell-Ford	1 Runde zurück
11. Hans-Joachim Stuck (Deutschland) ATS-Ford	1 Runde zurück
12. Vittorio Brambilla (Italien) Alfa-Alfa	1 Runde zurück
13. Riccardo Patrese (Italien) Arrows-Ford	3 Runden zurück
14. Jean-Pierre Jabouille (Frankreich) Renault-Turbo	5 Runden zurück

* Patrese und Jabouille bei Rennschluß nicht mehr im Rennen, aber klassiert.

Schnellste Runde: Regazzoni (Williams) 1:35,60 = 218,410 km/h. (46. Runde).

Schnellste Runde jedes Fahrers im Rennen: Regazzoni 1:35,60 (46.); Jones 1:36,21 (30.); Jabouille 1:36,99 (32.); Villeneuve 1:37,03 (47.); Lauda 1:37,14 (48.); Andretti 1:37,15 (47.); Scheckter 1:37,20 (34.); Jarier 1:37,43 (45.); Pironi 1:37,51 (48.); Laffite 1:37,54 (32.); Fittipaldi 1:37,58 (46.); Reutemann 1:37,77 (40.); Giacomelli 1:38,09 (28.); Ickx 1:38,20 (34.); Arnoux 1:38,35 (11.); Patrese 1:38,69 (45.); Watson 1:38,96 (5.); de Angelis 1:39,65 (31.); Brambilla 1:39,65 (448.); Stuck 1:40,20 (28.); Rosberg 1:40,86 (34.); Tambay 1:41,23 (3.); Mass 1:48,27 (2.); Piquet 1:50,16 (1.).

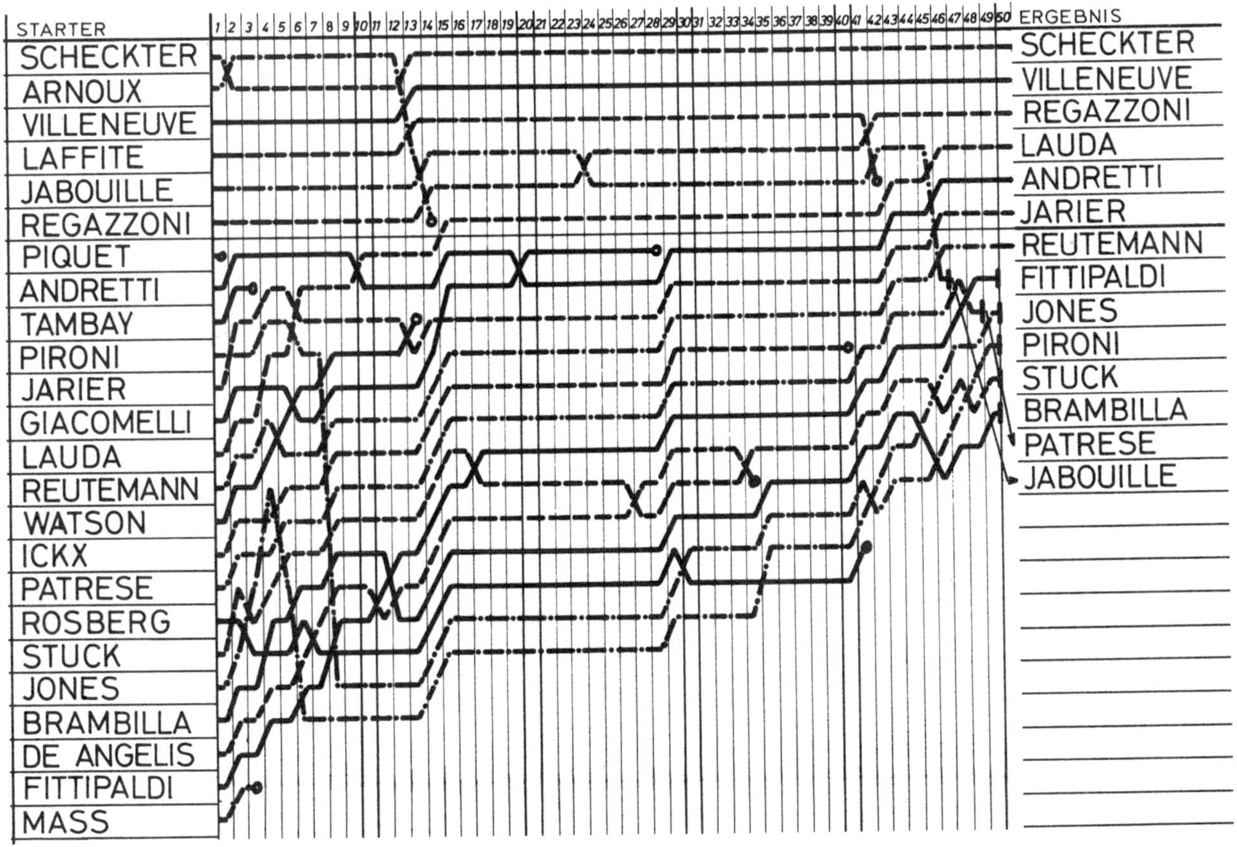
STARTER
SCHECKTER
ARNOUX
VILLENEUVE
LAFFITE
JABOUILLE
REGAZZONI
PIQUET
ANDRETTI
TAMBAY
PIRONI
JARIER
GIACOMELLI
LAUDA
REUTEMANN
WATSON
ICKX
PATRESE
ROSBERG
STUCK
JONES
BRAMBILLA
DE ANGELIS
FITTIPALDI
MASS
1 2 3 4 5 6 7 8 9 10 11 12 13 14 15 16 17 18 19 20 21 22 23 24 25 26 27 28 29 30 31 32 33 34 35 36 37 38 39 40 41 42 43 44 45 46 47 48 49 50
ERGEBNIS
SCHECKTER
VILLENEUVE
REGAZZONI
LAUDA
ANDRETTI
JARIER
REUTEMANN
FITTIPALDI
JONES
PIRONI
STUCK
BRAMBILLA
PATRESE
JABOUILLE

Lauf 14 — Großer Preis von Kanada — Montreal, 30. Sept. 1979

Erstes Training:

1.	Jones	1:30,625
2.	Regazzoni	1:31,577
3.	Laffite	1:31,895
4.	Villeneuve	1:32,091
5.	Scheckter	1:32,300
6.	Piquet	1:32,332
7.	Reutemann	1:32,682
8.	Arnoux	1:33,303
9.	Ickx	1:33,355
10.	Jabouille	1:33,442
11.	Tambay	1:33,603
12.	Pironi	1:33,876
13.	Andretti	1:34,180
14.	Patrese	1:34,267
15.	Jarier	1:34,307
16.	Mass	1:34,365
17.	Lammers	1:34,477
18.	Stuck	1:34,627
19.	de Angelis	1:34,904
20.	Daly	1:34,980
21.	Rosberg	1:35,061
22.	Fittipaldi	1:35,531
23.	Watson	1:35,561
24.	Rebaque	1:36,030
25.	Merzario	1:37,639
26.	Ribeiro	1:38,771
27.	Zunino	1:41,832
28.	Surer	1:45,033

Zweites Training:

1.	Jones	1:29,892
2.	Villeneuve	1:30,554
3.	Regazzoni	1:30,768
4.	Piquet	1:30,775
5.	Laffite	1:30,820
6.	Pironi	1:31,941
7.	Jabouille	1:32,103
8.	Arnoux	1:32,116
9.	Scheckter	1:32,280
10.	Andretti	1:32,651
11.	Stuck	1:32,858
12.	Jarier	1:33,065
13.	Patrese	1:33,090
14.	Fittipaldi	1:33,297
15.	Watson	1:33,362
16.	Brambilla	1:33,378
17.	Zunino	1:33,511
18.	Reutemann	1:33,644
19.	Lammers	1:34,102
20.	Rebaque	1:34,129
21.	de Angelis	1:34,256
22.	Daly	1:34,301
23.	Tambay	1:34,404
24.	Mass	1:34,572
25.	Surer	1:34,747
26.	Rosberg	1:35,483
27.	Ickx	1:36,387
28.	Ribeiro	1:36,901
29.	Merzario	1:37,590

Startaufstellung:

Alan Jones
Williams-Ford FW07-4
1:29,892

Gilles Villeneuve
Ferrari 312T4(041)
1:30,554

Clay Regazzoni
Williams-Ford FW07-1
1:30,768

Nelson Piquet
Brabham-Ford BT49-2
1:30,775

Jacques Laffite
Ligier-Ford JS11-02
1:30,820

Didier Pironi
Tyrrell-Ford 009/6
1:31,941

Jean-Pierre Jabouille
Renault RS14
1:32,103

René Arnoux
Renault RS12
1:32,116

Jody Scheckter
Ferrari 312T4(040)
1:32,280

Mario Andretti
Lotus-Ford 79(23)
1:32,651

Carlos Reutemann
Lotus-Ford 79(22)
1:32,682

Hans-Joachim Stuck
ATS-Ford D3-1
1:32,858

Jean-Pierre Jarier
Tyrrell-Ford 009/3
1:33,065

Riccardo Patrese
Arrows-Ford A1b/5
1:33,090

Emerson Fittipaldi
Copersucar-Ford F6A-1
1:33,297

Jacky Ickx
Ligier-Ford JS11-03
1:33,355

John Watson
McLaren-Ford M29/3
1:33,362

Vittorio Brambilla
Alfa-Romeo 179-002
1:33,378

Ricardo Zunino
Brabham-Ford BT49-3
1:33,511

Patrick Tambay
McLaren-Ford M29/2
1:33,603

Jan Lammers
Shadow-Ford ON9/4B
1:34,102

Héctor Rebaque
Rebaque-Ford
HR 100-001, 1:34,129

Elio de Angelis
Shadow-Ford DN9/1B
1:34,256

Derek Daly
Tyrrell-Ford 009/5
1:34,301

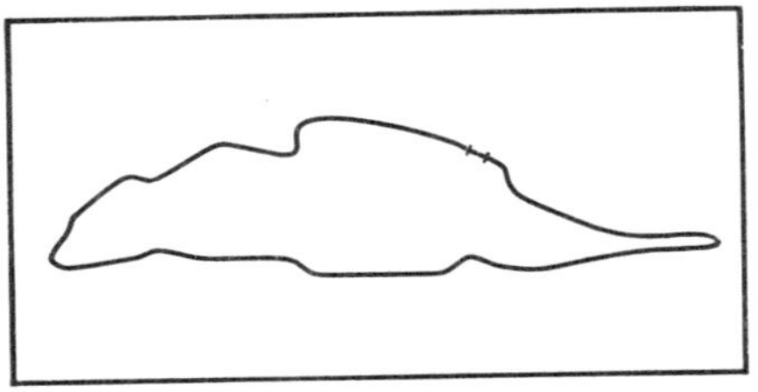

Rekorde: Distanz: Villeneuve (Ferrari 312T3) 160,410 km/h (1978); Runde: Jones (Williams-Ford FW06) 1:38,072 = 165,180 km/h (980); Training: Jarier (Lotus-Ford 79) 1:38,015 (1978).

Nicht qualifiziert: Jochen Mass (Arrows-Ford A2-2) 1:34,365; Marc Surer (Ensign-Ford 178MN09) 1:34,747; Keijo Rosberg (Wolf-Ford WR9) 1:35,061; Alex Ribeiro (Copersucar-Ford F6A-2) 1:36,901; Arturo Merzario (Merzario-Ford A4) 1:37,590.
* Zunino übernahm kurz vor Ende des ersten offiziellen Trainings den Wagen von Lauda; die Alfa-Alfa von Brambilla und Giacomelli fürs erste Training nicht zugelassen, weil sie zur Vorqualifikation (gegen Daly und Ribeiro) nicht erschienen waren; ein Wagen (Brambilla) fürs Samstagtraining zugelassen.

Wetter am Renntag: vormittags kühl, nachmittags warm, über 20 Grad, etwas schwül.

Renndistanz: 72 Runden à 4,408 km = 317,376 km.

Stand nach 1 Runde: 1. Villeneuve, 2. Jones, 3. Regazzoni, 4. Piquet, 5. Pironi, 6. Laffite, 7. Andretti, 8. Arnoux, 9. Jabouille, 10. Stuck.
Stand nach 10 Runden: 1. Villeneuve, 2. Jones, 3. Piquet, 4. Regazzoni, 5. Scheckter, 6. Andretti, 7. Reutemann, 8. Pironi, 9. Arnoux, 10. Stuck.
Stand nach 36. Runden (Halbdistanz): 1. Villeneuve, 2. Jones, 3. Piquet, 4. Regazzoni, 5. Andretti, 6. Pironi, 7. Brambilla, 8. Scheckter, 9. Ickx, 10. Watson.
Stand nach 54 Runden (drei Viertel): 1. Jones, 2. Villeneuve, 3. Piquet, 4. Regazzoni, 5. Andretti, 6. Pironi, 7. Scheckter, 8. Watson, 9. Fittipaldi, 10. Zunino.

Boxenstops:

Jabouille:	9. Runde:	Verschmutzter Gasschieber hatte geklemmt; Platz 9/11
Scheckter:	15. Runde:	Reifenwechsel rundum, weil Pneus zu weich waren; Platz 5/7—17
Rebaque:	9., 15. Runde:	Reparatur der Schürzen nach Ausritt; Platz 23
Lammers:	11. Runde:	Bremsdefekt; Platz 19
Jabouille:	18. Runde:	Bremsen entlüften; Platz 18—20
Rebaque:	21. Runde:	Reifenwechsel; Platz 19
Zunino:	31. Runde:	Bolzen der Schaltung ausgewechselt; Platz 11—14
Watson:	65. Runde:	Nachtanken; verlor keine Position; Platz 7

Ausfälle:

Laffite:	10. Runde:	Motorschaden; Platz 5—9
Arnoux:	15. Runde:	Kollision mit Stuck; Platz 9
Stuck:	15. Runde:	Kollision mit Arnoux, Rad gebrochen; Platz 10
Tambay:	20. Runde:	Motor (Öl und Wasser überhitzt); Platz 15
Patrese:	21. Runde:	Dreher, Motor nicht mehr in Gang gebracht; Platz 13
Reutemann:	23. Runde:	Radaufhängungsbruch links hinten; Platz 5
de Angelis:	24. Runde:	Motor/Elektrik; Platz 14
Jabouille:	24. Runde:	Bremsdefekt, endgültig aufgegeben; Platz 17
Rebaque:	27. Runde:	Motoraufhängung gebrochen; Platz 16
Daly:	29. Runde:	Motorschaden; Platz 11
Jarier:	34. Runde:	Zündungsdefekt; schlechte Bremsen, Handling, Reifenschaden; Platz 10
Ickx:	47. Runde:	Getriebeschaden; Platz 8
Brambilla:	52. Runde:	Elektrik, defekte Zündbox; Platz 9
Piquet:	61. Runde:	Getriebeschaden; Platz 4
Andretti:	67. Runde:	Ohne Sprit liegengeblieben, nur mit 1. und 4. Gang gefahren; Platz 6

Ergebnis:

1. Alan Jones (Australien) Williams-Ford	1.52:06,892 = 169,926 km/h
2. Gilles Villeneuve (Kanada) Ferrari	1,080 zurück
3. Clay Regazzoni (Schweiz) Williams-Ford	1:13,656 zurück
4. Jody Scheckter (Südafrika) Ferrari	1 Runde zurück
5. Didier Pironi (Frankreich) Tyrrell-Ford	1 Runde zurück
6. John Watson (Irland) McLaren-Ford	2 Runden zurück
7. Ricardo Zunino (Argentinien) Brabham-Ford	4 Runden zurück
8. Emerson Fittipaldi (Brasilien) Copersucar-Ford	5 Runden zurück
9. Jan Lammers (Holland) Shadow-Ford	5 Runden zurück
10. Mario Andretti (USA) Lotus-Ford	6 Runden zurück

* Andretti bei Rennschluß nicht mehr im Rennen (ohne Benzin liegengeblieben), aber gewertet.

Schnellste Runde: Jones (Williams-Ford) 1:31,272 = 169,536 km/h (65. Runde).

Schnellste Runde jedes Fahrers im Rennen: Jones 1:31,272 (65.); Villeneuve 1:31,467 (66.); Scheckter 1:31,617 (60.); Regazzoni 1:32,397 (57.); Piquet 1:32,858 (36.); Zunino 1:33,212 (36.); Watson 1:33,781 (52.); Reutemann 1:33,786 (22.); Pironi 1:33,876 (56.); Andretti 1:34,178 (54.); Brambilla 1:34,318 (47.); Ickx 1:34,350 (46.); Laffite 1:34,381 (6.); Jarier 1:35,124 (21.); Arnoux 1:35,132 (6.); Jabouille 1:35,210 (7.); de Angelis 1:35,431 (23.); Daly 1:35,641 (28.); Stuck 1:35,656 (11.); Tambay 1:35,969 (14.); Rebaque 1:36,062 (18.); Patrese 1:36,072 (18.); Fittipaldi 1:36,502 (18.); Lammers 1:36,700 (9.).

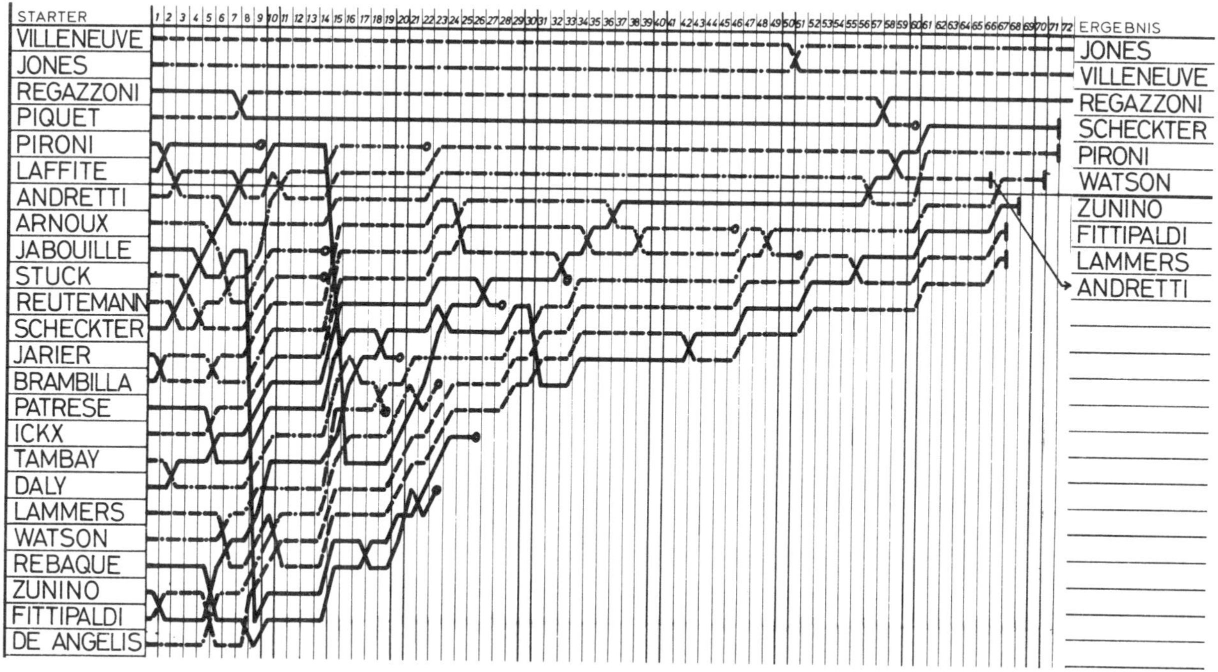
STARTER
VILLENEUVE
JONES
REGAZZONI
PIQUET
PIRONI
LAFFITE
ANDRETTI
ARNOUX
JABOUILLE
STUCK
REUTEMANN
SCHECKTER
JARIER
BRAMBILLA
PATRESE
ICKX
TAMBAY
DALY
LAMMERS
WATSON
REBAQUE
ZUNINO
FITTIPALDI
DE ANGELIS
ERGEBNIS
JONES
VILLENEUVE
REGAZZONI
SCHECKTER
PIRONI
WATSON
ZUNINO
FITTIPALDI
LAMMERS
ANDRETTI

Lauf 15 — Großer Preis der USA Ost — Watkins Glen, 7. Okt. 1979

Erstes Training (Regen):

1. Villeneuve	2:01,437
2. Scheckter	2:11,029
3. Brambilla	2:24,957
4. Jones	2:37,742
5. Lammers	3:10,436
6. Arnoux	3:46,042
Reutemann	nicht gezeitet
Stuck	nicht gezeitet

(Nach Unfall von Brambilla wurde Regentraining unterbrochen, nach Unfall von Arnoux abgebrochen, um die Fangzäune zu reparieren.)

Zweites Training:

1. Jones	1:35,615
2. Piquet	1:36,914
3. Villeneuve	1:36,948
4. Laffite	1:37,066
5. Regazzoni	1:37,128
6. Reutemann	1:37,872
7. Arnoux	1:38,195
8. Jabouille	1:38,218
9. Zunino	1:38,509
10. Pironi	1:38,823
11. Jarier	1:38,945
12. Rosberg	1:39,035
13. Watson	1:39,233
14. Stuck	1:39,329
15. Daly	1:39,468
16. Scheckter	1:39,576
17. Andretti	1:40,144
18. Giacomelli	1:40,277
19. Patrese	1:40,337
20. de Angelis	1:40,625
21. Surer	1:40,635
22. Tambay	1:40,731
23. Fittipaldi	1:40,741
24. Ickx	1:40,745
25. Brambilla	1:40,789
26. Mass	1:40,824
27. Lammers	1:42,088
28. Rebaque	1:43,060
29. Ribeiro	1:45,183
30. Merzario	1:49,318

Startaufstellung:

Alan Jones Williams-Ford FW07-4 1:35,615	Gilles Villeneuve Ferrari 312T4(041) 1:36,948	Nelson Piquet Brabham-Ford BT49-2 1:36,914	Jacques Laffite Ligier-Ford JS11-02 1:37,066
Clay Regazzoni Williams-Ford FW07-1 1:37,128	René Arnoux Renault RS12 1:38,195	Carlos Reutemann Lotus-Ford 79(021) 1:37,872	Jean-Pierre Jabouille Renault RS14 1:38,218
Ricardo Zunino Brabham-Ford BT49-1 1:38,509	Jean-Pierre Jarier Tyrrell-Ford 009/3 1:38,945	Didier Pironi Tyrrell-Ford 009/6 1:38,823	Keijo Rosberg Wolf-Ford WR8/9 1:39,035
John Watson McLaren-Ford M29/3 1:39,233	Derek Daly Tyrrell-Ford 009/5 1:39,468	Hans-Joachim Stuck ATS-Ford D3-1 1:39,329	Jody Scheckter Ferrari 312T4(040) 1:39,576
Mario Andretti Lotus-Ford 79(023) 1:40,144	Riccardo Patrese Arrows-Ford A2-1 1:40,337	Bruno Giacomelli Alfa-Romeo 179-001 1:40,277	Elio de Angelis Shadow-Ford DN9/1B 1:40,625
Marc Surer Ensign-Ford N178- MN09, 1:40,635	Emerson Fittipaldi Copersucar-Ford F6A-1 1:40,741	Patrick Tambay McLaren-Ford M29/2 1:40,731	Jacky Ickx Ligier-Ford JS11-02 1:40,745

Nicht qualifiziert: Vittorio Brambilla (Alfa-Romeo 179-002) 1:40,789; Jochen Mass (Arrows-Ford A2-2) 1:40,824; Jan Lammers (Shadow-Ford DN9/4B) 1:42,088; Héctor Rebaque (Rebaque-Ford HR100-001) 1:43,060; Alex Ribeiro (Copersucar-Ford F6A-2) 1:45,183; Arturo Merzario (Merzario-Ford A4) 1:49,318.

Rekorde: Distanz — ohne Schikane: Reutemann (Brabham-Ford BT44) 191,705 km/h (1974); mit Schikane: Reutemann (Ferrari 312T3) 189,728 km/h (1978); Runde: Jarier (Lotus-Ford 79) 1:39,557 = 195,376 km/h (1978); Training: Andretti (Lotus-Ford 79) 1:38,114 (1978).

Wetter am Renntag: sehr kalt, windig, Regen (nach 20 Runden auftrocknend).

Boxenstops:

Andretti:	10. Runde:	Wechsel von Trocken- auf Regenreifen; Platz 18
Piquet:	12. Runde:	Wechsel von Trocken- auf Regenreifen; Platz 17
Scheckter:	20. Runde:	Wechsel auf Slicks; Platz 3—5
Regazzoni:	20. Runde:	Wechsel auf Slicks; Platz 4—7
Patrese:	21. Runde:	Wechsel auf Slicks; Platz 15—16
Pironi:	29. Runde:	Wechsel auf Slicks; Platz 7/8
de Angelis:	29. Runde:	Wechsel auf Slicks, vorn Qualifikationsreifen montiert; Platz 9
Piquet:	29. Runde:	Wechsel auf Slicks; Platz 11
Watson:	30. Runde:	Wechsel auf Slicks; Platz 7—9
Daly:	31. Runde:	Wechsel auf Slicks; Platz 4—5
Stuck:	31. Runde:	Wechsel auf Slicks; Platz 6—7
Fittipaldi:	32. Runde:	Wechsel auf Slicks; Platz 8
Villeneuve:	34. Runde:	Wechsel auf Slicks; Platz 2
Jones:	36. Runde:	Wechsel auf Slicks; Platz 1
Arnoux:	38. Runde:	Wechsel auf Slicks; Platz 3—5

Ausfälle:

Giacomelli:	1. Runde:	Unfall, gegen Leitplanken geraten; Platz 15
Ickx:	3. Runde:	Unfall nach Kollision mit Daly (in Zielkurve); Platz 12
Laffite:	4. Runde:	Unfall in Zielkurve; Platz 5
Reutemann:	7. Runde:	Unfall, weil Bordfeuerlöscher und Batterie im Cockpit losgerissen und zwischen Füßen und Pedalen verklemmt; Platz 3
Andretti:	17. Runde:	Getriebeschaden (steckte im 4. Gang fest); Platz 18
Jarier:	19. Runde:	Kollision mit Teamkollegen Daly; Platz 8
Rosberg:	20. Runde:	Kollision mit Pironi, Ölleitung abgerissen; Platz 9—13
Tambay:	21. Runde:	Motorschaden; Platz 11
Jabouille:	25. Runde:	Motor/Elektrik; Platz 3
Zunino:	26. Runde:	Unfall; Platz 14
Regazzoni:	30. Runde:	Kollision mit Piquet in erster Kurve; Platz 7
Surer:	33. Runde:	Motorschaden; Platz 12
Jones:	37. Runde:	Rechtes Hinterrad gelockert, bei Boxenstop schlampig montiert, nicht festgezogen; Platz 2
Patrese:	45. Runde:	Hinterradaufhängung gebrochen; Platz 11
Scheckter:	49. Runde:	Reifenplatzer links hinten; Platz 2
Daly:	53. Runde:	Unfall in Schikane wegen zuviel Übersteuerns; Platz 4
Piquet:	54. Runde:	Gummigelenk der Halbwelle gebrochen; Platz 7

Renndistanz: 59 Runden à 5,435 km = 320,65 km.

Stand nach 1 Runde: 1. Villeneuve, 2. Jones, 3. Reutemann, 4. Laffite, 5. Jabouille, 6. Regazzoni, 7. Arnoux, 8. Pironi, 9. Watson, 10. Jarier.
Stand nach 10 Runden: 1. Villeneuve (160,896 km/h), 2. Jones — 4,769, 3. Regazzoni — 35,96, 4. Scheckter — 41,47, 5. Jabouille — 49,52, 6. Arnoux — 53,31, 7. Jarier — 1:05,97, 8. Daly — 1:08,64, 9. Pironi — 1:13,31, 10. Rosberg — 1:14,68.
Stand nach 30 Runden: 1. Villeneuve (163,472 km/h), 2. Jones — 3,29, 3. Arnoux — 1 Runde, 4. Daly, 5. Scheckter, 6. Stuck, 7. Regazzoni, 8. Pironi, 9. de Angelis, 10. Watson.

Ergebnis:

1. Gilles Villeneuve (Kanada) Ferrari	1.52:17,734 = 170,336 km/h
2. René Arnoux (Frankreich) Renault-Turbo	48,787 zurück
3. Didier Pironi (Frankreich) Tyrrell-Ford	53,199 zurück
4. Elio de Angelis (Italien) Shadow-Ford	1:30,512 zurück
5. Hans-Joachim Stuck (Deutschland) ATS-Ford	1:41,259 zurück
6. John Watson (Irland) McLaren-Ford	1 Runde zurück
7. Emerson Fittipaldi (Brasilien) Copersucar-Ford	5 Runden zurück

Schnellste Runde: Piquet (Brabham-Ford) 1:40,054 = 194,0 km/h (51. Runde).

Schnellste Runde jedes Fahrers im Rennen: Piquet 1:40,054 (51.); Watson 1:40,264 (52.); Arnoux 1:41,322 (48.); Villeneuve 1:42.029 (38.); Pironi 1:42,108 (56.); de Angelis 1:42,147 (41.); Daly 1:42,887 (49.); Stuck 1:43,400 (44.); Scheckter 1:43,574 (45.); Patrese 1:46,278 (44.); Jones 1:47,622 (33.); Regazzoni 1:48,378 (29.); Fittipaldi 1:53.048 (48.); Surer 1:57,377 (30.); Jabouille 1:59,042 (17.); Jarier 2:00,685 (17.); Rosberg 2:01,546 (17.); Reutemann 2:01,981 (5.); Zunino 2:02,393 (25.); Tambay 2:03,637 (15.); Andretti 2:04,813 (14.); Laffite 2:08,018 (3.); Ickx 2:10,062 (1.).

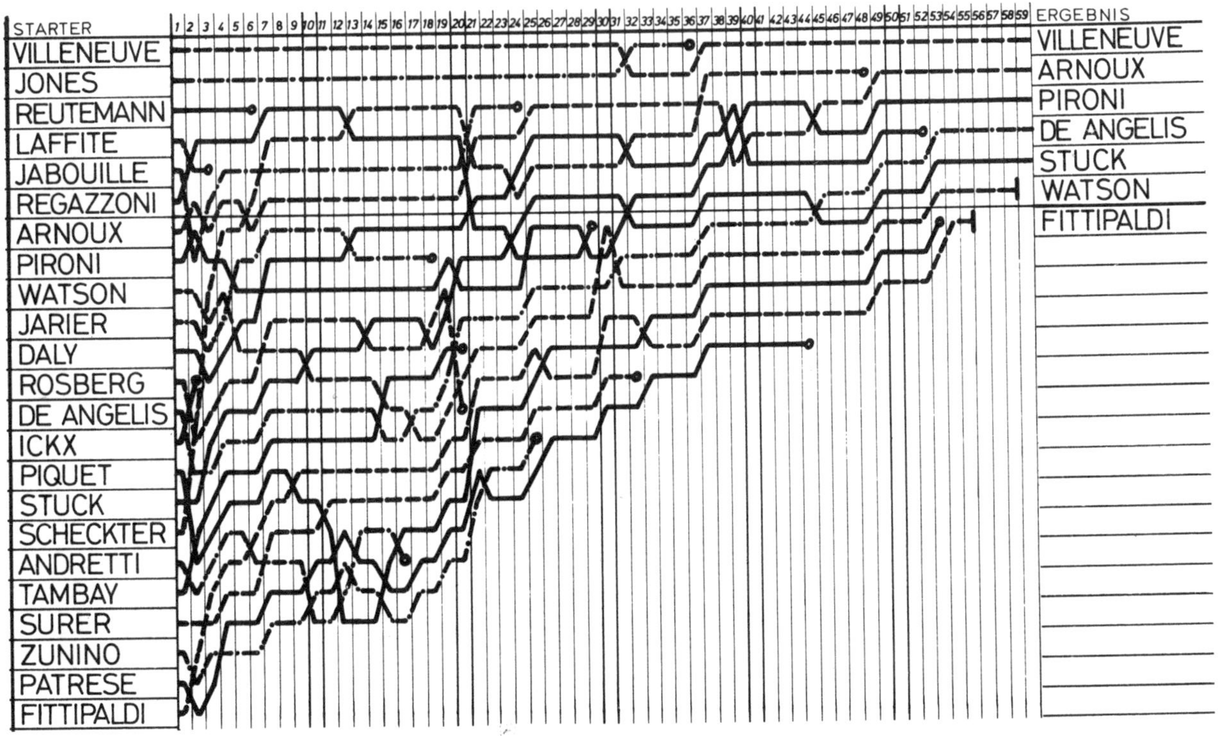
STARTER
VILLENEUVE
JONES
REUTEMANN
LAFFITE
JABOUILLE
REGAZZONI
ARNOUX
PIRONI
WATSON
JARIER
DALY
ROSBERG
DE ANGELIS
ICKX
PIQUET
STUCK
SCHECKTER
ANDRETTI
TAMBAY
SURER
ZUNINO
PATRESE
FITTIPALDI
1 2 3 4 5 6 7 8 9 10 11 12 13 14 15 16 17 18 19 20 21 22 23 24 25 26 27 28 29 30 31 32 33 34 35 36 37 38 39 40 41 42 43 44 45 46 47 48 49 50 51 52 53 54 55 56 57 58 59
ERGEBNIS
VILLENEUVE
ARNOUX
PIRONI
DE ANGELIS
STUCK
WATSON
FITTIPALDI

ANALYSE DER 15 WM-LÄUFE 1979

	Pole-Position	Führungskilometer		Sieger (Vorsprung)		Schnellste Runde
Argentinien	Laffite	Depailler Laffite	65,9 250,3	Laffite	+14,94	Laffite
Brasilien	Laffite	Laffite	318,4	Laffite	+ 5,28	Laffite
Südafrika	Jabouille	Jabouille Villeneuve Scheckter Villeneuve	4,1 53.7 155,9 106,4	Villeneuve	+ 3,42	Villeneuve
USA-West	Villeneuve	Villeneuve	261,7	Villeneuve	+29,38	Villeneuve
Spanien	Laffite	Depailler	255,3	Depailler	+20,94	Villeneuve
Belgien	Laffite	Depailler Laffite Jones Depailler Laffite Scheckter	77,7 21,3 68,2 29,8 29,8 71,5	Scheckter	+15,36	Scheckter
Monaco	Scheckter	Scheckter	252,7	Scheckter	+ 0,44	Depailler
Frankreich	Jabouille	Villeneuve Jabouille	154,0 118,0	Jabouille	+14,59	Arnoux
England	Jones	Jones Regazzoni	179,3 141,5	Regazzoni	+24,28	Regazzoni
Deutschland	Jabouille	Jones	305,5	Jones	+ 2,91	Villeneuve
Österreich	Arnoux	Villeneuve Jones	18,1 302,7	Jones	+36,05	Arnoux
Holland	Arnoux	Jones Villeneuve Jones	46,7 153.1 117,2	Jones	+21,78	Villeneuve
Italien	Jabouille	Scheckter Arnoux Scheckter	6.8 68.6 214,6	Scheckter	+ 0,46	Regazzoni
Kanada	Jones	Villeneuve Jones	224,4 93,0	Jones	+ 1,08	Jones
USA-Ost	Jones	Villeneuve Jones Villeneuve	171,5 29,6 119,6	Villeneuve	+48,78	Piquet

Totale Führungskilometer 1979 (ungefähr): 1. Villeneuve 1262,5; 2. Jones 1142,2; 3. Scheckter 701,5; 4. Laffite 619,8; 5. Depailler 428,7; 6. Regazzoni 141,5; 7. Jabouille 122,1; 8. Arnoux 68,6 km.

PLACIERUNGEN ALLER 36 FAHRER 1979

	Argentinien	Brasilien	Südafrika	USA-West	Spanien	Belgien	Monaco	Frankreich	England	Deutschland	Österreich	Holland	Italien	Kanada	USA-Ost
Scheckter	○	⑥	②	②	④	①	①	⑦	⑤	④	④	②	①	④	○
Villeneuve	○	⑤	①	①	⑦	⑦	○	②	○	⑧	②	○	②	②	①
Jones	⑨	○	○	③	○	○	○	④	○	①	①	①	⑨	①	○
Laffite	①	①	○	○	○	②	○	⑧	○	③	③	③	○	○	○
Regazzoni	⑩	⑮	⑨	○	○	○	②	⑥	①	②	⑤	○	③	③	○
Reutemann	②	③	⑤	△	②	④	③	⑬	⑧	○	○	○	⑦	○	○
Depailler	④	②	○	⑤	①	○	⑤	—	—	—	—	—	—	—	—
Arnoux	○	○	○	×	⑨	○	○	③	②	○	⑥	○	○	○	②
Watson	③	⑧	○	○	○	⑥	④	⑪	④	⑤	⑨	○	○	⑥	⑥
Jarier	○	○	③	⑥	⑤	⑪	○	⑤	③	—	—	○	⑥	○	○
Andretti	⑤	○	④	④	③	○	○	○	○	○	○	○	⑤	⑩	○
Pironi	○	④	○	○	⑥	③	○	○	⑩	⑨	⑦	○	⑩	⑤	③
Jabouille	○	⑩	○	×	○	○	+	①	○	○	○	○	○	○	○
Lauda	○	○	⑥	○	○	○	○	○	○	○	○	○	④	—	—
Mass	⑧	⑦	⑫	⑨	⑧	○	⑥	⑮	○	⑥	○	⑥	○	●	●
Ickx	—	—	—	—	—	—	—	○	⑥	○	○	⑤	○	○	○
Piquet	○	○	⑦	⑧	○	○	○	○	○	○	○	④	○	○	○
de Angelis	⑦	⑫	○	⑦	○	○	●	⑯	⑫	⑪	○	○	○	○	④
Patrese	×	⑨	⑪	○	⑩	⑤	○	⑭	○	○	○	○	⑬	○	○
Stuck	●	○	○	△	⑭	⑧	○	□	●	○	○	○	⑪	○	⑤
Fittipaldi	⑥	⑩	⑬	○	⑪	⑨	○	○	○	○	○	○	⑧	⑧	⑦
Tambay	○	○	⑩	○	⑬	●	●	⑩	⑦	○	⑩	○	○	○	○
Rebaque	○	●	○	○	○	○	—	⑫	⑨	○	●	⑦	●	○	●
Lees	—	—	—	—	—	—	—	—	—	⑦	—	—	—	—	—
Zunino	—	—	—	—	—	—	—	—	—	—	—	—	—	⑦	○
Hunt	○	○	⑧	○	○	○	○	—	—	—	—	—	—	—	—
Daly	⑪	⑬	●	○	●	●	●	—	—	—	⑧	—	—	○	○
Lammers	○	⑭	○	○	⑫	⑩	●	⑱	⑪	⑩	○	○	●	⑨	●
Rosberg	—	—	—	—	—	—	—	⑨	○	○	○	○	○	●	○
Brambilla	—	—	—	—	—	—	—	—	—	—	—	—	⑫	○	●
Gaillard	—	—	—	—	—	—	—	●	⑬	●	○	●	—	—	—
Giacomelli	—	—	—	—	—	○	—	⑰	—	—	—	—	○	—	○
Merzario	○	●	●	○	●	●	—	●	●	●	●	●	●	●	●
Surer	—	—	—	—	—	—	—	—	—	—	—	—	●	●	○
Ribeiro	—	—	—	—	—	—	—	—	—	—	—	—	—	●	●
Brancatelli	—	—	—	—	●	●	✳	—	—	—	—	—	—	—	—

Erklärung: Zahl = Resultat, ○ = ausgefallen, gestürzt, aufgegeben, □ = Startverzicht, × = wegen Trainingsunfall nicht am Start, + = nicht klassiert, ● = nicht qualifiziert, ✳ = im Vortraining nicht qualifiziert, — = nicht gefahren, △ = disqualifiziert, aus dem Rennen genommen.

SIEGERMARKEN DER WM-LÄUFE 1950—1979
(Exklusive Indianapolis, das zeitweilig zur Fahrer-WM zählte):

Ferrari	79
Lotus	71
McLaren	24
Tyrrell	21
Brabham	20
BRM	17
Cooper	16
Alfa Romeo	10
Matra	9
Mercedes-Benz	9
Maserati	9
Vanwall	9
Williams	5
Ligier	4
March	3
Wolf	3
Honda	2
Eagle	1
Porsche	1
Hesketh	1
Penske	1
Shadow	1
Renault	1

KONSTRUKTEURBEWERB 1979

	Argentinien	Brasilien	Südafrika	USA-West	Spanien	Belgien	Monaco	Frankreich	England	Deutschland	Österreich	Holland	Italien	Kanada	USA-Ost	
1. Ferrari	—	3	15	15	3	9	9	6	2	3	9	6	15	9	9	113
2. Williams-Ford	—	—	—	4	—	—	6	4	9	15	11	9	4	13	—	75
3. Ligier-Ford	12	15	—	2	9	6	2	—	1	4	4	6	—	—	—	61
4. Lotus-Ford	8	4	5	3	10	3	4	—	—	—	—	—	2	—	—	39
5. Tyrrell-Ford	—	3	4	1	3	4	—	2	4	—	—	—	1	2	4	28
6. Renault	—	—	—	—	—	—	—	13	6	—	1	—	—	—	6	26
7. McLaren-Ford	4	—	—	—	—	1	3	—	3	2	—	—	—	1	1	15
8. Brabham-Ford	—	—	1	—	—	—	—	—	—	—	—	3	3	—	—	7
9. Arrows-Ford	—	—	—	—	—	2	1	—	—	1	—	1	—	—	—	5
10. Shadow-Ford	—	—	—	—	—	—	—	—	—	—	—	—	—	—	3	3
11. ATS-Ford	—	—	—	—	—	—	—	—	—	—	—	—	—	—	2	2
12. Copersucar-Ford	1	—	—	—	—	—	—	—	—	—	—	—	—	—	—	1

Im Gegensatz zur Fahrerweltmeisterschaft zählen 1979 im Konstrukteurbewerb sämtliche Ergebnisse (keine Streichresultate) und im Gegensatz zu früheren Jahren auch alle von einem Team erreichten Punkte (nicht nur das Ergebnis des bestplacierten Autos).

GRAND-PRIX-SIEGER 1950—1979

27 Große Preise:	Jackie Stewart (Schottland)
25 Große Preise:	Jim Clark (Schottland)
24 Große Preise:	Juan Manuel Fangio (Argentinien)
17 Große Preise:	Niki Lauda (Österreich)
16 Große Preise:	Stirling Moss (England)
14 Große Preise:	Jack Brabham (Australien)
	Graham Hill (England)
	Emerson Fittipaldi (Brasilien)
13 Große Preise:	Alberto Ascari (Italien)
12 Große Preise:	Mario Andretti (USA)
10 Große Preise:	James Hunt (England)
	Ronnie Peterson (Schweden)
	Jody Scheckter (Südafrika)
9 Große Preise:	Carlos Reutemann (Argentinien)
8 Große Preise:	Jacky Ickx (Belgien)
	Denis Hulme (Neuseeland)
6 Große Preise:	Tony Brooks (England)
	John Surtees (England)
	Jochen Rindt (Österreich)
5 Große Preise:	Dr. Giuseppe Nino Farina (Italien)
	Alan Jones (Australien)
	Clay Regazzoni (Schweiz)
4 Große Preise:	Bruce McLaren (Neuseeland)
	Dan Gurney (USA)
	Gilles Villeneuve (Kanada)
3 Große Preise:	Mike Hawthorn (England)
	Peter Collins (England)
	Phil Hill (USA)
	Jacques Laffite (Frankreich)
2 Große Preise:	Froilan Gonzales (Argentinien)
	Maurice Trintignant (Frankreich)
	Wolfgang Graf Berghe von Trips (Deutschland)
	Pedro Rodriguez (Mexiko)
	Jo Siffert (Schweiz)
	Peter Revson (USA)
	Patrick Depailler (Frankreich)
1 Großer Preis:	Luigi Fagioli (Italien)
	Piero Taruffi (Italien)
	Luigi Musso (Italien)
	Joakim Bonnier (Schweden)
	Innes Ireland (Schottland)
	Giancarlo Baghetti (Italien)
	Lorenzo Bandini (Italien)
	Richie Ginther (USA)
	Ludovico Scarfiotti (Italien)
	Peter Gethin (England)
	Francois Cevert (Frankreich)
	Jean-Pierre Beltoise (Frankreich)
	Carlos Pace (Brasilien)
	Jochen Mass (Deutschland)
	Vittorio Brambilla (Italien)
	John Watson (Irland)
	Gunnar Nilsson (Schweden)
	Jean-Pierre Jabouille (Frankreich)